Psychology
for
Teachers

教職のための心理学

藤澤 文 編
Aya Fujisawa

ナカニシヤ出版

巻頭言
教師を志す人のために

大阪教育大学名誉教授　藤永　芳純

　古来，人間が求め続けてきた諸価値の代表は，「真・善・美」であると言われる。この他に宗教的な価値としての「聖」や，心身の状態にかかわる価値として「健」をあげることができる（以下，ここでの聖・健にかかわる説明は筆者の提案である）。こうした諸価値を追求・追究する能力を，「真への知（知性），善への意（意志），美への情（情緒），聖への信（信仰），健への身（身体）」と呼び，それらの能力を発揮して獲得してきた成果が，「学問・道徳・芸術・宗教・運動」であると考えられる。そして，それらの能力を育成する教育は，「知育・徳育・美育（情操教育）・信育（宗教教育）・体育」である。一般的に教育については，「知育・徳育・体育」の調和的な実践の重要性が強調される。

　ただし，こうしためざすべき諸価値への教育の具体相は，同じ判断基準での扱いをすることはできないだろう。すなわち，知育や美育（情操教育）や体育は主として各教科が担当し，徳育は道徳教育が主として担当する。ここで，各教科・領域の教育がそれぞれ重要であることは言うまでもないが，たとえ難解な数学の問題が解けなくても，モーツァルトの音楽やピカソの絵のよさを感じることができなくても，運動が苦手であっても，そのことを理由に人間として非難はされないし，すべきではないだろう。だが，人間としての善悪をわきまえない振る舞い，生き方は非難される。優れた知性や情緒・情動や身体性は，現実への適用を誤れば犯罪を引き起こすことになりかねない。他者をも自分をも滅ぼすことのないように，知性や情緒・情動や身体性は，道徳性によって調整され善への方向付けがなされた人間性として統合されなくてはならない。

　してみれば，徳育が教育の根幹であり，その基礎の上に各教科・領域の教育が構築されていく構造を，あるいは道徳性が各教科・領域を見渡し，善なる方向への調整役を果たすコントロール・タワーとしての構造を確認しておくべき

であろう。

　さて，学校（教師）が果たすべきことは何か。日常の教育活動を数え上げれば，多くの事項があがってくる。学校教育法施行規則にあげられている教育課程には，小学校であれば，各教科・道徳・外国語活動・総合的な学習の時間・特別活動があり，ここでの教育，指導は当然なされなくてはならない。だが，さらに，学校の生活としては，こうした教育課程以外の時間がある。すなわち，朝の時間（中学校では，ショート・ホームルーム）・清掃・休憩・給食（昼食）・終わりの会，部活動等，名称や内容は各学校，各学級によってさまざまであるが，これらの時間は教育課程としては算入されていないし，それゆえ学習指導要領に記載はない。しかし，記載がないからといって，子どもたちを放置するわけにはいかない。教育課程の教育も教育課程外の教育も，そのどれをとっても「どうでもいい」ものはない。すべてが，必要なことばかりである。

　教員養成のための教職課程は，教育課程および教育課程外の教育，こうした指導にあたる教員を養成するためにある。本書もそのために寄与することをめざす一環として刊行されたものである。詳細は各章に委ねるとして，以下では，教育が成立するための前提としての事項に焦点をあてて考察し，参考に供したい。

1. 環境整備－物理的・心理的な安全・安心の確保，学習環境の整備

　子どもたちには，安全な環境での学習が確保されるべきである。物理的環境整備とは，たとえば，地震による自然災害にあわないための耐震構造の校舎，災害や火事等のときに対応できる施設・設備と避難しやすい建築構造，物品の落下による傷害防止の措置，災害・火災等への対応や避難訓練，不審者への対応の訓練ができていることなど，子どもの物理的安全のための施設・設備と具体的な対応のマニュアル，具体的な訓練の実施は学習の前提である。また，刃物や火をつかう授業等での安全確保は言うまでもなく，教師の指導力不足で子どもの安全が脅かされることがあってはならない。

　さらに，心理的な環境の整備が問われる。物理的に安全な環境であったとしても，心理的に安心であるとは限らない。たとえば，人間関係が安定している

教室環境は学習の重要な前提である。人間関係が不安定で，不安な心理状態で他者の視線を気にして，びくびく，おどおどしていては，しっかりとした学習ができるはずもない。いじめが存在する状況は教育の成立以前のことである。

　また，学校，教室の具体的な環境整備も問われる。用済みのチラシ・ポスターの類がそのままに放置されていないか，廊下や教室の床は汚れていないか，机やいすは整然とそろっているか，ロッカーから物がはみ出ていないか，下足箱の靴やトイレのスリッパはそろっているか等，目に見える情景の整然さと雑然さの違いは単純なことのようだが，それだけに子どもたちの美意識を直接に揺さぶることである。それは，何より行動を支える心の表現であり，心がざわついている場合には，目に見える行動や服装，言葉が乱雑になる。私たちは，目に見えるもの・ことを通して，子どもたちの心を知ることができる。

2. 学級経営

　学級は一つの社会である。自分と仲間たちがいる。そこで人間関係を充実する営みを通して，社会の構成員としての資質・能力を育てていく。学級では，少なくとも一年間を固定した構成員で過ごすのであるから，ここでの居場所の獲得は構成員である子ども一人ひとりにとって極めて重要なことである。

　たとえば，ある子が「シカト（無視）」されているということは，その子の机といすが教室にあっても，そこには社会的生命が存在しない。つまり，社会的殺人が起きている。生命のないところには居ることはできない。

　学級社会を構成するのは子どもたち一人ひとりであるが，学級担任は学級をまとめ，導き，学習環境を整備する責務がある。

3. わかる授業

　子どもたちは，何のために学校にくるのか。学ぶために学校にくる。学習して，賢くなる，人間として成長する，そのために学校にくる。そのために授業がある。そして，知ることには喜びがある。

　学校での生活時間で一番長いのは，授業時間である。そしてそれは，公の場である。その公の場で，肝心な授業がわからない，できない，手をあげて発表できない，当てられても何も言えないで，どうして子どもたちは顔があげられ

ようか。顔があげられないということは、心がつぶされていることである。この状況でどうして自己肯定感が育とうか、自尊感情が湧いてこようか。逆に、挙手し発表し認められ受容されるなら、どれほど自分を誇らしく思えるだろうか。わかる授業は、自己肯定感の育成、自尊感情の育成の最も効果的な手段である。

　教師は、わかる授業を実践するために、子どもたち一人ひとりの学習状況を把握し、どのような思いで、どのような気持ちで授業に臨んでいるかに配慮して、授業のための創意工夫に全力を傾けなくてはならない。

　では、こうした要件を貫いているものは何か。根底的に肝心なことは、子どもたち一人ひとりをきちんとみること、受け止めること、つまり「子ども理解・人間理解」であろう。教育は教師と子どもたちとの総合的な営為としてのかかわりだからである。成長、発達途上の子どもたちは、一人ひとり異なる姿をみせる。発することばの一つひとつが、振る舞う行動の一つひとつが、それぞれの意味をもっている。その意味を解読し、適切な対応をとることができるために、心理学は重要な貢献をする。

　教職への熱意は不可欠である。だが、熱意だけでは空回りすることもある。技術が必要である。人間の成長、発達の筋道には、学問的に裏付けられ明らかになっていることがたくさんある。そうした学問的成果を踏まえた教育技術を知ると知らないとでは、大きな違いがある。単に教育の効率的な意味だけではなく、子どもを傷つけないために、裏切らないために、そして、教師自身が落胆、失望、絶望しないためにも。学問的成果を踏まえた教育技術を生かすことができるようになるために、そのために教師になるための訓練・修行がいる。それは厳しくとも、大きな喜びでもある。教師の資質・能力の育成は、同時に自分自身の成長・発達だからである。

　幸いなことに、教育技術は学ぶことができる。そのために、大学の教職課程はある。教職課程では、教科教育関連の科目、道徳の指導法、外国語活動、特別活動や総合的な学習の時間等の指導に必要な資質・能力の育成がめざされている。教育技術を学ぶことを通して、そこに込められている、教育の本質を学ぶことができる。そこでは理念と技術的な方法論が学習されるように期待され

ているが，さらに学習者の一人ひとりの人間としての成長・発達が同時に期待されている。教師として子どもたちの前に立つということは，各教科・領域の授業力，教育課程外の教育にも通用する指導力を身につけていることは言うまでもなく，人間としての魅力を身に付けた人間力を体現することが求められる。

　本書は教師をめざすあなたのために，そのための援助を惜しむことなく提供するために編集されている。ここを起点としての発展的な飛躍を祈念して稿を終える。

まえがき

　この本を手にしてくれたあなたは，子どもの発達や教職に関心のある大学生でしょうか。本書は子どもを中心として，子どもの発達や教育に関心のある皆さんに教職をめぐる心理学の世界に興味をもってもらいたい，子どもを育てていく上で心理学を役立ててもらいたいという願いから企画されました。そのため，子どもの発達や教育を考えていく上で重要な基礎研究を行っている研究者，教職を志望する学生をさまざまな立場から育成している教員，子どもの発達に毎日間近でかかわっている現職教師により執筆されています。本書は大学の講義回数にも対応するように15章の章立てとなっていますが，読者の皆さんにはどの章から読み始めても内容が理解できるように構成されています。また，いずれの章にもコラムが設けられており，教育や発達に関する最新の研究知見や従来からの重要な概念あるいは教育現場で現在生じていることなど，子どもの発達や教育に関心のある人にとって興味深い内容から構成されています。そして，現職教師による現代的ニーズを踏まえた指導案も掲載されています。さらに，本書にはお子さんおよび執筆者のご好意により，随所に子どもたちの充実した日常が伝わってくる写真がちりばめられています。皆さんの興味関心によってさまざまな読み方をしてもらえると思います。

　その中でも特に子どもの発達に関心のある方は，「第1章：心の理解のはじまり」「第2章：思考・言語の発達」「第7章：知能・パーソナリティ」「第8章：道徳性の発達」「第9章：自己と感情の発達」などの章から読み進めてもらうとよいと思います。私たちがこの世に生を受けてから発達の連続の上に現在の私たちのあることが改めて理解でき，子どもの発達についての理解も深まると思います。

　子どもの教育に関心のある方は，「第3章：記憶」「第4章：学習・動機づけ」「第5章：授業過程」「第6章：教育評価」「第11章：問題行動・非行」「第13章：カウンセリングマインド」などの章から読み進めてください。具体的に子ども

たちにどのように教えるのか，教えるときにはどのようなことを考慮する必要があるのかについて考えてもらうことができると思います。さらに，先述した子どもの発達に関連する章と併せて読むことにより，子どもの発達に応じた教育的働きかけを具体的に考えていくことができると思います。

　子どもの発達の多様性，多様性の視点からの教育に関心のある方は，「第1章：心の理解のはじまり」「第7章：知能・パーソナリティ」「第9章：自己と感情の発達」「第10章：学校適応」「第12章：精神病理」「第13章：カウンセリングマインド」「第14章：保護者をとりまく心理社会的状況」などの章から読み進めてもらうとよいと思います。近年，期待が寄せられている子どもの発達の多様性に応じた教育的取り組みについて，子ども，保護者，教師とさまざまな視点から考えていくことができると思います。

　子どもの発達や教育に関心のある方は，「第14章：保護者をとりまく心理社会的状況」「第15章：教師の発達」も併せて読んでください。子どもの発達を一番近くで見守っている保護者や教師の発達的変化について書かれています。子どもが加齢に応じて発達していくのと同様に，子どものまわりにいる私たち自身も発達し，変化をしています。子どもが発達し，そしてまた私たちも発達しているので，それに応じて子どもとのかかわり方やかかわる方法も変化していくと考えられます。これらの章では，このような関係性の変化についても考えていくことができると思います。

　教師をめざして，この本を手に取ってくれたあなたは子どもの発達や教育に関心をもっているだけではなく，教師になりたい，教師になって子どもの成長に携わりたいという強い想いももっていることと思います。しかしながら，教師になるには皆さんの教師になりたいという強い想いや関心だけではなく，さまざまな知識や経験，成長なども求められると思います。加えて，教員採用試験を通過する必要もあります。本書には，いずれの章にも「これだけは覚えておこう」コーナーを設けています。各章を読み進めるだけではなく，このコーナーを教員採用試験に向けての伴走者としてうまく活用してほしいと思います。みなさんの夢がかなうのを心から願っています。

　最後に，本書はナカニシヤ出版の山本あかねさんが以上の思いをくんでくだ

さり，刊行の運びとなりました。山本さんは本書の完成まで常に尽力してくださいました。また，執筆者の先生方は執筆にあたり，教職をめざすみなさんに大事な点がわかりやすく伝わるように，イメージをもって理解してもらえるようにと常にさまざまなアイデアを出し，工夫をしてくださいました。山本さんも執筆者の先生方も，執筆上のいろいろなお願いをする私にいつも快諾してくださるだけではなく，いつも大変心強い力添えをしてくださいました。心より深く感謝申し上げます。

　　　　　　　　　　　　　　　　　　　　　　　　　　　　藤澤　文

目　次

巻頭言　　*i*
まえがき　　*vi*

第 1 章　心の理解のはじまり　　1
1. 赤ちゃんは他者とどのようにかかわるのか　　1
2. 他者の心を理解する　　3
3. 幼児は他者とどのようにかかわるのか　　5
4. "心"をどのように研究するのか　　6
5. 小学校への移行―現代の子どもをとりまく問題　　11

コラム 1　幼児期のふたごのきょうだい関係と社会性の発達　　12

第 2 章　思考・言語の発達　　15
1. 思考の発達　　15
2. 言語の発達　　20

コラム 2　子どもはことばの意味をどうやって知るのか　　25

第 3 章　記　　憶　　27
1. 記憶の諸過程　　27
2. 各記憶の特性と忘却の過程　　30
3. 記憶と学習　　34
4. 記憶の喪失と変容　　36

コラム 3　実験研究による記憶の解明　　40

第 4 章　学習・動機づけ　　43
1. 学習とは何か　　43

2. 学習の理論　44
　　3. 動機づけ（モチベーション）　49
　　4. 無気力の学習　51
　　5. 学習や動機づけにかかわるその他の要因　53
コラム4　学習意欲と原因帰属，楽観性　55

第5章　授業過程　57
　　1. 子どものための授業　57
　　2. 子どもにとっての授業　59
　　3. 子どものための授業をつくる　61
　　4. 子どものための授業の実際と課題　63
コラム5　効果的な学習方法の選び方　68

第6章　教育評価　73
　　1. 何のための誰のための評価か　73
　　2. これまでの評価　78
　　3. これからの評価　81
コラム6　これまでとこれからの評価あれこれ　83

第7章　知能・パーソナリティ　85
　　1. 知　能　85
　　2. パーソナリティ　89
　　3. 知能・パーソナリティの遺伝と二つの環境　95
　　4. 教育の視点から考える　97
コラム7　パーソナリティと健康　99

第8章　道徳性の発達　101
　　1. はじめに　101
　　2. 道徳性の発達　101
　　3. 道徳的行動はどのように生じるのか　105

　　　　4. 心理学の視点をもちいた道徳授業　　108
　　　　5. 道徳の授業はさまざまな立場からどのように取り組まれているのか　　109
　コラム8　討議をもちいた教育実践——他者視点，共感性は変容するのか　　111

第9章　自己と感情の発達　　113
　　　　1. 自己とは　　113
　　　　2. 自己の発達　　114
　　　　3. 感情とは　　117
　　　　4. 幼児期から児童期の感情の発達　　118
　　　　5. 児童期の感情の発達　　121
　　　　6. 青年期の感情の発達　　122
　コラム9　乳幼児は，他者の感情をどの程度読み取れるのか　　126

第10章　学校適応　　127
　　　　1. 学校適応とは　　127
　　　　2. 学校適応上の諸問題　　128
　　　　3. 特別支援教育における発達障害児童・生徒と学校適応　　131
　　　　4. 児童・生徒の適応支援　　134
　コラム10　児童・生徒によって異なる適応の支え　　137
　Appendix1　ネットいじめを題材とした道徳学習指導案——小学校第5学年を対象に　　139
　Appendix2　いじめを題材とした道徳学習指導案——中学校第1学年を対象に　　144

第11章　問題行動・非行　　147
　　　　1. さまざまな問題行動　　147
　　　　2. 非　行　　147
　　　　3. 非行への対応　　156
　コラム11　非行少年の行動基準　　159

第 12 章　精神病理 161

1. 教育場面でみられる精神病理に対する対応　161
2. 教育場面でみられる主な精神病理　163
3. うつはどのように生じるか　165
4. 認知行動療法はどのような心理療法か　167
5. うつの予防の取り組み　168

コラム 12　子どものうつのアセスメント法　169

第 13 章　カウンセリングマインド 171

1. はじめに　171
2. 学級づくりにどのように活かすのか　174
3. カウンセリングマインドを活かした生徒指導と教育相談　176

コラム 13　カウンセリングマインドをもちいて「上手に叱る」　182

第 14 章　保護者をとりまく心理社会的状況 185

1. はじめに　185
2. 保護者世代とは　185
3. 親になること　187
4. 親と子の関係　190
5. 保護者と教師の関係　192
6. 保護者の子育てをサポートする　194

コラム 14　子どもの相談から見えてくる親の姿―親面接の事例から　196

第 15 章　教師の発達 199

1. 自らの成長が，子どもたちの模範に―小学校教員の事例　199
2. 地域で育てる，出会いが育てる―中学校教員の事例　205

引用文献　213
索　引　223

1 心の理解のはじまり

1. 赤ちゃんは他者とどのようにかかわるのか

(1) 誕生から生後2か月まで

　街中で赤ちゃんを見かけて「かわいい」と感じ，微笑みかけたりあやしたりした経験がある人は多いだろう。ローレンツ（Lorenz, 1971）は，人を含む哺乳動物の赤ちゃんには身体に比べて相対的に大きな頭，前に張り出た額，顔の中央よりやや下に位置する大きな眼など共通した特徴があることを指摘した。この特徴は，幼児図式（baby schema：図1-1）と言われる。幼児図式をみたす形態的特徴をもつことは，他者に「かわいい」という印象を与え，養育行動を引き起こすと考えられている。

　人の赤ちゃんは，自分ひとりでは歩いたり，食べたりすることができない非常に未熟な状態で産まれる。ポルトマン（Portmann, 1951）は，人の出産を，本来の出産時期よりも早く産まれるという意味で「生理的早産」と呼んだ。英語で乳児をあらわす"infant"という語は，ラテン語で話せない者を意味する"infans"に由来する。しかし，ここ数十年の発達心理学の研究によって，人の赤ちゃんが生まれてまもない頃から，さまざまな能力を示し，他者とかかわりをもつことが明らかになってきた。

　新生児の身体に刺激を与えると，原始反射と呼ばれる意図とは無関係の反応が起こる。原始反射の例として，くちびるに触れたものを吸おうとする吸綴（きゅうてつ）反射，他者の指がてのひらに触れると握ろうとする把握反射，姿勢が急に変化すると両手両足を外側に伸ばしその後ゆっくり抱きこむような姿勢を取るモロー反射などがあげられる。また，生後数時間の新生児が，他者の表情を模倣する能力を示すことが知られている（Meltzoff & Moore, 1977）。新生児の目の前

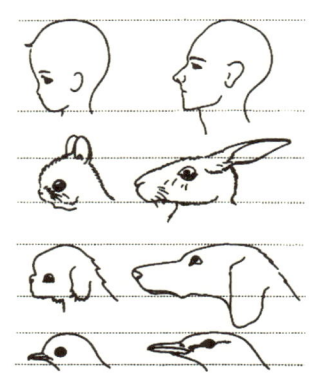

図 1-1　幼児図式
左が人や動物の赤ちゃん、右がそれらの大人の頭部。赤ちゃんには、目の位置や大きさなどの「かわいい」特徴が共通している。

で、大人が舌を出す、口をあける、くちびるをつき出すといった表情を見せると、新生児はその表情を模倣する（図1-2）。この現象を、新生児模倣と呼ぶ。人は生まれながらに、自己と他者の身体運動イメージを鏡のように対応づける身体マッピング能力をもっていると考えられる。

原始反射や新生児模倣は、生後2か月頃になると見られなくなる。また、同じ頃に赤ちゃんの「笑い」にも変化が見られる。新生児に、物音や振動などに誘発されてほほえんでいるかのような表情を見せる。この時期の笑いは、新生児微笑（生理的微笑）と呼ばれ、目の前にいる他者に向けられたものではなく、生理的変化によって生じる筋肉反応である。新生児微笑の生起は徐々に減少し、生後2か月頃には消失する。その代わりに、目の前にいる他者に向けられる笑いである社会的微笑が出現する。また、生後2か月をすぎると　赤ちゃんは、見つめ合い・発声・表情などを介して他者との双方向的なコミュニケーションを取り始める。

このように、反射的・生理的な行動が消失し、他者に対して意図的にかかわる社会的な行動が出現する、という赤ちゃんの行動における発達的変化が、生後2か月を境に起きる。そのため、この一連の現象を「2か月革命」と呼ぶ。生後2か月は赤ちゃんにとって、社会性・心の芽生えの時期と捉えることができる。

(2) 生後9か月での飛躍

他者との社会的なコミュニケーションを重ね、赤ちゃんは自身の世界を広げる。生後4か月頃の赤ちゃんは、物体を操作したり、他者と情動を表出しあうやりとりをしたりする。しかし、物体を操作しているときは近くに人がいても無視し、人とかかわりあっているときは近くに物体があっても無視することがほとんどである。この時期の赤ちゃんに、「自分－他者」あるいは「自分－物

体」という二項関係によって周囲の世界とかかわる。

　生後9か月頃，赤ちゃんのコミュニケーションの取り方は飛躍的に変化する。この時期に，赤ちゃんは，「自分-物体-他者」という三項関係にもとづいたさまざま行動ができるようになる。この発達的変化を指して，「9か月革命」と呼ぶ（Tomasello, 1999）。たとえば，他者が注意を向けて

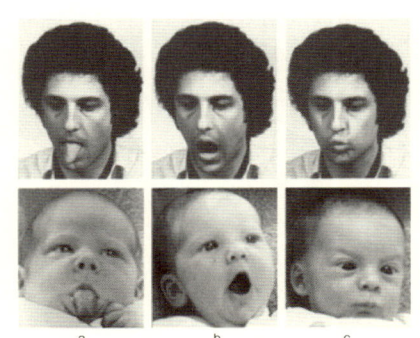

図1-2　新生児模倣の様子（Meltzoff & Moore, 1977）
a. 下を出す，b. 口をあける，c. くちびるをつき出す。

いる方に目を向ける視線追従（gaze following），見知らぬ物体に出くわしたときにそれと大人とを交互に見ながら他者の表情や態度を参照して物体についての情報を得ようとする社会的参照（social referencing），指さしなどの身ぶりを用いて，大人の注意をある物体や出来事に向けようとするという共同注意（joint attention），といった行動が出現する。

　9か月革命に見られる行動の変化は，赤ちゃんが他者について意図をもつ主体として理解し始めていることの現れ（Tomasello, 1999）と考えることができる。三項関係にもとづく社会的コミュニケーションを獲得することで，赤ちゃんは自分の心・他者の心について徐々に理解していく（第2章参照）。

2. 他者の心を理解する

　「私には"私の心"があり，あなたには"あなたの心"がある。」このことを理解していることを，心理学では，心の理論（theory of mind）をもっていると言う。幼児期の子どもは，他者とのやりとりを通じて社会性を飛躍的に発達させる。その一つの側面として，心の理論を獲得することによって他者の心の理解を深めるということがあげられる。

　心の理論を獲得しているかどうかを調べるために考案された代表的な課題に，誤信念課題（false-belief task: Wimmer & Perner, 1983）がある。これは，

図 1-3　誤信念課題（Baron-Cohen et al., 1985 を参考に作成）

　ある出来事を目撃した人とそれを目撃していない人との理解がどのように異なっているかを答えさせる課題である。図 1-3 は誤信念課題の一つ「サリーとアン課題」（Baron-Cohen et al., 1985）を図示したものである。この課題では，以下のようなストーリーの劇を子どもに見せる。まず，サリーがビー玉をかごに入れる。それから，サリーは部屋を出て散歩に出かけていく。アンがビー玉をかごから取り出して箱に移動させる。その後，サリーが部屋に戻ってきてビー玉で遊ぼうとする。ここまで見せたところで，子どもに「さて，サリーがビー玉を探すのはどこかな？」と尋ねる。この質問に対して，サリーの心の状態を「サリーはビー玉がかごに入っていると思っている」と他者の視点に立って推測することができれば，「かご」と正しく答えることができる。

　誤信念課題を用いた研究は，これまでに数多く行われてきた。その結果，3 歳の子どものほとんどが正しく答えうれないが，4 歳から 7 歳にかけて正答率が上昇するという 4 歳の発達の節目（子安，2011）があることがわかっている。心の理論を獲得した子どもは，他者の欲求や感情を理解する，嘘をつく，見かけと実際を区別するといったことができるようになり，心の複雑さを理解していく。

3. 幼児は他者とどのようにかかわるのか

(1) 親子関係と社会性の発達

　親子関係は，赤ちゃんが生まれて初めて築く社会関係だと言える。親子のやりとりを積み重ねることで，赤ちゃんは，危機的状況に接したときや不安を抱いたときに親との接触・近接を求め，安心感を回復・維持しようとする行動を示すようになる。これを，親子間のアタッチメント（愛着）の形成と呼ぶ。親子の愛着関係には個人差があり，赤ちゃんが親と分離され再会した場面でどのような行動をするかということを実験的に調べるストレンジ・シチュエーション法をもちいることで，回避型・安定型・両面価値型・無秩序無方向型に類型化することができる。

　幼児期の親子関係は，子どもの社会性の発達に影響をおよぼす。たとえば，きびしくしつける養育態度や高い育児ストレスが，子どもの社会的行動・社会的コミュニケーションにネガティブな影響をおよぼす（Dodge et al., 1994; Anthony et al., 2005）。親子関係をあつかう研究では，主たる養育者が母親であることがほとんどであるため，父親を対象とした研究は数少ない。ヴォーリングとベルスキー（Volling & Belsky, 1992）によると，父親と母親の養育態度は子どもの社会関係の構築の異なる側面に影響する。核家族化が進む日本において，父子関係が子どもの社会性の発達にどのような影響をおよぼすのか明らかにすることは，今後の重要な課題である。

(2) 子どもどうしの関係と社会性の発達

　大人と子どものやりとりが，教える-教えられるという一方向的で階層的なやりとりで特徴づけられるのに対して，子どもどうしのやりとりは，興味を共有し同等なやりとりが中心となる。子どもどうしの社会関係の中ですごすことは，社会性の発達に重要な役割を果たす。

　きょうだいのやりとりは，年齢の近い子どもどうしのやりとりの出発点となる。幼児がきょうだいとすごす時間は親とすごす時間よりも長く（McHale & Crouter, 1996），きょうだい間のやりとりでは，ポジティブな情動もネガ

ティブな情動も強く表出される（Dunn, 1993）。きょうだい間のやりとりを通じて，子どもは他者の気持ちを考えながら行動する力を育む。特に，年長のきょうだいがいることは，他者の立場に立って物事を考える認知能力を高める（Ruffman et al., 1998）ことがわかっている（コラム１も参照）。

さらに，子どもの社会関係は家族の外へと広がっていく。同年齢の仲間との間では，しばしばいざこざが起きる。子どもどうしのやりとりでいざこざを解決する経験を通じて，他者との関係を学び，自分の気持ちを伝える自己主張・実現の力や，やりたい気持ちを抑制する自己制御の力を身につける（小松, 2009）。

4．"心"をどのように研究するのか

これまで述べてきたように，人は誕生したときから周囲の人々や環境とかかわり合いながら，身長や体重が成長するのと同様に，心を成長させる。心の発達について明らかにする上で，重要な理論と基本的な研究の方法について概観する。

(1) 遺伝と環境

人の体型，能力，性格などあらゆる形質には個人差がある。この個人差は何によって決まるのかという問題は，「氏か育ちか」つまり「遺伝か環境か」と言われる論争によって古くから議論されてきた。

過去には，遺伝的要因を重視する学説と環境的要因を重視する学説がはげしく対立していた。ゲゼル（Gesell, A.）が提唱した遺伝説では，発達は遺伝によって規定され，成熟することで遺伝的資質が開花することが重要だと考えられていた。一方，ワトソン（Watson, J. B.）が提唱した環境説では，発達は環境によって規定され，行動は環境からの働きかけでどのようにでもつくられるものだと考えられていた。

しかし，このような二者択一的な考え方で人の形質の個人差を説明することには限界がある。個人差は，遺伝要因と環境要因の相互作用の中で，発達的に形成されていくものである（相互作用説）。この相互作用のメカニズムを解明

する上で，行動遺伝学における双生児法が有用である（第7章参照）。

(2) 心理学の研究法

「心」について科学的に調べる場合，テーマを定め，適切な方法によって測定することが必要とされる。研究方法を決める上で大切なことは，十分な信頼性（reliability）と妥当性（validity）を確保できる方法をもちいることである。信頼性とは，その方法で調べた結果が安定し，一貫しているかどうかということである。妥当性とは，その方法で調べた結果が求めている目標に合致しているかどうかということである。心理学の研究で主にもちいられる方法を以下で説明する。

1) 観 察 法

観察法は，文字通り，対象の行動を自然な状況や実験的な状況のもとで，観察・記録・分析し，行動の特徴を明らかにする方法である（中澤, 1997）。観察法の実施にあたっては，適切な記録方法を選択する，ターゲットとなる行動を詳細に定義づけるなど，綿密な計画を立てて，妥当性を高めることが重要である。また，観察者が先入観をもって記録することを防ぐために，データを収集する者には研究の目的を知らせない盲検法という手法がもちいられることがある。

観察法は，対象者への制約が少なく，日常生活の自然な行動を反映することができるという長所をもつ。また，言語能力が未発達な子どもを対象とした調査には有用である。しかし，観察対象とする行動が自然に生起するまで待つ必要があるため，データの収集に時間がかかるという難点がある。また，観察することによって対象者の行動におよぼす影響を最小限に抑えるよう配慮が必要である。

2) 実 験 法

実験法は，観察法から派生した研究方法の一つである。観察場面において，実験者が何らかの人為的介入を行い，それにともなう対象の変化を観察する。実験法の要点を図1-4に示す。実験者が操作する変数を「独立変数」という。

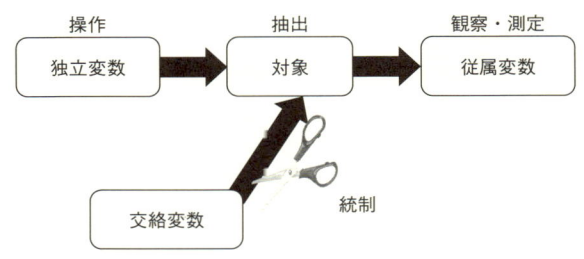

図 1-4 実験に関与する条件（子安ら，2011 を改変）

操作することで，対象にどのような行動や反応の変化が起こるかを観察する。このとき，観察・測定される結果を「従属変数」という。実験法において重要なのは，実験者が調べたいことに即して操作した変数のほかにも，従属変数に影響をおよぼす可能性のある「交絡変数」を統制して，その影響を排除することである。

実験法は，日常生活ではまれにしか起こらない条件を人為的に作り，条件と行動の因果関係を明らかにすることができる，という長所をもつ。一方で，交絡変数を十分に考慮しなければ，信頼性・妥当性が低くなることに留意しなければならない。

3）質問紙法

質問紙法は，文章を質問形式で提示して，選択肢の中からあてはまる回答や程度を選ばせたり，自由記述をさせたりして，個人の意見・態度・行動様式などを調べる方法である。同じ概念で構成された複数の質問項目をまとめて尺度と呼ぶ。質問紙を作成する際は，調べたいテーマに即して，妥当性と信頼性を十分に検討する必要がある。また，質問紙法による研究を実施する際には，過去の研究ですでに妥当性と信頼性が確認されている質問紙を使用することも多い。近年では，紙をもちいた回答方式のほか，インターネットを活用したweb調査も実施されている。

質問紙法は，効率的に大量のデータを集めることができる，という長所をもつ。しかし，幼少期の子どもの発達について調査するためには，読み書き能力が未発達な子ども自身に回答させることは難しく，保護者や幼稚園・保育園

の先生などを対象として調査が行われる。そのため，回答に偏りがある可能性や，日常生活における子ども自身の特性を十分に反映できていない可能性といった制約があることを考慮しなければならない。

4）面接法

　面接法は，調査者（面接者）と対象（被面接者）が直接顔を合わせる場面で，主として会話を通して必要な情報のやりとりをする方法である。1対1で行う個人面接は，心理臨床の現場でもちいられることが多く，面接で得られた結果にもとづいて，治療・療育の方針を判断する。面接の手順には，あらかじめ決められた内容と順序で質問を行う「構造化面接」，アドリブで質問を行う「非構造化面接」，その中間の「半構造化面接」がある。

　面接法は，対面形式で対象の生の情報を得ることができるという長所をもつ。信頼性と妥当性の高い方法で面接を行うためには，臨床心理に関する基礎的な知識と面接の技法に関する専門的な訓練が必要とされる。

5）心理検査

　心理検査は，個人をその所属する集団に位置づける目的で実施される場合が多い。これまで紹介した観察法・実験法・質問紙法が，心理について法則やモデルを検証するためにもちいられるのとは異なる。心理検査に使用する用具・実施の手続き・採点方法は，明確に定められマニュアル化されている。また，その心理検査の基準集団における得点の分布がわかっている。以上のような特徴をもつ検査を，標準化検査（standardized test）という。個人の結果は，基準集団の得点分布にもとづいて解釈することができる。知能検査，適性検査，性格検査などの多くが標準化検査である（第7章参照）。

6）実践研究

　実践研究とは，研究者が対象について働きかける関係をもちながら，対象に対する援助と研究を同時に行っていく方法である。秋田・市川（2001）は，ほかの心理学研究法とは異なる実践研究の独自性として，研究の問いが「私はここで何ができるのか？」というように「私」を研究の出発点の中心に据え，具

体的な状況における実践改善のための事例研究を行う，という点をあげている。実践研究の代表的な手法がアクションリサーチであり，現実場面における問題の解決をめざして，研究・実践・訓練の過程を相互循環的に実施していく。

アクションリサーチは，教育の現場で教師自身が研究者となって実施することができる有用な方法である。授業研究・学習システムの開発や環境改善・教育実習生における実習訓練などの場面でアクションリサーチを実施することで，現場での問題を主体的に改善することができる。

(3) 発達的変化をとらえる方法

人の心は年齢とともに変化していく。時間にともなう発達的変化を調べるために，横断的研究（cross-sectional method）あるいは，縦断的研究（longitudinal method）がもちいられる（図1-5）。横断的研究は，ある特定の年齢における典型的な特徴を探るため，同時期に異なる年齢集団を対象として比較する方法である。短時間で多くのデータを収集できるという長所をもつが，同一対象者を追跡していないため，発達の連続性や安定性を明確にするのが難しい。一方，縦断的研究は，同一の対象者を長期間継続的に追跡し，いく

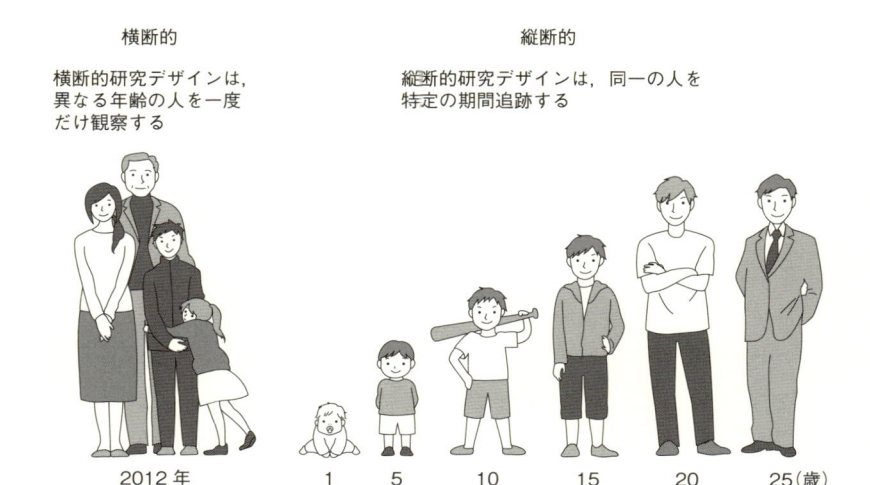

横断的
横断的研究デザインは，異なる年齢の人を一度だけ観察する

縦断的
縦断的研究デザインは，同一の人を特定の期間追跡する

2012年　　　1　5　10　15　20　25（歳）

図1-5　横断的研究と縦断的研究の比較　（Butterworth & Harris, 1994を参考に作成）

つかの時点で測定を行って変化を検討する方法である。個人を追跡するため，個人差の影響について検討することができる。また，発達の連続性や安定性を明らかにできるという長所をもつが，長期にわたって調査を行うため，時間・費用面でのコストが大きく，調査の途中で対象者が脱落するケースも少なくない。双方の長所と留意点を踏まえて，妥当性の高い研究計画を立てることが重要である。

5. 小学校への移行―現代の子どもをとりまく問題

　人は，誕生してからわずか数年の間に飛躍的な発達をとげる。これまで述べたように，社会関係の変化は，子どもの心の発達に影響をおよぼす。幼稚園・保育園への入園，小学校への入学は，幼少期の子どもにとって社会関係の拡大をともなう大きなライフイベントである。

　近年，日本で，「小1プロブレム」という現象が社会問題となっている。これは，小学1年生が，集団行動がとれない，授業中に座っていられない，話を聞かないなどの状態が入学後数か月継続する，という現象である。東京都教育委員会が2009年に実施した調査では，前年度中に都内の公立小学校の約2割で，小学校1年生の児童の学校不適応状況が発生したことが報告された。新保(2001)は，少子化による子どもをとりまく社会の変化，親の子育ての変化，変わってきた就学前教育と変わらない学校教育との差の拡大，連携のない就学前教育と学校教育，という現状が小1プロブレムの背景にあるとしている。現在，対策として，幼稚園・保育園と小学校の連携や家庭と教育現場の連携を強めるさまざまな取り組みが行われている。

　「なぜ，小1プロブレムが起きているのか？」という問いに対しては，さまざまな視点で長期的な調査をする必要がある。子どもが，現代の社会の中で，健やかな心の発達をとげられるよう，現在も原因の究明と対応策が検討されている。

【これだけは覚えておこう】

幼児図式：人を含む哺乳動物の赤ちゃんに共通する，「かわいい」という印象を与える身体的特徴。

2か月革命：生後2か月ごろに，反射的・生理的な行動が消失し，他者に対して意図的にかかわる社会的な行動が出現する劇的な発達的変化。

9か月革命：生後9か月ごろに，「自分－他者」あるいは「自分－物体」という二項関係のやりとりから，「自分－物体－他者」という三項関係のやりとりになる劇的な発達的変化。

心の理論：自分と他者の心を区別して考え，他者の心を推測したり，他者には自分とは異なる信念があることを理解すること。

誤信念課題：心の理論を獲得しているかどうか判断するための課題。

アタッチメント：重要な他者との間に形成する情動的絆で，危機的状況に接したときや不安を抱いたときに親への接触・近接を求め，安心感を回復・維持しようとする傾向。愛着。

遺伝と環境：形質の個人差に影響をおよぼすのは遺伝要因か環境要因かという考え方。双方の相互作用により個人差が生じる。

信頼性：研究において，ある方法で調べた結果が安定し，一貫しているかどうかの測度。

妥当性：研究において，ある方法で調べた結果が求めている目標に合致しているかどうかの測度。

横断的研究：同時期に異なる年齢集団を対象として比較して発達的変化を調べる方法。

縦断的研究：同一の対象者を長期間継続的に追跡し，いくつかの時点で測定を行って発達的変化を調べる方法。

小1プロブレム：小学1年生の学校不適応状況が，入学後数か月たっても継続する社会問題。

コラム1　幼児期のふたごのきょうだい関係と社会性の発達

　この章で取り上げたように，きょうだい関係は幼児期の社会性の発達に影響をあたえる重要な要素である。ふたごは，年齢の等しいきょうだいである。近年の日本でのふたごの出生率は増加傾向にあり，2003年には1000出産に11回まで上昇している（今泉，2005）。つまり，約50人に1人の

子どもがふたごとして成長するということであり，決して少数とは言えない。ふたごと年齢差のあるきょうだいを比較すると，同じ家庭環境で育つ子どもであることは共通しているが，ふたごのきょうだいの方がやりとりをする時間が多い（Thorpe & Danby, 2006）。

　ふたごの発達については，これまで，身体的な発育，言語能力をテーマとした研究が多く行われてきた。しかし，彼らの心理的な発達・社会性の発達については実証的な研究がほとんど行われていない（白佐，2006）。野嵜ら（Nozaki et al., 2012）は，5歳のふたごのきょうだいと3歳～9歳の年齢差のあるきょうだいを対象として，きょうだい関係が社会的な適応（思いやり行動・攻撃行動・仲間関係の問題）にあたえる影響について，ふたごのきょうだいと年齢差のあるきょうだいを比較した研究を行った。

　野嵜ら（2012）では，母親に対する質問紙調査を実施した。研究に参加したのは，一卵性双生児56組，同性二卵性双生児48組，同性の年齢差のあるきょうだい86組だった。なお，ふたごの参加者は，首都圏ふたごプロジェクト（http://totcop.keio.ac.jp）の登録家庭である。きょうだい関係を調べるための質問紙（The Maternal Interview of Sibling Relationships：Stocker et al., 1989）は，きょうだい関係のポジティブな側面（「一緒に遊びたがる」「物をわける」など）とネガティブな側面（「相手に手を出す」「やきもちを妬く」など）を測る下位尺度で構成されていた。また，社会的適応を調べるための質問紙（The Strengths and Difficulties Questionnaire：Goodman, 1997）は，思いやり行動（「他人を気遣う」「他人を手伝う」など）・攻撃行動（「他人とけんかをしたりいじめたりする」「いじわるをする」など）・仲間関係の問題（「他の子からいじめの対象にされたりからかわれたりする」「他の子どもたちより，大人といる方がうまくいくようだ」など）を測る項目から構成されていた。一卵性双生児，二卵性双生児，年齢差のあるきょうだいの3つのグループに分けて，きょうだい関係が社会的適応にあたえる影響の方向性，影響力の強さについてグループ間で違いがあるかどうかについて分析を行った。

　分析の結果，3つのグループで共通していたのは以下の点だった。きょうだい関係のポジティブさが強いほど思いやり行動は増加し，攻撃行動は減少した。また，きょうだい関係のネガティブさが強いほど思いやり行動は減少し，攻撃行動が増加した。しかし，きょうだい関係のポジティブさが思いやり行動および攻撃行動にあたえる影響力の強さについて分析した結果，グループ間で相違点が見られた。一卵性双生児と二卵性双生児の2つのグループは年齢差のあるきょうだいよりも影響力が強いことが明らかになった。さらに，仲間関係の問題については，影響の方向性に相違点が見られた。一卵性双生児では，きょうだい関係のポジティブさが強いほど仲間関係の問題が増加した。これに対して，二卵性双生児と年齢差のあるきょうだ

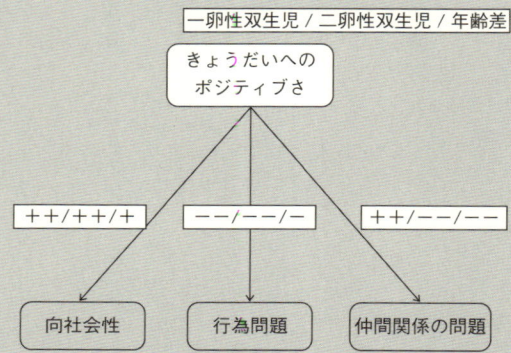

図1　きょうだい関係が社会的適応にあたえる影響
＋：ポジティブな影響，－：ネガティブな影響。記号の数が多いほど，影響力が強いことを意味する。きょうだい関係のネガティブさは3グループ間で影響の方向性・影響力の強さとも共通していたため，図は省略。

いでは，きょうだい関係のポジティブさが強いほど仲間関係の問題が減少した。以上の結果を，図1にまとめた。

　この研究から，ふたごのきょうだい関係は，年齢差のあるきょうだいのきょうだい関係よりも強く社会性の発達を促すことが明らかになった。前述のように，ふたごのきょうだい間のやりとりは年齢差のあるきょうだい間のやりとりよりも多く，社会性の発達においてきょうだい間のやりとりの量の多さが重要であることが示唆された。さらに，一卵性双生児のきょうだい関係は，二卵性双生児や年齢差のあるきょうだいにおけるきょうだい関係とは異なる意味合いをもつ可能性が示唆された。一卵性双生児は二卵性双生児と比べて親密な関係であるとされる（Segal et al., 1996）。一卵性双生児では，きょうだい間の親密性が強いことで他者との良好な関係を築くのが難しくなった可能性がある。

　幼児期のふたごのきょうだいが長い時間を共にすごすことは，社会性の発達においてプラスの側面とマイナスの側面をもっていた。ふたごの保護者に質問してみると，幼稚園や保育園でも二人が同じ組に所属している，1学年に1組しかないために同じ組にならざるを得ないということが多いのが現状のようだ。ふたごのきょうだいどうしは，お互いによくわかりあっているために意思疎通がはかりやすく，新しい別な友達へと社会関係を広げにくいという面はあるだろう。幼児期においては，保護者が積極的に，ふたごの二人が別々な経験をする機会を与えることが必要かもしれない。また，それを手助けする親以外の大人の存在も重要だと言える。

2 思考・言語の発達

1. 思考の発達

　私たちは，目の前で起こる出来事に対処するだけでなく，環境から得られるさまざまな情報を吟味し，状況を解釈し，その解釈をもとに問題を解決することができる。今ここにあることだけではなく，知識や経験をもとに思考することで，幅広い事態に対して適切に行動することができるのである。

　ピアジェ（Piaget & Inhelder, 1966; Piaget & Szeminska, 1941）は，子どもが誕生直後から環境に能動的に働きかけることを通じて，思考を発達させていく過程を理論化した。子どもがすでに獲得している行動体制や認識の枠組みをシェマと呼び，生まれつきもつ反射のシェマで環境に働きかけることができるとした。このようにシェマを外界にあてはめることを同化と呼び，うまくあてはまらなかったときにシェマを修正して対応することを調節と呼んだ。この同化と調節を繰り返しながら，新しいシェマが獲得されていく過程を均衡化と呼び，思考が発達していくメカニズムとして提唱したのである。

(1) 乳幼児期の思考—表象と象徴機能の発現

　ピアジェは，実際に子どもたちの行動や課題に対する反応を観察することを通じて，段階を経て思考が発達していく過程を示した。感覚運動期，前操作期，具体的操作期，形式的操作期の4つの発達段階を設定し，いま目の前にあることだけではなく，時間や空間をこえて情報を分類し関連づけることで，論理的に考えることができるようになる過程を明らかにしている。

　まず，乳児期における感覚運動的知能の段階において，生まれつき備わっている原始反射（第1章参照）により，外界に働きかける。たとえば，口の中

に何かが触れると，それをリズミカルに吸う反射である吸綴反射により働きかけがはじまり，それを繰り返すことによって，スムーズに乳を吸うことができるようになっていく。吸う，つかむ，見る，などの動作ができるようになると，まず自分の体への働きかけが繰り返され，その後，目と手の協応が成立することで，ものに対しての働きかけが頻繁になってくる。繰り返し働きかけを行うことを循環反応と呼び，この循環反応を通じて，乳児は，自分の行為と結果の関係を徐々に理解するようになる。生後8か月頃には，目的のために意図的な行動をするようになり，1歳前後では，さまざまな手段を試して良い方法を探すようにもなる。たとえば，毛布の下におもちゃが隠されるのを見た乳児は，毛布をひっぱっておもちゃを手に入れようとする。うまくいかない場合は，ひっぱるところを変えてみたりと，試行錯誤して新しい方法を試すこともできるようになる。隠されたものを探すためには，姿を直接見ることができなくなっても，もの自体はなくなったわけではなく，どこかに隠れていることを理解していなくてはならない。姿が見えなくても，ものは存在し続けること，すなわち対象の永続性を理解することは，感覚運動期における重要な発達の側面である。

　その後，目の前にある物に直接働きかけなくても，頭の中でイメージとして働きかけを行ってみることで，より適応的に行動することができるようになる。頭の中にイメージを思い浮かべて考えるという表象の能力が現れると，身体と感覚に限定されていた感覚運動的知能の段階から，イメージやことばで考える前操作的思考へと移行することになる。1歳半頃から，モデルがその場にいなくても真似ができるようになり（延滞模倣），大人の行為を真似する「ふり遊び」がみられるようになる。さらに，ある事物をほかの事物に置き換えて表現する象徴機能が発達してくることから，2, 3歳になると「ごっこ遊び」が頻繁に行われるようになる。たとえば，ままごとで，葉っぱをお皿に，砂をごはんに見立てて，家族の食事風景を真似て遊ぶこともできる。

　前操作的思考においては，表象や象徴機能の発達により，頭の中で対象をイメージし，さらに操作することができる。事物のつながりに気づいて，分類や関係づけを行うようにもなるが，判断が直感的であるという特徴がある。前操作的思考の段階にいる幼児期の子どもに，一定間隔にならべたおはじきを見

せ，その後，間隔を広げてみせると，子どもは間隔が広げられたことで，数が多くなったと判断してしまう（図2-1）。ピアジェは，子どもにさまざまな課題に取り組んでもらい，幼児期は，知覚的な特性に左右されやすく保存が成立していないと考え，これを直感的思考と呼んだ。保存とは，事物が知覚的に変化しても，それに何かが足されたり減らされたりしない限りは，数や量そのものが変化することはないと理解することである。幼児は，知覚的に目立つ1つの次元だけに注目してしまい（中心化），保存に関する課題に正しく回答することができない。しかし，ピアジェが考案した課題は，「同じだと思う？」という質問を続けて2回するなど方法上の問題が指摘され，その後の研究においては，幼児期後期（4～6歳頃）でも，保存に関する理解ができていることが示されてきた。幼児期のおわり頃になると，知覚的な特徴をこえて，頭の中で論理的な操作ができるようになり始めるのである。

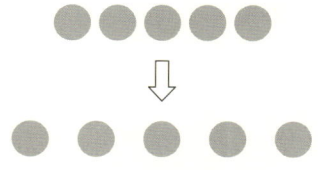

図2-1　保存課題の例
前操作的思考の段階の子どもは，おはじきの置かれた間隔が広がることで，全体の長さが長くなることで，多くなったと判断してしまう。

(2) 児童期以降の思考―論理的思考の発達

児童期になると，論理的な操作がより洗練されていき，直接的な対象にもとづいた論理的思考が発達していく。10本の長さの異なる棒を比較して短い順に並べるなど，組織的な操作ができるようになる。また，12本の花に6本のチューリップが含まれている場合に，チューリップよりも花全体の数の方が多い（クラス包含）と判断することができるようになる。具体的な対象に対してであれば，同時に複数の次元（色と形など）に注目して，事物を分類したり関係づけたりと，論理的な操作ができる。

ピアジェは7歳から10，11歳頃までの児童の思考を具体的操作，その後を形式的操作として，11歳以降になると，抽象的な内容でも論理的な操作ができるとした。小学校の高学年では，密度や加速度などの潜在的な変数の理解や，対象間の関係についての関係（二次的関係）を扱うことができるようになる。高学年になると，算数では比例や分数などより抽象的な概念にもとづく操

作がもとめられる。ピアジェはこのような比例概念などが形式的操作期にはどの領域においても同様に出現すると主張したが、具体的操作期から形式的操作期に移行する際に、学校の勉強の中で抽象的な概念どうしを論理的に操作することが必要な課題につまずきを覚える子どもたちも多い。

　形式的操作期の特徴の一つとして、事実とは反する命題であっても、命題にそって形式的に論証を行うことがあげられる。しかし、成人であっても、領域によっては、知識に影響されて形式的な操作が困難であることがわかっており、領域によって思考に違いがあるとする領域固有性が主張されている。

(3) 演繹推論と帰納推論

　ピアジェが提唱した形式的操作が必要な課題の一つとして「推論」があげられる。推論とは、単一のあるいは複数の前提から、何らかの結論を導く認知活動である（山, 2010）。たとえば、「空気が湿っているし、曇っているから、雨が降るかもしれない」と考えて傘を持っていくという日常的な判断にも、推論がかかわっていると言える。

　推論は、演繹推論と帰納推論の2つに大きく分けることができる。帰納推論とは、特定の事例に関する事実から、より一般的な結論を導くものである。たとえば、チューリップに水をあげないと枯れてしまった経験から、「ヒマワリにも水をあげなければならない」と考える、また、「花が成長するためには水が必要である」と考えることもできる。この例では、チューリップという特定の事例から、ヒマワリという他の事例について推論し（特殊帰納）、花という上位の概念についても推論している（一般帰納）。このように、帰納推論は日常的に知識を拡張、獲得していく際に重要な認知活動である。幼児期から、子どもは事例どうしの類似性にもとづいて帰納推論を行い、さまざまな領域における知識を洗練させていくのである。

　演繹推論とは前提から論理的に確定される結論を導くものである。帰納推論がおおよその推論であるのに対して、演繹推論においては、確定的な結論が導かれなければならない。たとえば、「人間は呼吸する。ダーウィンは人間である。ダーウィンは呼吸する」といった、三段論法が代表的である。ピアジェは、演繹推論に必要な命題の操作は具体的操作期に可能になると考えていた。

しかし，幼児でも，知識がある領域においては，「魚は水の中にいる，金魚も魚の仲間だから水の中にいる」といったような前提から結論を導くかたちでの説明ができることが示されている（内田・大宮, 2002）。幼児期の終わり頃には，論理的に考えて結論を導く能力が発揮され始めるのである。

(4) 問題解決

児童期になると，学校でさまざまな課題を解決しなければならない場面が増える。算数の文章題や理科での物理的現象についての理解など，複数の条件から解答を導かなければならない。このように目標に向かって方法を考えるプロセスを問題解決と呼ぶ。

問題を解決する方法にはアルゴリズムやヒューリスティックスがある。アルゴリズムとはすべての可能性を順番に試していくやり方で，時間はかかっても最終的には正解にたどり着ける。対して，ヒューリスティックスは必ずしも正解にたどり着けるとは限らないが，うまくいった場合は短時間で問題が解決される手続きのことを言う。子どもが算数の問題を解く際のやり方として，数え上げるなどのアルゴリズム的なやり方は徐々に減り，5 + 6 を 5 + 5 + 1 と分解するなどのヒューリスティックス的なやり方が増えていくことがわかっている（Siegler, 1987）。このような発達的な変化には，やり方についての知識だけでなく，概念の理解，問題解決のプロセスへのモニタリングなどがかかわっており，新しいやり方を用いた後でも，以前からのやり方が再び使われたりすることもある。

問題解決のために，これまでの経験や知識を適用することも重要である。新たな問題に対して，類似した知識や経験を対応づけて解決することを，類推と呼ぶ。たとえば，電流について学ぶ際に，水の流れと対応づけることで理解が促されることが多い。「ニクロム線が太くなったら電流の量は増えるか？」という質問に対して，「パイプが太くなれば水の流れも多くなるから，ニクロム線が太くなれば電流も多く流れる」と考えることができる（鈴木, 1996）。電流と水流は表面的には似ていないが，「流れる」という関係が似ているので，領域をこえて対応づけがおこる。児童期になると，表面的に似ていないものどうしであっても，関係や構造が似ていることに気づいて類推をし，問題解決に

つなげることができるようになっていく．特に，算数や理科では，例題の解法を応用して問題を解くことが多く，頻繁に類推が行われていると言える．

2. 言語の発達

　生まれてすぐの赤ちゃんは，まだことばを発することができない．しかし，周囲の大人が積極的に赤ちゃんにことばで働きかけることで，相互作用が起こり，生後1年がたつ頃には，子どもは意味のあることばを話し始める．人間のコミュニケーションにおいて非常に重要な側面である言語が，初めて獲得されるプロセスとはどのようなものなのだろうか．

(1) 音声発達

　生まれてすぐの子どもは，他の女性の声よりも母親の声を聴きたがることがわかっている（Decasper & Fifer, 1980）．また，外国語よりも母語を聴きたがることもわかっており（Moon et al., 1993），子どもは胎内にいるときから母親の声や話す言語になじんでいるといえる．胎内にいるときから，「言語に触れる」ということが始まっているのである．最初に触れるのは，言語のリズム的な側面だと言えるが，生後10日の新生児でも，/ba/ と /da/ といった音の区別が可能であることがわかっている（林，1999）．生後半年では，さまざまな音の区別ができるが，1歳頃になると，母語では区別しない音の違いには敏感でなくなっていく（Kuhl et al., 2006）．

　生後1年間で，声を出すということも発達していく．生まれてすぐに発する声はいわゆる「泣き声」であり，生まれてからしばらくは叫び声しか発することができない．その後，のどの奥を鳴らすような音声であるクーイングが見られるようになり，生後半年で「アババ」のような子音と母音の組み合わさった「基準喃語」が発せるようになる．違う音を連ねて発声することができるようになると，生後1年をむかえる頃には，「マンマ」などの初めての意味のあることばを話す．このような最初の有意味語を「初語」といい，発現には個人差があるが，多くの子どもが，2歳頃までには話すようになる．

(2) 大人とのコミュニケーション

ことばを話すようになる前から、子どもは視線や身ぶり、音声などを使って、周囲の大人と積極的にコミュニケーションをとっている。母親が新生児にことばで話しかけると、新生児はそれに合わせて手足を動かすことで反応する（同期行動）。コンドンとサンダー（Condon & Sander, 1974）は母親の働きかけと新生児の反応には同期性があることを見いだしている。ここでみられるリズミカルな応答は、会話のやりとりの特徴でもあり、ことばのコミュニケーションにつながるものとも考えられる。

子どもは、生後9か月頃までは、ものへの働きかけと大人とのやりとりを個々に行っている。これは二項関係にもとづくやりとりである。生後9, 10か月になると、三項関係にもとづくやりとりを行うようになる。三項関係が成立するためには、相手が注意を向けている対象に注意を向けて、一緒に対象を見ることが必要であり、これを共同注意という（図2-2）。共同注意が成立すると、大人に知らせるために、あるいはものを代わりに取ってもらうために、子どもは対象を指さして積極的なコミュニケーションを行うことができるようになっていく（第1章参照）。

共同注意が成立している際に、対象について話されることばを聞くことによって、子どもは対象とことばを結びつけることができる。初語が発現する以前から、大人が話すことばを理解して社会的なやりとりを行っていると言える。

(3) 語彙の獲得

1歳前後で発現した初語は、その後なかなか定着しなかったり、消失してし

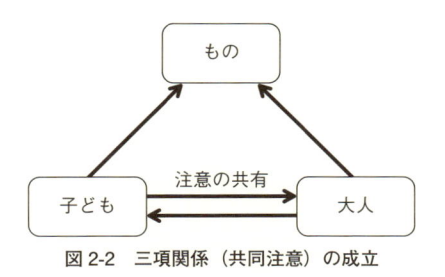

図2-2 三項関係（共同注意）の成立

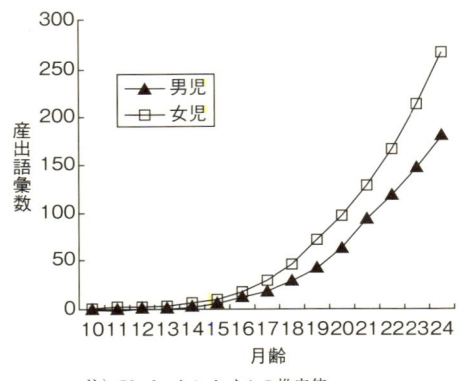

注）50パーセンタイルの推定値。
図2-3　発達に伴う産出語彙の増加 (針生, 2010)

まったりする（小林, 2008）。定着した特定の語の使用には，その後数か月かかる。特定の語を使用するようになると，少しずつ産出語は増えていくが，手持ちの語が少ない間は，「ワンワン」ということばを，イヌだけでなく他の動物やふわふわしたものなどにも用いることがある（岡本, 1982）。これを，「過拡張」と呼び，1歳半くらいまで頻繁にみられる。しかし，1歳後半になると，月に30～60語ずつ語彙を増やしていくようになり，新しい語を獲得することで，過拡張は減っていく。50～100語程度を獲得した後，それ以前よりも非常にはやいスピードで語彙を増やしていくようになることを「語彙爆発」と呼ぶ（図2-3）。この頃になると，大人に，ものの名前を頻繁に聞くようにもなる。

　また，語彙爆発が起こると，「パパカイシャ」というように単語を二つつなげて発語するようになる。最初は助詞が抜けた発話だが，徐々につなげる語の数も増え，必要なところは助詞が省略されなくなる。そして，3歳になるまでに構造的な文を話せるようになるのである（コラム2も参照）。

(4) 読み書きの発達

　子どもは，幼児期から周囲の大人が読んだり書いたりする活動をするのを見て，真似することで，文字の世界に入っていく。2歳頃から，文字の意味がわからなくても，本を持ちながら読むように話したり，文字のようなものを書い

たりする行動がみられるようになる。組織的な学習をしなくても，子どもは遊びの中から文字を覚えていき，小学校に入学するまでには，ほとんどの子どもがひらがなを読み，自分の名前を書くこともできるようになっている。

　読み書きを行うためには，発声される連続した音を分割して，文字と対応づける必要がある。これを「音韻意識」と呼ぶ。たとえば，日本語においては，「ゴリラ」は／ゴ／，／リ／，／ラ／という3つの音節に分割し，そこから，最後の音は／ラ／である，というように抽出できなければならない。3，4歳頃から，しりとりで遊ぶことができるようになっていくが，しりとりには，音韻意識の発達が深くかかわっている（高橋，1997）。子どもたちは，日常の生活の中から読み書きを発達させていく。獲得の時期には個人差が大きく，一度獲得され始めると一気に獲得されることが多い。また，小学校入学後半年がたつと，文字が書けなかった子も書けていた子に追いついてしまう（内田，1989）。機械的に字を学ぶよりも，さまざまなことばに触れ，伝達，共有といった文字の機能に気づくことの方が習得のきっかけになるとも考えられる。

(5) 一次的ことばと二次的ことば

　幼児期において，子どもは親や保育士などの身近な大人と会話をすることを通して，話しことばを発達させていく。大人との会話は，最初のうちは大人が中心となって話しているが，子どもはそこから質問や応答の仕方，どのようなことを話題にするのかについて学習していく。年齢があがるにつれて，大人の質問や話題提供は減っていき，子どもが自発的に話すことが増えていく。身近な大人との会話に代表される，知識や経験を共有している1人の相手とのコミュニケーションの際にもちいられる話しことばを，岡本（1985）は「一次的ことば」と呼んだ。幼児期後期にもなると，子どもは会話の中であれば，接続詞をもちいた長い説明もできるようになる。

　しかし，その後小学校に入学し，学校で組織的な言語学習が開始されると，作文を書いたり，読んだことについてのメモをもとに，みんなの前で意見を発表したりする場面が増える。そこでは，経験を共有しない複数の相手に情報を伝達することが必要とされ，これを「二次的ことば」と呼ぶ（岡本，1985）。児童期は，学校での活動を通して，書きことばが発達していく時期だと言え

る。また、形式的操作段階にはいった児童期後期の子どもは、論証や検証のことば、すなわち「三次的ことば」を獲得していく（清水・内田、2007）。この三次的ことばによって、論理的な主張や説得が可能になるのである。この時期においては、作文教育においても、事実と意見を書き分けたり、論証の過程を的確に表現して説得的な文章が書けるような支援が必要であろう。

【これだけは覚えておこう】

感覚運動期・前操作期・具体的操作期・形式的操作期：ピアジェが提唱した思考の発達段階。思考が、同化と調節による均衡化のメカニズムによって、段階的に発達するという理論にもとづく。

表象能力：感覚運動期の終わり頃にあらわれる対象を頭の中に思い浮かべる能力。

象徴機能：指示対象を象徴によって代表させる働きで、象徴機能によって、見立て遊びや延滞模倣が可能になる。

基準喃語：生後半年頃にみられる子音と母音の組み合わさった発声。

初語：生後1年前後にみられる最初の有意味語、「ママ」や「マンマ」が代表的。

共同注意：相手と注意を重ね合わせて同一の対象をみること。

三項関係：共同注意によって成立する「自分－もの－人」の三者の関係。

語彙爆発：50～100語程度語彙を獲得した後、非常にはやいスピードで語彙が増えていくこと。

二次的ことば：経験や知識を共有しない複数の相手に情報を伝達するためのことば。児童期以降に発達する書きことばを含む。

コラム2　子どもはことばの意味をどうやって知るのか

　1歳半前後に子どもは「語彙爆発」をむかえ，1週間に平均40語ずつ語彙のレパートリーを増やしていく。語彙の発達には個人差が大きいが，幼児期に特に多くの語彙を非常にはやいスピードで獲得すると言える。それでは，子どもはどのように語の意味を知り，自分のものにしていくのであろうか。

　語彙の複雑な意味を知ることにかかわる問題をクワイン（Quine, 1960）は「ガヴァガーイ問題」と呼んだ。ある伝統社会の原住民がうさぎを見て「ガヴァガーイ」と言ったときに，その原住民の言語を解さない人は，どのように「ガヴァガーイ」という語の意味を推測したらよいのだろうか。「ガヴァガーイ」が指すものとして，「うさぎ」全体，「長い耳」「白い」「飛び跳ねる」など，可能性は非常に多い。多岐にわたるたくさんの可能性の中から，語の意味を同定しなければならない。それでは，子どもはこのような複雑な問題をどのように解いているのだろうか。

　近年，子どもが語の意味を同定する際に，いくつかの「制約」が働くという主張がなされるようになってきた。ものの名前はひとつであると考える「相互排他性制約」，ある対象に対する語は，指示対象の部分や属性ではなく全体を指していると考える「事物全体制約」，また，指示対象のみを示す固有名詞ではなく，似た対象を指すこともできるカテゴリー名だと考える「事物カテゴリー制約」。これらの制約が，語の意味を推測する際に考えるべき可能性の範囲を限定し，語と意味をすばやくむすびつけることが可能になるのである（Markman, 1989）。

　初語を獲得してから，語彙爆発が起こるまでの約半年間は，ゆっくりとしたスピードで語彙獲得がすすむ。この時期には，白いものをすべて「ニャンニャン」と呼んだりと，一つの語をさまざまな対象に用いる過拡張がみられる。語彙獲得初期においては，子どもは，語彙獲得に限らずさまざまな領域で働く原理（領域一般の学習原理）を用いて意味を推測していると考えられる。領域一般の学習原理の一つとして，「差異・共通性の抽出原理」がある。これは，対象どうしの知覚的な差異と共通性を抽出することであり，この原理から「白い」という知覚的な共通性がある対象が同じ語で呼ばれるのであろう。また，ランドウら（Landau et al., 1988）は，子どもは特に同じかたちのものを同じ名前だと考えることを示し，これを「形状バイアス」と呼んだ。「差異・共通性の抽出原理」に代表される領域一般の学習原理にもとづいて語の意味を推測していくうちに，語の意味を推論する際に特に有利に働く「事物カテゴリー制約」などの原理も用いられるようになり，爆発的に語彙を増やしていくことができると考えられる（今井・針生, 2007）。

子どもの語彙獲得における制約の働きを重視する主張に対して，社会的な相互作用を重視する立場もある。トマセロ（Tomasello, 2001）は，子どもが大人の意図を認知し理解することを通じて新しい語が学ばれていく過程に注目した。まず，「これはうさぎです」というような事物の名前を明示するやりとりは，必ずしも日常的に頻繁に行われるわけではなく，子どもはもっと複雑なやりとりの中で新しい語を聞くことが多いと指摘した。たとえば，大人が子どもの注意を他のものに移そうとして，子どもの注意対象とは違うものの名前を言った場合，子どもは大人の意図を理解しなければ語の意味を正しく推測することは不可能である（Baldwin, 1993）。それでは，子どもはどのように大人の意図を読み取り　語の意味を推測するのだろうか。

　トマセロは，いくつかの実験から，大人が意図する指示対象を特定するための社会的手がかりを，子どもがどのように利用するかを調べた。トマセロとバートン（Tomasello & Barton, 1994）の実験では，まず2歳児に「トーマを探そう」と言い，その後，実験者がいくつかのバケツの蓋を開けて中を見た。その際，最初のバケツを開けたときは不満そうな声を出し，3つ目のバケツを開けたときに興奮した様子で中にある事物（ターゲット）を取り出して子どもに渡した。この一連のやりとりのあと，子どもに5つのものの中から「トーマ」を選んでもらうと，3つ目のバケツの中にあったターゲットを選ぶことができた。子どもは一連のやりとりの中から，大人が意図する対象を理解し，「トーマ」という語が示す指示対象を同定することができたのである。視線や指さしによって対象が提示されない状態で対象が呼ばれる場合でも，子どもは大人とのやりとりを手がかりにして語の意味を推測するといえる。

　子どもは，一つのウサギという対象に対して「ウサギ」という一般名称に限らず，「ピョン吉」などの固有名詞や，「動物」などの大きいカテゴリーを示す語，「足」「しっぽ」などの部位を示す語，「とびはねる」などの動作を示す語など，さまざまな語彙を獲得していく必要がある。したがって，子どもは，言語環境から単語の種類を見出し，種類ごとに異なる意味を推論するやり方を抽出して，というように「制約」を洗練させ続けていかなければならないのである（今井・針生，2007）。また，トマセロの実験で示された社会的手がかりの利用については，語彙獲得の一部しか説明できないのではないかという批判もあるが，語彙を獲得していく際に，語がどのような状況で用いられるかという情報が利用されるという視点は重要であろう。

3 記　　憶

　朝，目覚めてから，職場や学校で仕事をこなし，夜，眠りにつくまで，日常生活のあらゆる場面に記憶がかかわっている。自分がどこの誰なのかという自己認識も，歴史の年号の暗記や数学の公式を覚えて問題を解く等の学習活動も，その多くを記憶に支えられている。本章では，このような幅広い役割を果たす記憶について，その処理過程はどのようになっているのか，記憶にはどんな種類があるのか，どのように促進されたり抑制されたりするのかについて概説する。

1．記憶の諸過程

(1) 記憶の三段階

　私は記憶力が悪いようだ，といった会話を日常よく耳にする。この場合，覚えることが苦手なのか，それとも，覚えた内容を思い出すのが苦手なのか，不思議に思うことはないだろうか。記憶は，記銘，保持，想起の3つの段階に分けることができる。記銘は経験したことが取り込まれる過程，保持は取り込まれた情報を蓄える過程である。想起は保持されていた情報を実際に思い出して，口に出して言う等，何らかの手段で再現する過程である。情報処理理論の発展とともに，記憶過程についても，多数の情報処理モデルが生み出された。これらのモデルでは，記銘・保持・想起といった記憶過程を符号化，貯蔵，検索からなる一連の情報処理過程と見なす。記銘は外部情報が人の内部に取り込めるかたちに変換することなので符号化，保持は取り込まれた情報を特定の場所に維持しておくという意味で貯蔵，想起は必要な情報を貯蔵された情報の中から探して取り出すということで検索と呼ばれる。

(2) 想起と忘却

　記憶の想起の仕方は，再生，再認，再構成に分けることができる。再生とは，経験した事象を記憶したとおりに言葉や動作やイメージで表現することを示す。何らかの手がかりをあたえられて行われる手がかり再生と，全く手がかりをあたえられずに行われる自由再生とがある。再認は，経験したことと同じ事象に遭遇した場合に，それと確認することである。再生できなくとも，再認できることがよくある。たとえば，記述問題では回答できなくとも，選択問題では正解できるといったことは誰でも経験があるだろう。再構成は，経験した事象をその構成要素を組み合わせて再現することである。

　経験したこと，あるいは学習した事柄について，再生，再認，再構成のすべてができない場合には記憶が失敗したことになる。記憶の失敗は，記銘，保持，想起のいずれの段階でも生じる。記銘ができても，保持ができなければ想起されず，記憶に失敗する。記銘，保持ができても，想起ができなければ，取り込まれた情報を取り出すことができず，記憶されていないことになる。いずれかの理由で想起ができない状態が忘却である。想起できるかどうかはさまざまな条件によって影響される。手がかりがあたえられれば再生できることや，再生できなくとも再認や再構成ができることもある。また，緊張している場合や慣れない場所など，特定の条件で想起に失敗しても，他の状況では思い出すことができるかもしれない。想起に失敗しても何らかのかたちで情報が保持されており，再学習するときに効率的に記憶することが可能となる。

(3) 記憶の種類

　人の記憶について考えるとき，「3日前の夜は，誰と何をしていたか」「学習した内容を正確に覚えていられるか」といった意味内容に関する比較的長期の事柄が思い浮かびやすい。しかし，記憶には，自転車の乗り方や楽器の演奏の仕方等の技能の記憶や，聞き覚えのある声，懐かしい匂いなどの感覚的な記憶など，さまざまな種類がある。また，同じ意味内容の記憶でも，記憶対象に接してからの時間軸によっていくつかに分類される。

　外界の情報は，まず，感覚器を通して入ってくるので，感覚に応じた記憶に分類される。人の声の記憶は聴覚，食べ物の味の記憶は味覚，目にした光景

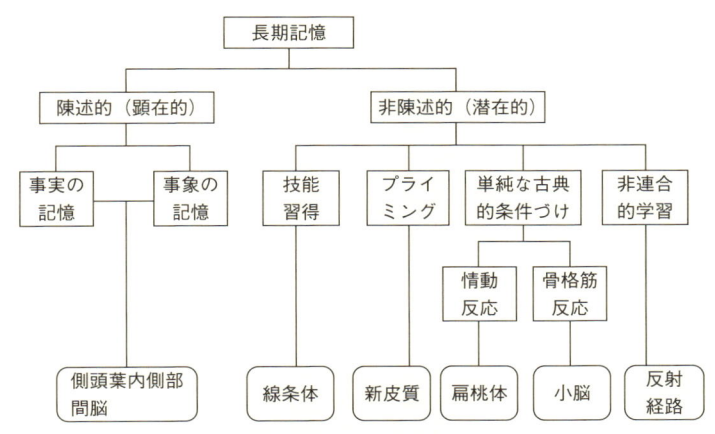

図 3-1　長期記憶の種類と脳システムとの関係　(Gazzaniga et al., 2008)

の記憶は視覚の記憶である。これらを合わせて感覚記憶という。感覚記憶のうち，注意を向けられた情報は，次の処理段階，短期記憶へと進む。短期記憶は，保持の時間が十数秒という比較的短期の記憶である。短期記憶の中で，特定の心的活動に従事している間保持される記憶を作動記憶（ワーキングメモリー）という（Baddeley, 2007）。短期記憶に入った情報の一部が，リハーサル等によって長期記憶に転送される。長期記憶は，1か月，1年，あるいは何十年と，長期にわたって保持されている記憶である。長期記憶は，さらに，記憶のされ方，記憶対象によっていくつかに分類される。分類の仕方には複数の説があげられているが，ここでは，代表的な分類例を紹介する（図3-1）。

(4) 二重貯蔵モデル

短期記憶と長期記憶との関係について，これまでいくつかの説があげられてきた。両者は別の記憶であるとする考えや，両者は独立したものではなく，単に入ってきた情報が処理される仕方の程度の違いであるとする考えもある（Narine, 2002）。現在では，短期記憶に取り込まれた情報の一部が長期記憶に保存されるとする説が有力となっている。この説は，短期記憶の貯蔵庫と長期記憶の貯蔵庫の2つの貯蔵庫を仮定しているので，二重貯蔵モデル（Atkinson & Shiffrin, 1971）と呼ばれる（図3-2）。このモデルによれば，入力された情報

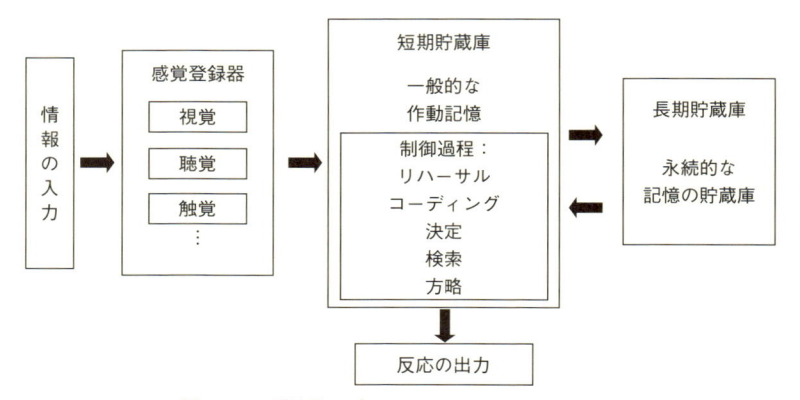

図 3-2 二重貯蔵モデル (Atkinson & Shiffrin, 1971)

は最初に感覚登録器に入り，この中で注意を向けられた情報のみが短期貯蔵庫に入ると仮定される。リハーサル（復唱）によって情報を保持し続けることができた情報の中の一部が，長期貯蔵庫に転送され永続的に記憶されると考えられている。二重貯蔵モデルの根拠となるのが，系列位置効果（コラム3参照）である。

2. 各記憶の特性と忘却の過程

前節では，外界の情報が入力されてから長期の記憶に至るまで，複数の段階があることを示した。本節では，各記憶過程の特性と，長期記憶の下位分類，そして忘却の過程について概説する。

(1) 感覚記憶

私たちの感覚器には外界から常に多くの情報が取り込まれ，それぞれの感覚様相の感覚登録器に入力される。感覚登録器に入った情報は感覚記憶と呼ばれる。ここでの情報は意味内容が理解されないまま，ごく短時間，感覚器に留まるが，刺激がなくなると急速に消えてしまう。感覚器によって情報が保持されている時間は大きく異なる。視覚刺激の感覚記憶はアイコニックメモリと呼ばれ，その持続時間は1秒以下であると言われる。聴覚刺激の感覚記憶は，エコ

イックメモリと呼ばれ，その持続時間は5秒程度であると言われる。感覚器に入力された情報のうちで注意が向けられた情報のみが，短期記憶に取り込まれ，リハーサルを行う等の意図的な操作が可能になる。

(2) 短期記憶

　短期記憶は，見たり聞いたりしたことを十数秒間覚えていられる記憶である。人との会話において相手の話を一時的に覚えておき，それに対してなんと返答するかを考える場合，黒板に書かれた文字をノートにとるときに覚えているような場合などがあげられる。書こうと思って覚えておいた内容も，途中で人に話しかけられると忘れてしまう。通常，短期記憶の保持時間は15秒〜18秒程度で，そのままでは時間とともに減衰し，消えてしまう。短期記憶に短時間保持された情報を何度も口ずさんだり思い浮かべたりすることをリハーサル（復唱）という。リハーサル（復唱）をすることによって，短期記憶を保持することができる。

　短期記憶には容量に限度がある。一般に，成人の記憶容量は，7±2個と言われている。たとえばランダムにならんだ数字をゆっくり読み上げ，直後に再生させたとする。4，5個くらいまでは容易に再生できるが6個，7個となると，次第に誤りが増え，9個以上になると再生が不可能になる。個人が記憶することのできる個数を記憶範囲と言う。記憶範囲以上の情報が入ってきても，これ以上は再生するのは難しい。新しく入ってきた情報が古い情報に入れ替わってしまう場合が多い。

　記憶容量の7±2個というのは，7つの文字や数字という意味ではない。日常の単語は数個の文字の組み合わせでできているので，文字数はかなりになるが，私たちは1単語を1つのまとまりと考えて，7単語くらいまでは覚えることができる。このように文字数にかかわらず，1つの単位として扱うことのできるまとまりをチャンクという。多くの情報を効率よくチャンク化できれば，より多くのことを短期記憶に保持することが可能となる。チャンク化は，長期記憶に保存されたさまざまな経験や知識を利用することによって効率化される。

(3) ワーキングメモリー（作動記憶）

　計算問題を解くとき，長期記憶に蓄えられた公式を想起して一時的に取り出し，新しく入力される数字を見ながら問題を解く。また，小説を読むときには今まで読んだ登場人物の属性を思い出しながら，次の文章を読み進めていく。このように，心的活動では，処理の途中の情報や，長期記憶から取り出した情報を一時的に保持しつつ，それらを利用しながら課題を行う。すなわち，長期記憶から取り出された情報と入力された情報の保持と処理とを同時に行うのである。このとき関連する記憶は，短期記憶と似た特性を示すが，特に，作動記憶（ワーキングメモリー）と呼ばれる。作動記憶は，注意や言語，視覚刺激の処理，問題解決から意思決定にいたる，さまざまな認知機能との関連性が示されている（Conway et al., 2002; Hinson et al., 2003）。

　作動記憶の特徴の1つは，処理資源に限界があるという点である。たとえば，私たちにとって，2つの文章の意味を同時に理解することや，複数の計算問題を同時に行うことは非常に難しい。作動記憶の処理資源は，個人差，年齢差が大きいと言われ，その容量を測定するテストがいくつか開発されている。デジットスパンテストとリーディングスパンテストである。前者は，ウェクスラーの成人知能検査の数唱課題を独立させたもので，作動記憶の中でも特に情報の保持容量の測定に使用される。後者は，文字言語情報の処理容量を測定するテストで，これまで，読解力テストとの相関が報告されている（苧阪・苧阪，1994）。

(4) 長期記憶

　長期記憶は，短期記憶と比較して記銘に時間を要するが，いったん取り込まれた情報は消失しがたいという特性をもつ。現在のところ，長期記憶には，感覚記憶や短期記憶にみられるような容量限度はないと考えられている。長期記憶は，記憶対象や記憶のされ方によって陳述記憶と非陳述記憶に分類される（Squire, 1992）。陳述記憶とは，言語化される記憶で，記憶内容が意識的に想起されるという意味で顕在記憶とも呼ばれる。これに対し，非陳述記憶は言語化できない記憶で，非意図的に保存や想起が起こるため潜在記憶とも呼ばれる。

　陳述記憶は，さらにエピソード記憶と意味記憶とに分けられる。エピソード記憶は，一般的に記憶らしい記憶と考えられている「いつ，どこで，何があっ

たか」がはっきりしているような記憶である（Tulving, 2002）。「今日，行きの電車で旧友に会った」「教職の科目の履修届を出した」などの自己の経験についての記憶があげられる。これに対し，意味記憶は，日常生活の中で何度も接したり経験したりすることによってできた一般的知識やことばの意味や概念等の記憶である。たとえば，「電車」「科目」等の概念は知っているが，いつどこで記憶したのか意識していない。

　一方，非陳述記憶には，手続き記憶，古典的条件づけ，プライミング効果等が含まれる。手続き記憶は，乗り物の運転や楽器の演奏，運動技能のように，あることのやり方の記憶で，想起したことの言語化が困難な記憶である。非陳述記憶は，保持について意識していないにもかかわらず，現在の動作，行動，ものの考え方に影響を与えているような記憶であり，保持時間は長く，ほかの刺激の干渉を受けにくいと言われている。

　長期記憶には，ほかにもさまざまな分類の仕方がある（Baddeley et al., 2009）。陳述記憶，非陳述記憶ともに過去の出来事の記憶であるので，回想的記憶とも呼ばれる。これに対し，「夜7時から飲み会がある」「2週間後に試験だ」などの将来の計画や予定についての記憶は展望的記憶とも呼ばれる。また，自分自身のこれまでの体験についての記憶は自伝的記憶と分類されることもある。私たちの日常生活では，これらの記憶が複雑に関連し合い，組み合わさって構成されている。

(5) 忘却の過程

　長期記憶に蓄えられた情報は，必要に応じて想起される。これは膨大な量の記憶から必要な情報を探し出して取り出す過程と考えられるので，検索とも呼ばれる。想起は何らかの手がかりを利用して行われるが，記憶しているはずのものが想起できないことがしばしば起こる。覚えたはずの単語が試験中に書き出せない，顔は思い出せるのに名前を思い出せないといったこと等がある。ときには，人に言われて初めて思い出すこともある。一度長期記憶に保存された記憶の忘却はどのようにして起こるのだろうか。

　忘却の理論的な説明として，減衰説と干渉説が論じられてきた。減衰説は，「記憶されたことが時間とともに次第に薄れて思い出せなくなる」と考える。

一方，干渉説は，「新しい情報が入ってきたために，古い情報に干渉を起こして想起が難しくなる」と考える。これまでのところ，干渉説が有力だとされているが，忘却の妥当な説明として減衰説・干渉説のいずれも排除できていない。たとえば，20項目の単語を一晩で覚えて，翌日思い出して再生課題を行うとする。再生までの間に，さらに10項目を覚えた場合には，覚えなかった場合に比べて，昨夜学習した20項目の単語の再生成績が低下することが示されている。後に覚えた単語が，最初に覚えた単語に影響をおよぼし，記憶の妨げとなったのである。このように，記憶した事柄が相互に影響をおよぼし，記憶の効率を妨げているようなことを干渉と言う。干渉は干渉効果の時間的方向によって2つに分類されている。前に記憶したことが後の記憶に影響をおよぼすことを順向抑制，反対に，後に記憶したことが前に記憶したことを妨げる場合を逆向抑制という。学習する項目群の類似性が高まるほど干渉効果が強くなり想起が難しくなる。

3. 記憶と学習

日常生活において新しい事柄を記憶することは，変化する環境に適応するために重要な課題である。また，学習者にとっては，より多くの事柄をなるべく効率的に記憶することが大きな関心事であろう。本節では，効果的な記憶方法は何か，記憶は成長とともにどのように発達していくのかについて概説する。

(1) 記憶方略

前節では，リハーサル（復唱）を繰り返すことによって，短期記憶の情報が長期記憶に転送されることを示した。しかし，自分にとって無意味な事柄を覚えるのは容易ではない。リハーサルだけではなかなか覚えられない事柄も何らかのかたちで有意味化することにより長期記憶への転送がしやすくなる。ある事柄の文章の内容を記憶するとき，出来事の因果関係や時間の流れを理解したりすることにより，覚えるのが容易になる。このように関連した情報を付け加えたり内容をより豊富にしたりすることを精緻化という。精緻化によって記銘がしやすくなるだけでなくこれにより，想起の際の手がかりも増す。たとえ

ば，3 の平方根を覚える場合には，「1.7320508」を何度も繰り返すよりも，「ひとなみに，おごれや」と意味づけを行った方が長期記憶での情報の定着が良い。また，記憶する事柄を何らかの規則にしたがって組織化することも記憶の手助けとなる。たとえば，たくさんの単語を覚えるとき，アルファベット順に順序だてて覚えるという方法により，記憶しやすくなる場合等があげられる。カテゴリーごとに分類したり，自分の覚えやすいように仲間分けしたりするなど，何らかの方法で記憶対象をまとめることを体制化（組織化）という。私たちは，生まれてからこれまでに蓄積されたたくさんの知識をもっている。そのような知識と新しく入ってくる情報を関連づけることによって，効率的に取り入れていくことができる。

(2) メタ記憶

　メタ記憶とは，自分の記憶活動を制御するのに役立つ自分自身の記憶や記憶能力についての知識を示す。メタ記憶を利用することにより，記憶方略が使えるようになるだけでなく，記憶場面や自分の記憶システムの特性や記憶活動の捉え方が正確になり，効率よく記憶できるようになる。ケイル（Kail, 1990）は個人の記憶活動を「評価→方略の実行→モニタリング」という流れで捉えている。方略実行の前後にある「評価」と「モニタリング」がメタ記憶に対応している。評価とは，記憶内容の難易度や重要度を見積もり，記憶する際に適切な記憶方略を自ら選択する過程である。モニタリングとは，実行した記憶方略によってどの程度の学習が進んでいるかを確認し，それにもとづいて方略の修正や改良を行うといった作業である。たとえば，試験勉強をする際に，自分にとってより効率的な記憶方略は何かを考え，現在の自分の知識状態を評価し，学習の方法を計画実行し，その学習過程をモニタリングする一連の過程を示す。「暗記が得意だ」という自己の認知特性についての知識がある人と，「暗記が苦手である」という人では，学習の方略が違ってくるだろう。

(3) 記憶の発達

　自分が誕生したときの状況を記憶している人はほとんどいない。ところが，新生児は，高い学習能力をもっていることが明らかにされている。生後数時間

の新生児でも条件づけができ，1, 2か月経つと，見聞きした特定の事象を記憶していることが示されている。存在するはずのものが消えたり現れたりする「いないいないばあ」の遊びを楽しむというのは，物の存在の記憶が保持されていることを示している。また，4～5か月からはじまる人見知りという現象は，既知の人をよく記憶していることを示している。成長とともに，学習・記憶の能力は急速に発達し，日常の経験について次第に長く覚えられるようになるが，4歳頃までこれは再認のレベルに留まっている。何かあったことを自分で思い出し，再生する働きは，乳児期，幼児期の始めには見られず，幼児期の間に次第に発達する。短期記憶に一時的に保持できる記憶容量も，年齢とともに増加する。上記に示したデジットスパンテストでは，4歳児では，3個から4個までの記憶にとどまるが，年齢とともに増加し，11歳前後の児童で成人のレベルに達する。

　幼児の記憶量が児童や成人に比べて著しく劣る原因として，意図的な記憶方略をもちいていないことがあげられている。成人が何かを覚えるときには，リハーサルをはじめ記憶のためにさまざまな方略をもちいるが，幼児はほとんどリハーサルを行わないと言われている。児童期になるとリハーサルを行うようになり，年長になるほどその有効なやり方ができるようになる。これは知識量の増加とも関連が示されている。児童後期には，一群の事柄を覚えるのに，既有の知識を利用して内容を分類したり，順序づけたり，整理することが可能となり，メタ記憶の獲得とともに記憶能力は著しく成長する（Schneider, 1999）。なお，児童期には機械的に棒暗記する暗記学習に類似した方法をもちいることも示唆されている。

　成人期以降は，高齢化するにつれて記憶能力は衰えていくと一般的には考えられている。しかし，記憶課題の内容によって，成績の低下傾向の様相は大きく異なっている。高齢者の記憶の低下は，短期記憶よりも長期記憶で，非陳述記憶よりも陳述記憶で，より顕著に示されている。

4. 記憶の喪失と変容

　人の記憶は，記憶媒体への記録とは異なり，経験した事柄がそのまま保存さ

れ，取り出されるわけではない。記憶の一部が喪失したり，既存の知識や経験によって記憶内容が変わったり，経験したことのない事象の記憶が埋め込まれたりすることがある。

(1) 記憶の喪失

健忘症は心理的要因によるものと脳の損傷によるものの2つに分類できる。心理的要因による健忘症は心的外傷やストレスと密接な関係があると考えられており，心因性健忘と呼ばれる。健忘の期間や内容はさまざまで，特定の限定された時間内の出来事をまばらに覚えている例や，特定の日時から現在に起こったことを思い出せないといった例もみられる。発症年齢は青年期や若い女性が多く，高齢者にはほとんど見られない。健忘は，多くの場合，重度の心理的，社会的ストレスに引き続いて突然始まることが多い（高野，2001）。経過としては，健忘が突然解消し，再発はまれである（高野，2001）。

脳の物理的損傷が原因となって発症する健忘症は，器質性健忘と呼ばれる。知覚や注意，一般的な認知機能が保たれているのにもかかわらず，関連した脳の損傷によって記憶のみに障害が起こる。こうした症例の研究は，記憶過程とその基盤となる神経機構の解明に重要な手がかりをあたえてきた。左右両半球の側頭葉内側部を切除したHM（Corkin, 1984）は，手術後の出来事の記憶ができないようであったが，短期記憶の容量は正常な範囲であり，リハーサルすれば短期記憶を維持することができたが，新しい出来事は覚えられなかった（コラム3）。一方，事故によって左頭頂後頭部に損傷が生じた症例KFは，長期記憶に関しては，何の障害も示さなかったが，短期記憶のみに障害がみられた。これらの症状から，短期記憶と長期記憶はそれぞれ脳内の異なる部位に関係し，相互に独立して機能していることが示唆された。

(2) 記憶の変容

私たちの記憶は，蓄積された知識や経験をはじめ複数の処理過程を得て記銘・想起される。そのため，意図しないうちに記憶内容の変容が起こりうる。

バートレット（Bartlett, 1932）は，参加者に物語を聞かせ，一定の保持時間後に何度も繰り返し再生させるという実験を行って，記憶の内容が保持期間中

にどのように変容していくかを検討した。「幽霊たちの戦争」というネイティヴ・アメリカンの逸話を記銘材料にした実験例では，細部が省略されるだけではなく，物語全体がつじつまの合うように変更されたり，新しい情報が付加されたり，物語の順序が入れ替えられたりという変容が生じた。どのような変容が起こるかは，個人の知識や経験や文化的背景に依存する。記憶の変容は言語情報のみで起こるわけではなく，無意味図形や画像の記憶においても生じることが示されている。これは記憶や学習において，単に感覚情報が記録されるのではなく，意味づけや既有知識との照合によって能動的に取り込まれるからだと考えられている。

(3) 手がかりの影響と虚偽記憶

　一般に，何も手がかりがない自由再生よりも，手がかりをあたえられた手がかり再生の方が記憶の再生成績が良い。また，自由再生よりも再認の方が成績が良い。しかし，手がかりや再認時の選択肢が，記憶の変容を助長したり，虚偽の記憶を促進したりする例も報告されている。たとえば，交通事故現場の写真を見せた後，写真には停止標識があったのにもかかわらず，「徐行標識の前をとおったとき」というような誤った情報を混ぜて質問をすると，実際には見ていない情報についても，見たと確信をもって答えてしまう。日常生活でもこれと同様のことが起こりうる。ロフタスらの実験（Loftus & Ketcham, 1994）では，子どもの頃の出来事について参加者から情報を求めた結果，実験参加者の25％が，実際には経験していない出来事を細部まで報告した。これらの研究は，記憶の手がかりの提供者によって，記憶の変容が助長されたり，虚偽の記憶が埋め込まれたりする可能性を示唆している。実際に，米国では，刑事事件の目撃証言において，虚偽の証言をした事例が示されている。また，心理カウンリングを受けた相談者が，カウンセラーによって幼少期に性的虐待を受けたという記憶を埋め込まれたとし，裁判に発展した例も報告されている。

【これだけは覚えておこう】

記銘・保持・想起：記憶の3段階で，新しい知識を取り込むことを記銘，それを忘れずに蓄えておくことを保持，必要なときに思い出すことを想起という。記憶を情報処理過程と捉える観点からは，それぞれ，符号化・貯蔵・検索と呼ばれる。

短期記憶：取り込まれた情報を一時的に保持しておく記憶。記憶容量に限界があり，通常，7チャンク前後，保持時間は，15秒〜18秒程度である。リハーサルや精緻化によって，情報の一部が長期記憶に転送される。

作動記憶（ワーキングメモリー）：短期記憶での処理に加えて，認知的な処理も同時に行う。作動記憶の処理容量は，他の認知能力との相関が示されている。

長期記憶：短期記憶から転送されてきた情報で，情報定着後には忘却はほとんどなく，保持容量にも制限はないとされている。意味記憶，エピソード記憶，手続き的記憶，古典的条件づけ等，複数の種類に分類される。

陳述記憶：顕在記憶とも呼ばれる。知識や出来事に関する記憶で，意識的に想起される。意味記憶，エピソード記憶がある。

非陳述記憶：潜在記憶とも呼ばれる。技能や習慣についての記憶で，意識をともなわずに想起される。手続き記憶，古典的条件づけ，プライミング効果等がある。

系列位置効果：順番に提示された複数の無意味綴りや単語系列を記憶した後，自由に再生すると，系列の最初と最後の単語の再生率が優れていること。最初の再生率の高さは長期記憶を，最後の高さは短期記憶を反映しているとされている。

チャンク：意味のあるひとまとまりの項目をさす。アルファベット pine, apple は2つのチャンクだが，pineapple と考えると1つのチャンクとなる。チャンク化することによって，多くの項目を記憶することができる。

忘却曲線：横軸に時間経過を，縦軸に記憶の保持の程度をとり，忘却，あるいは保持の程度を示したグラフ。一般に，初め急速に保持量が減少し，その後次第に減少が緩やかになってくる。エビングハウスの研究が有名である。

リハーサル：短期記憶で一時的に保持されている情報を何度も反復すること。短期記憶で情報が失われるのを防ぎ，長期記憶への転送を可能とする。

コラム3　実験研究による記憶の解明

1. 忘却曲線

　心理学史上，最初の実験的な記憶研究を行ったのは，ドイツの心理学者，エビングハウス（Ebbinghaus, 1885）であった。彼は，記憶した事柄がどのように忘却されていくか，自らの記憶を使って実験した。まず，無意味綴り（たとえば，BUP, TOV, RUJ のような子音，母音，子音からなる3文字の綴り）を13項目用意し，すべての項目を2回連続正答の学習基準まで繰り返し学習した。暗記し終えた時点を開始点として，時間の経過にともなって忘却される項目を経過時間ごとに再学習し，学習に要した時間を節約法で測定した。節約法とは，いったん習得された一連の綴りを一定の時間後に再学習する際，学習成立までの反復回数ないし時間が最初の学習と比較してどの程度少なくて済むかを測定する方法である。学習の成立後，20分，1時間，9時間，1日，2日，6日，31日を経過したときに再び学習を行ったところ，経過時間と忘却率との間に図のような関係がみられた（最初に学習に要した時間100に対する割合（％）で表す）。すなわち，学習の直後に急激な忘却が起こり，その後，忘却の速度は緩やかになった。エビングハウスの実験以降，さまざまな学習材料を用いて忘却関数の検討が行われ，節約率に違いはあるものの類似した傾向の忘却曲線が示されている。

　これに対し，バーリック（Bahrick, 1984）は，人の名前や顔などを素材に，日常の記憶についての長期忘却曲線を求める実験を行った。一連の研究結果から，保持期間に制約を求めない長期忘却曲線は，必ずしもエビングハウスの結果とは一致しておらず，単一で普遍的な忘却曲線は存在しないことが示唆された。たとえば，高校時代の同級生の名前と顔の保持を調べた研究では，卒業後35年間しても写真の再認とマッチングでは正答率の低下は見られず，忘却は進んでいなかった。

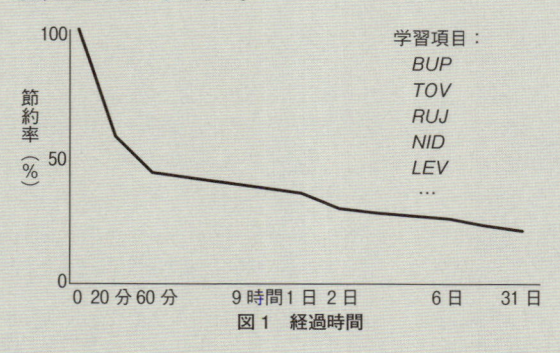

学習項目：
BUP
TOV
RUJ
NID
LEV
…

図1　経過時間

2. 系列位置効果

　記憶過程が，短期記憶と長期記憶の2つのシステムからなるとする二重記憶モデル（多重記憶モデル）の根拠とされている実験研究である。実験では，10〜15語ぐらいの無関連の単語を，1つずつ順番に1回だけ被験者に聞かせる。思い出すことのできる単語を，提示順序に関係なくできるだけたくさん紙に書き出すという自由再生を行ってもらう。こうしたテストを複数回行い，単語リスト内の各単語について再生率を比較すると，図2に示したように，最後の方に提示した数個の単語の成績が最もよく，次に，最初の方に提示した2，3個の成績が良く，それらの中間の位置の成績が最も悪くなる。項目数を多くしても減らしても，同様の効果が見られることが示されている。このような現象を系列位置効果と呼び，最後の項目の成績向上を新近効果，初めの項目の成績向上を初頭効果と呼んでいる。ところが，リスト単語の提示後に，10秒から30秒程度の遅延時間を挿入すると（遅延の間には簡単な計算作業を課すなどしてリハーサルを妨げる），系列位置曲線に図2の点線のような変化が生じる。リストの初頭部と中央部の成績はあまり変わらないが，終末部の成績は低下してしまうのである。

　二重貯蔵モデルでは，図2に見られる再生のパターンは，短期記憶による再生と長期記憶による再生の2つの部分に分かれると説明される。すなわち，最後の数項目の記憶成績が良いのは，短期記憶に依存しており，容易に検索が可能なために再生率が高くなる。一方，最初の数項目の高成績は，短期記憶に余裕があり，リハーサルもしばしば行われるため，長期記憶に転送されやすく再生率も比較的良い。中央部分の最も成績が悪いのは，リハーサルや転送の余裕がないためと説明されている（Glanzer, 1972）。これらの仮説は，さまざまな方法によって検証され，支持されている。遅延の挿入による終末部の成績の低下は，短期記憶に保持された情報が，長期記憶に転送されないうちに消失したことを示唆している。

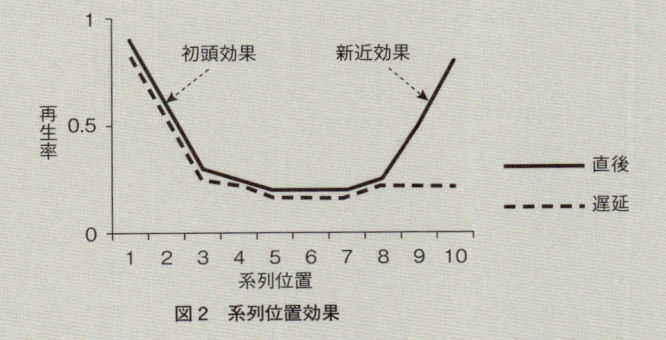

図2　系列位置効果

3. 記憶障害 HM の症例

　脳の損傷によって記憶のみが選択的に障害される器質性健忘の症例の中で，HM の例は多数の研究者によってさまざまな面から研究されてきた。HM は，青年期にてんかんが悪化したため，27 歳のときに治療の目的で扁桃体，海馬を含む側頭葉の内側部を両側とも切除する手術を受けた。術後，前向性健忘（損傷を受けた後に起こったことが記憶されない状態）と逆行性健忘（損傷以前の記憶が障害されている状態）とを発症し，日常経験が全く記憶に残らなくなった。自分の住んでいる場所，何度も会ったことのある医師の顔や名前，朝食に何を食べたかなどが覚えられなかった。しかし，短期記憶の数唱課題においては健常者と同等の成績を示し，再認，再生課題とも正常であった。長期記憶への転送が必要となる課題となると，何回繰り返しても成功せず，意味記憶の学習は不可能であった。

　興味深いことに，日常経験が記憶に残らない HM 氏でも，手続き記憶やプライミング効果は残っていた。鏡映描写課題[1]では，試行を繰り返すうちに著しい上達を示し，課題を行ったことは全く記憶していないのにもかかわらず，学習の効果は何日もの間保持された。他の健忘症患者においても，文字の解読や鏡映文字を読み取る認知課題やパズル等の思考課題の学習が可能であることが示されている。すなわち，健忘症では，陳述記憶が障害されていても，手続き記憶は障害されないことになる。このことから，健忘症を引き起こした海馬の損傷は，陳述記憶に関連しているが，手続き記憶の形成には影響を及ぼしていないことが示唆された。

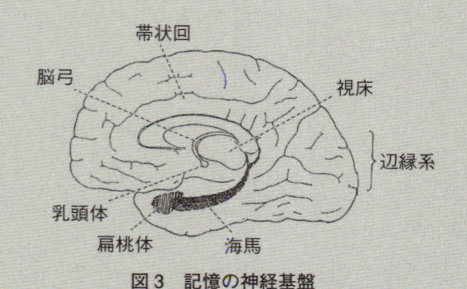

図3　記憶の神経基盤

---

(1) 鏡映描写課題：実際の手元は隠され，正面にある鏡に映された手元を見ながら，2 つの星型の線の間を，線に触れずになるべくはやく星形にたどるという運動の学習課題である。健常者にとっても，最初は難しく，繰り返しの学習とともに上達することがわかっている。

4 学習・動機づけ

1. 学習とは何か

　学習（学ぶ）とはどういうことだろうか。英語や数学を勉強し，学力が身につくことも学習の一つである。しかし，それだけではなく，生活の中でのさまざまな経験から，知識や技能が身についてくることも学習である。学習した結果は，それまでとは違った行動となって現れることが多い。

　心理学では，学習は「経験によって行動の基礎過程に生じる比較的永続的な変化」であると定義される。これは，何らかの経験により，事象間の関連性や知識などが習得され，その後の行動に変化が生じることを言う。ただし，反射や成熟変化など，生得的，生物学的メカニズムによるものとは異なり，また疲労や薬物作用などによる一時的な行動変化とも異なるものである。また，学習してもすぐには目に見える行動となって現れないこともあるために，行動の基礎過程という認知の変化も学習に含めているのである。「覚えた，わかった，理解した」ということは，目には見えないため，行動として現れたものから学習の成果を捉える必要がある。

　学習は，望ましいことばかりを習得するものとは限らない。恐怖や不安などネガティブな情動を獲得したり，対人恐怖などの神経症や，心の問題が原因で身体に病状が現れる心身症なども，経験により獲得された結果と考えられる。教育場面で生徒が学習意欲をなくしたり，いじめをしたりすることも，その生徒の個人の問題というよりも，学習のメカニズムが作用していることが多い。

　学習は，一度の経験で成立することもあるが，多くの場合は，経験を繰り返すことで学習していく（多試行学習）。また，突然ひらめいて問題解決できるようなこともある（洞察学習）。他者の行動を見て，まねて，覚えることも

ある（模倣学習，観察学習）。赤信号は危険だとか，○○をすると得をするといった関係性を学習すると（連合学習），危険を避け，得をする行動が増える。さらには，複雑な特質の概念学習もある。以下では，学習の主要な理論を概説する。

2. 学習の理論

(1) 古典的条件づけ

　古典的条件づけ（classical conditioning）は20世紀初頭，イヌが給餌皿を見ただけで唾液が分泌されることを，ロシアの生理学者パブロフ（Pavlov, I.）が発見したことに始まる。私たちは食物を口に含めば唾液が出るし，注射を打たれれば痛みが生じる。これは生まれつき備わっている無条件刺激（US：unconditioned stimulus）に対する無条件反応（UR：unconditioned response）である。ここで，US（食物）に少し先行して，特別な反応をもたらさない中性刺激（NS：neutral stimulus）[1]（純音など）を繰り返し呈示すると，US呈示前の時点で反応（唾液分泌）が生じるようになる。この新しく形成された刺激－反応関係は，それぞれ条件刺激（CS：conditioned stimulus）と条件反応（CR：conditioned response）と呼ばれる。私たちの日常生活においても，「梅干し」という言葉を聞いただけで唾液が出てきたり，白衣の医者を見ただけで子どもが泣き出したりする現象があるが，これらも経験により獲得されたものと考えられる。

　CS-US関係が成立すると，白衣の医者（CS）だけでなく，看護師や病院そのものを怖がるようになるなど，条件刺激に関連・類似した刺激に対しても反応がでてくるという「般化」の現象が生じることがある。しかし，類似はしていても異なる刺激であると識別すると，反応は「分化」し，出なくなる。また，CSが呈示されてもUSが生じないことが繰り返されると，CRは次第に現れなくなる（消去）。しかし，完全に消えてしまったわけではなく，何かのきっかけですぐに再生されることもある（自発的回復）。また，嫌悪刺激の場

---

[1] 中性刺激は，初めは「おや，何だ」という反応（定位反応）をもたらすが，繰り返されると慣れが生じる（馴化）。

合には消去抵抗が強い。

　古典的条件づけは，かつてはCSとUS（音と食物など）が時間的に接近していることで形成されると考えられていた。しかし，近年では，CSがUSをどれだけ予測できるか（予測可能性）が重要であると考えられるようになった。すなわち，CSが発生したときのUSの生起確率と，CSがないときのUSの生起確率のうち，どちらか一方の確率がより大きいほど，CSはUS生起の予測力をもつことになる。しかし，2つの確率が等しい場合，CSはUS発生の予測力をもたない。この場合，私たちは2つの刺激の無関連性，あるいは，CSによるUSの予測不可能性を学習すると考えられるようになった。また，予測不可能な状態は，「不安」という情動を生起させると考えられている。

　一方で，古典的条件づけにおいて生じる連合は，かつては，音と唾液反応のように，刺激（S）と反応（R）の間に形成されると考えられていた。しかしながら，近年は，刺激（S）と刺激（S）の関係についての情報を取り込んで，それにもとづいて行動していくという，認知的要因を重視する考えが優勢になってきている。

(2) オペラント条件づけ

　古典的条件づけは，刺激と刺激間の予測に関する学習であった。これに対し，オペラント条件づけは，行動とその結果間の学習であり，行動の結果有益な結果が生じた場合には，その行動は生起頻度が高まり（強化），有害な結果が生じた場合には，その行動の生起頻度が低下する（弱化／消去）という特徴をもつ。オペラントとは"自発的／能動的"ということを意味し，自発的な行動はオペラント行動と呼ばれる。もともとは，ソーンダイク（Thorndike, E. L.）が，反応（行動）に満足がともなうと，その反応の手がかりとなる刺激は，反応と結合が強まることをネコの問題箱の実験で示し，このような原理を「効果の法則」と呼んだ。その後，スキナー（Skinner, B. F.）はこれを「オペラント条件づけ」理論として発展させた。

　オペラント条件づけ理論では，「弁別刺激－オペラント行動（反応）－強化子」の「三項随伴性」の関係により行動は制御されると考える。弁別刺激は，いつどのような行動を行えば強化子が得られるのかについての手がかりとなる

もので，強化子は，オペラント行動に時間的に接近して呈示される結果刺激のことである（たとえば，青信号－横断する－安全の関係）。

　強化子には，エサやほめるなど報酬性のもの（正の強化子）と，電撃や騒音，しかるなど嫌悪性のもの（負の強化子）がある。オペラント行動に続いて正の強化子が呈示されたり，負の強化子が除去されると，その行動は強化されるが（強化の原理），行動しても正の強化子が与えられなかったり，負の強化子が与えられると（罰），その行動は消去されてくる。報酬の呈示はその行動をそのまま繰り返せという合図になるが，罰はその行動をしてはいけないという禁止の意味になる。しかし，罰はどうしたらよいのかまでは教えない。罰は即効性があるが一時的な効果しかなく，罰を与えなくなればもとの行動がすぐに現れ，もっと激しいかたちで再発することもある。また罰を与える側は，望ましくない行動と痛みを結びつけたいとオペラント条件づけを考えるが，しかる人と嫌悪刺激とが結びつく恐怖の古典的条件づけが成立することにもなる。スキナーは，不適切な行動は無視し，適切な行動をほめるようにすべきであると主張した。

　ところで，行動が複雑で自発されにくい場合，オペラント条件づけは成立しにくい。このようなときには，目標行動に至るまでの行動を小段階に分け（スモールステップの原理），易しいものから難しいものへと段階的に強化し，目標行動に近づける「シェイピング」と呼ばれる技法をもちいるとよい。オペラント条件づけの原理を応用すれば，自発されにくい複雑な行動も学習されやすくなり，動物に芸を教えたり，児童生徒の望ましい行動をうながしたり，発達遅滞児の治療教育に役立てることができる。

(3) 学習の認知説

　オペラント条件づけの初期の研究であるソーンダイクの理論は，試行錯誤によって学習は成立していくというものであった。これに対して，ゲシュタルト心理学者のケーラー（Köhler, W.）は，チンパンジーを対象とした問題解決場面の実験で，直接的な目標接近では問題解決ができなくても，まわりを見まわして，回り道をすればよいとか，目標達成手段としての用具の使い方が突然わかったという「洞察・見通し」が生じて，問題解決に至るという結果を示し

た。これは、学習は試行錯誤のように連続的なものではなく、不連続に成立するというもので、試行錯誤学習説と考え方が対立しているように思われる。しかし、洞察学習が成立するのは課題が比較的単純な場合であり、経験や基礎知識が全くない刺激事象では成立しない。このことから、学習や問題解決のプロセスには、試行錯誤型と、洞察学習型（知覚の再体制化）があると考えられている。なお、学習の認知説には、トールマン（Tolman, E. C.）の予期説などもある。

(4) 社会的学習

これまで見てきた学習のかたちは、自らの直接経験によって獲得されるものであった。しかし、学習場面には、教師や親など、すでに学習している他者がモデルとして存在していることも多い。そのような他者の行動を観察したり模倣したりすることで学習することを社会的学習（モデリング）といい、模倣学習と観察学習に分けられる。

模倣による学習は、モデルと同じ行動をとり、強化を得ることを経験することで、学習することをいう。しかし、モデルがいなければ何もできないというモデルに依存した状態では、学習しているとは言えない。自分ひとりでもできるようになるには、モデルが手がかりとしていることやコツなどに気がつき、モデルが修得している刺激−反応関係を獲得することが必要である。

観察学習は、モデルの行動とその結果を見たり聞いたりしただけで学習することを言う。模倣がともなわなくても、見聞だけで成立する点が模倣学習と異なる。

たとえば、親がイヌを見て怖がる様子を見ている子どもは、自分はイヌから害を受けた経験はないのに、イヌを怖がるようになってしまうことがある。これを代理的古典的条件づけ（vicarious classical conditioning）という。

バンデューラ（Bandura et al., 1963）は、モデルが風船人形に乱暴するのを観察した子どもは、観察していない子どもに比べて、乱暴行動の模倣が増えることを実験で示した。さらに、モデルが乱暴行動の後にほめられる場面（正の強化：賞）か、しかられる場面（罰）か、何もない場面（無強化）を観察した児童についてもテストしたところ、無強化と正の強化の場合、乱暴行動は等

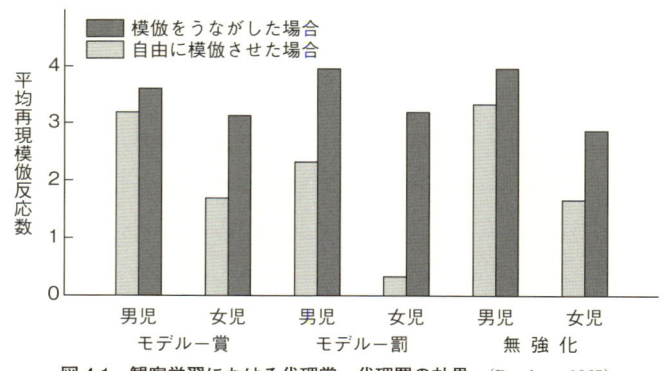

図4-1 観察学習における代理賞・代理罰の効果 (Bandura, 1965)

しく，たくさん現れていたが，罰を観察した場合，乱暴行動は抑制されていた（図4-1）(Bandura et al., 1965)。このことは，少なくとも罰の場合には，オペラント条件づけと同じ効果が，観察学習によって成立することを示している（代理強化）。観察後に模倣行動が生じるかどうかは，モデルが代理的に受けた強化によるのである。

観察学習が成立するためには①モデルに注意を向けて観察する（注意），②観察したモデルの行動を覚えておく（保持），③保持していた行動を再生し，実行できる（運動再生），④行動への動機づけの4つの過程がある（Bandura, 1971の「社会的学習理論」）。教育場面で，教師はモデルであり，児童生徒は観察者である。児童生徒の学習がうまくいかない場合，注意していないか，記憶ができないか，運動技能が不十分か，行動への誘因がないかのどこかに原因があると考えられる。

(5) 技能の学習

スポーツの運動技能や，乗り物の運転技能，楽器の演奏技能，仕事の技などは，初めはうまくできなくても，練習を繰り返せば，次第に上達してくる。目で見て手で動かすなど，感覚情報と運動動作を協応させることから感覚（知覚）運動学習とも呼ばれる。

技能学習にはさまざまな要因が影響する。練習の量は，多いほど成績がよく

なるが，反応の固定化によりほかの反応学習が困難になる。ただ，反応が自動化するほどに過剰学習をした場合は，ほかの反応学習が容易になることもある。

　休憩を取ることも学習成績の向上に有効である。休憩を取らずに練習する集中練習と，休憩を取りながら練習する分散練習で，課題の成績を比較すると，分散練習の方が成績がよいという実験結果が多く示されている。また，右手が疲労した場合には，右手をただ休ませておくだけではなく，左手で軽い運動をした方が，右手の疲労回復効果が大であるという「アクティブ・レスト」現象も報告されている。

　運動動作が正しいかどうかや，目標とどの程度ずれているかといった情報は，「結果の知識（KR：knowledge of result）」と呼ばれる。これを得ながら練習することは，動機づけを高め，学習効果を効果的にする。KRは，動作の直後にフィードバックされることが効果的である。また，KRだけではなく，理想的な動作に比べてどのように違っているかといった「遂行の知識（KP：knowledge of performance）」も加えると，技能はさらに促進されることが実験により示されている。

　その他，課題の全体をひとまとまりで学習するか（全習法），部分に分けた練習を積み重ねていくか（分習法）では，一般に全習法の方が成績がよいとされるが，課題が複雑な場合などは分習法の方が習得されやすい。また分習法は成功感・満足感を得られやすいなど，条件によって全習法と分習法の学習効果は異なる。

3．動機づけ（モチベーション）

(1) 行動を引き起こし維持するもの

　動機づけというと，勉強をしようという意欲など，何かをしようという前向きで，積極的な，社会的にも有意義なものであると思われているが，心理学では，動機づけは，行動を引き起こし維持するメカニズムであると説明される。

　行動を引き起こし維持するメカニズムには，さまざまなものがある。第一の要因は，欲求を基礎とするものである。空腹を満たしたいなどの生理的欲求や，社会生活を送る中で生まれる欲求として，好かれたいとか認められたいと

いった親和動機や，努力して高い目標に到達したいという達成動機などである。

マズローは，欠乏性の欲求と，上達したいという成長性の欲求に分け，さらに，欲求は，自己実現欲求を頂点とする図4-2のような階層でできているとした。

また，興味や関心，好奇心なども，欲求の一種であり，それらにもとづく行動は，内発的動機づけといわれる。

動機づけの第二の要因は，学習の理論でも取り上げた「強化の原理」である。ある行動をした結果として，望ましい成果（強化子）が得られれば，その行動は強化され，繰り返し出現する傾向が増える（外発的動機づけ）。しかし，行動の結果として望ましくない結果が得られると，その行動は消去されていく。

第三の要因は，認知的解釈と関連するものである。強化の原理にもとづく経験を基礎として，欲求を満たすためにはどのような行動をとればよいかという「見通し」や，その行動をとった結果はどうなるかという「予期」（随伴関係の認知／統制感）が生じる。また，行動すればどれくらいの成果が得られるだろうかという「期待」（主観的成功確率）や，その行動を自分はうまくやれるだろうという「自信」（自己効力感／セルフエフィカシー），その行動は役に立つとか報酬が多いという「価値」や誘因の大きさ，そして，どれくらいの「コスト」を必要とするかといった努力量の見通しなどは，行動の生起を左右する認知的要因となる。さらに，楽しいとかつまらないといった「情動」も，行動を左右する第四の要因となる。

⑤自己実現欲求：自己のもつ可能性を最大限に追い求め，自己のあるべき理想的な存在の実現に近づこうとする欲求。
④尊厳欲求：他者から尊敬されることや，人間としての尊厳を保ち自律的に行動することを求める欲求。
③愛情・所属欲求：集団の一員として認められることや，他者との交流や友情，愛情を求める欲求。
②安全欲求：危険や不確実な状況から逃れ，安全や安定を求める欲求。
①生理的欲求：水分や養分の補給，睡眠，性など，生命の維持や生存に必要な，最も基本的な欲求。

図4-2 マズローの欲求階層説

(2) 内発的動機づけと外発的動機づけ

学習の理論で説明した強化子（報酬や罰，ほめる，しかるなど）は，行動に対する外的報酬となり，行動を動機づける。このような報酬の獲得や罰の回避を目的として行動が引き起こされることを外発的動機づけという。これに対して，外的報酬を目的としないもので，行動そのものが面白いなど，興味，関心，好奇心から行動が動機づけられることを内発的動機づけという。

教授法の一つであるブルーナーの提唱した「発見学習法」は，学習課題について直観的に把握し，仮説を立て，法則性や知識を自分で発見するように学習させるものであるが，その学習過程には内発的動機づけが含まれている。

一方で，内発的な動機から何かに取り組んでいる際に，外部から報酬を与えると，内発的な動機づけが低下することが知られている（アンダーマイニング現象：Deci, 1971）。内的興味から行動しているという認知よりも，報酬獲得のために行っているという認知が強まってしまうのである（過剰正当化効果）。教育場面では，まずは内発的動機づけを高める働きかけをしてみて，なかなか学習意欲が高まらない場合には，外発的動機づけを高める働きかけをしてみるとよいだろう。

(3) 達成動機

高い目標を設定し，それに到達しようとする動機を達成動機という。アトキンソン（Atkinson, J. W.）の達成動機づけ理論では，達成への行動傾向は，成功志向傾向と失敗回避傾向で構成され，それぞれは，成功したい／失敗したくないといった欲求，成功／失敗の主観的確率，成功／失敗時の喜び・不快の関数であるという。そして，成功欲求が強い者は，成功確率が50％の課題を好み，失敗回避欲求の強い者は，成功確率が50％の課題を嫌がることが示されている。

4. 無気力の学習

(1) 学習性無力感

経験によって学習することは，よいことばかりとは限らない。経験の結果，

英語が嫌いになってしまったり，人前に出るのが恐くなったり，意欲がなくなったりすることも，学習の結果として生じることがある。

　無力感が，学習された結果として生じること（学習性無力感）を示した実験がある。イヌやラットを対象にしたセリグマン（Seligman, M. E. P.）らの一連の研究で，自らの反応では停めることのできない電撃を繰り返し受けた動物は，何をしても無駄であるというあきらめの状態になり，後に逃避回避できる状況におかれても，逃避／回避行動を起こさず，受動的に電撃を受け続ける状態になることが示された。自らの反応で電撃を停止できた動物や，電撃を受けなかった動物は，後の逃避／回避学習ができていたことから，無力な状態になった原因は，自らの反応では結果をコントロールできないという認知であると解釈された。人間における実験でも，個人差はあるものの，同様の現象が生じることから，抑うつの実験モデルと考えられ，また児童生徒の学習意欲の低下も説明できると考えられた。

(2) 意欲を保つ―無気力からの回復

　動物実験の結果と異なり，人間の場合には同じコントロール不可能な経験をしても，無力になる人とならない人がいる。その差はどこにあるのだろうか。また，無力な状態から回復するには，どのようなことが必要なのだろうか。

　個人差要因の一つに，「原因帰属」がある。これは，何かに失敗した場合，あるいは成功した場合，その原因はどこにあるかを説明することをいう。ワイナー（Weiner, B.）の初期の理論によれば，原因帰属には内在性（原因は自分にある〔内的〕か，自分以外〔外的〕か）と永続性（その原因はずっと続くもの〔永続的〕か，その時だけのもの〔一時的〕か）という2つの次元があり，その組み合わせにより，能力，努力，課題の困難性，運の4つの原因説明ができるという（表4-1）。失敗した原因は自分の能力がないからだと説明した場合，意欲はなくなるだろうが，努力が足りなかったからだと説明した場合は，無力にならず，次の努力につながりやすい。また成功の原因を能力帰属にした場合には慢心が起こりやすいが，努力したから成功できたと捉えれば，次も努力することにつながりやすい。

　ドウェック（Dweck, C. S.）らの研究で，算数が苦手で無力になっている児

表 4-1 ワイナーの原因帰属理論 (Weiner, 1972)

		内在性	
		内的	外的
永続性	永続的	能力	課題の困難性
	一時的	努力	運

童には，失敗を努力不足に帰属させ，努力の結果，成功したという経験をさせることが，慢性的無能感やあきらめやすさをなくし，粘り強さや成績向上につながることが報告されている（コラム 4 参照）。

しかし，努力したけれどまだダメだ，まだ努力が足りないと言われ続けては，意欲や自信をなくしてしまう。目標は，なかなか到達できない大きな目標よりも，小さな目標とし，教師からの努力不足への働きかけだけではなく，生徒自身にも学習行動を自己評価させ，努力帰属を促すことや，努力の成果を数値化するなど，成果を目に見えるかたちにしていくことが大事である。

5. 学習や動機づけにかかわるその他の要因

学習を効果的にするには，学習の基礎となるレディネス（準備性）も重要である。発達段階のような成熟上のレディネスと，基礎知識などの経験上のレディネスがある。また，個人差に応じた働きかけや（適性処遇交互作用：コラム 5 参照），人間関係も含めた学習環境，学習衛生など，さまざまな要因が，学習や動機づけに影響する。

【これだけは覚えておこう】
Pavlov：条件刺激（CS）と無条件刺激（US）が繰り返し対呈示されると，CS を呈示しただけで，条件反応（CR）が生じるようになる古典的条件づけを発見した。
Skinner：オペラント条件づけ理論を提唱。行動は弁別刺激と強化子により制御されることや，複雑な行動もシェイピングの技法で段階的に条件づけられることを明らかにした。
シェイピング：自発しにくい複雑な行動も，単純な反応から段階的に強化し形成していくオペラント条件づけ技法の一つ。
観察学習：自分が直接経験しなくても，他者の行動を観察するだけで学習が成立すること。
内発的動機づけ：外的報酬を目的とせず，興味・関心などから生じる動機。

コラム4　学習意欲と原因帰属，楽観性

　学校の学習場面で，学習意欲をなくし，学習行動をしようとしないのは，単に，その生徒が怠け者であるからではなく，学習しても望ましい成果は得られないと考えているにすぎないのではないだろうか。客観的には，勉強すれば学習成果は得られるはずであるが，行動と結果に随伴性がないという認知があるために，学習意欲が低下していると考えられる。

　ドウェックら（Dweck & Reppucci, 1973）は，児童生徒の学習場面での無気力を研究している。小学5年生を対象とした実験で，児童は初めに，一人の実験者からは解決可能な課題を，もう一人の実験者からは解決不可能な課題を与えられた。その後，二人の実験者からは，解決可能な課題だけを与えられた。その結果，初めに解決不可能な課題を与えた実験者から解決可能な課題を与えられた場合，多くの児童は解決できる課題に失敗したのである。ただし，事前に測定した帰属傾向で，努力帰属型の児童は無力にならずに回答していた。すぐにあきらめてしまったのは，能力帰属型や外的帰属型の児童であった。

　それでは，帰属を変えることで動機づけは改善され，学業不振から脱することができるようになるだろうか。ドウェック（1975）は，算数の学習意欲を極端になくしている生徒12名（8〜13歳）に，補習授業で算数問題を課した。訓練前の段階では，やさしい問題の間に，何か難しい問題をはさむことで失敗を経験させ，前日にできていた問題がどのくらいできなくなっているか，すなわち，失敗による成績の低下を「無力感の度合い」として測定指標とした。訓練段階では，算数課題が毎日15回，25日間にわたって与えられるが，成功経験群は一日の合格基準を少なくすることで，いつも必ず成功体験をした。再帰属訓練群には15回中2,3回は失敗するようにさせ，失敗に対してあとどれだけ解けばよかったのかを教え，さらに努力すべきと，失敗への努力帰属を促した。そして，次の回には成功するという経験もさせた。また同時に，無力感の度合いも測定した。訓練終了後，両群は訓練前と同じ方法で無力感の度合いを測定された。強化の原理に従えば，成功経験を重ねることで，自信が生まれ，学習行動も強化されるはずだが，実験の結果は，成功経験を重ねても，失敗に直面しただけで無力感に陥り，できる課題もできなくなってしまった。それに対して，失敗を努力不足に帰属した上で成功を体験した群は，失敗に直面してもあきらめることなく取り組み，慢性的な無能感が克服され，成績が向上していた（図1）。

　このように，努力帰属とその後の成功体験が，失敗による無気力の克服には有効と考えられるが，一方で楽観的帰属の効果を示す研究もある。学習性無力感研究（Abramson et al., 1978）では，帰属の次元として，ワイナー

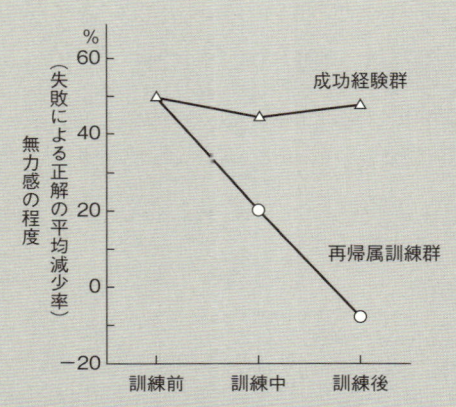

図1 成功経験群と再帰属訓練群の無力感の変化 (Dweck, 1975)

の示した内在性と永続性に，全体性の次元（他の出来事の場合にも原因になるか〔全体的〕，この出来事の場合だけ原因になるか〔特異的〕）が加えられた。そして，悪い出来事の原因を内的，永続的，全体的次元に求め，よい出来事の原因を外的，一時的，特異的次元に求めやすい「悲観的帰属スタイル」と，その逆に，悪い出来事は外的，一時的，特異的に，よい出来事は内的，永続的，全体的に帰属する傾向の「楽観的帰属スタイル」があるとされた。たとえば，試験結果が悪かった場合，自分は能力が低いからだと考えれば悲観的な帰属になるが，その科目のその試験だけいつもと違うおかしな問題であったと考えれば，楽観的な帰属になる（表1）。同じ失敗をしても，楽観的な原因説明をする方が，その後の行動や適応がよいというのである。しかし，単に楽観的に考えればよいということではない。悪いことが起きるかもしれないと用心しながら，そうならないための対処を取ることで，結果としてよい成果を出すという防衛的悲観主義（悲観的視点をもつことで自己防衛すること）の利点なども指摘され，さまざまな議論と研究が続いている。

表1 学習性無力感における帰属：「なぜ私は数学の期末試験でうまくいかなかったのか」（Abramson et al., 1978）

次 元	内 的		外 的	
	永続的	一時的	永続的	一時的
全体的	私の頭が悪い	私は疲れていた	期末試験はいつも正しく行われていない	13日の金曜日で縁起が悪かった
特異的	私は数学の能力にとぼしい	数学の試験にうんざりしていた	数学の試験はいつも正しく行われていない	数学の試験番号が13番だった

5 授業過程

1. 子どものための授業

(1) 子どものための教育

　教師である以上は，誰もが子どものための教育をめざし，子どものための授業づくりを実践したいと願っている。実際，教師の会話には，「子どものために……」「……することが子どもを大切にすることになる」ということが話題にのぼることがあるが，「どういうことが子どものためになるのか」「子どもを大切にするにはどうしたらよいのか」ということを個々の実践に即してギリギリ詰めながら話されることは，残念ながらまれである。
　「子どものための教育」というのは簡単であるが，あらためて考えてみると，目の前にいる子ども一人ひとりを自分と同じひとりの人間として捉え，その子どもとしっかりと向き合い，自分のできる限りの力を出してかかわり合い，お互いの厳しいやりとりの中から学んだり力をつけ合うこと。そうした子どもたちと信頼し合い，助け合いながら切磋琢磨し合いながら，来たるべき社会の中でのあるべき自分に向かって，今日よりも明日，明日よりも明後日と，ともに成長し合いながらよりよい人生を切り拓いていくことになる。
　一方，1990年代から教育界では，図5-1のように，教育から「共育」へ，学習から「学び」へと移行しており，学習指導要領の改訂による上からの変化ではなく，現在の学校では，学び，学び合いという言葉が日常的に遣われるようになっており，日本の教育そのものがパラダイムチェンジしている観があり，大きく変貌を遂げようとしている。つまり，教師一人ひとりが，子どものための教育を明確に自覚し，子どものための授業を子どもの学びを核として構成し，実践していくことが求められている。

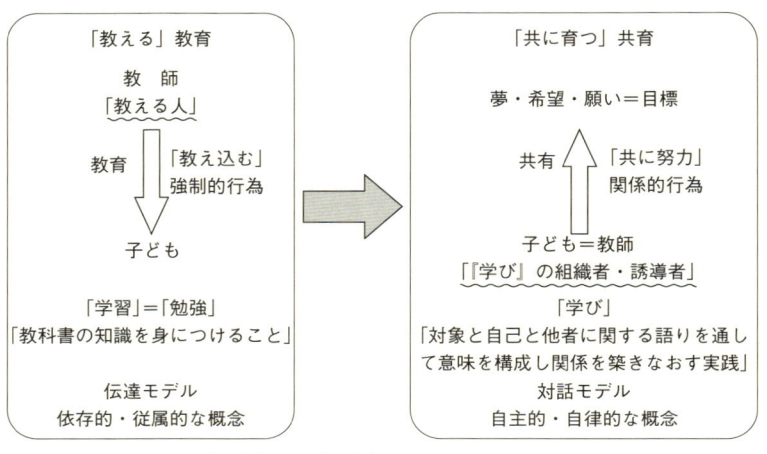

図 5-1 「教育」から「共育」へ （田中, 2003を参考に作成）

【「教える」教育】
- 教師「教える人」
- 教育 →「教え込む」強制的行為
- 子ども
- 「学習」＝「勉強」「教科書の知識を身につけること」
- 伝達モデル
- 依存的・従属的な概念

【「共に育つ」共育】
- 夢・希望・願い＝目標
- 共有 ↑「共に努力」関係的行為
- 子ども＝教師「『学び』の組織者・誘導者」
- 「学び」「対象と自己と他者に関する語りを通して意味を構成し関係を築きなおす実践」
- 対話モデル
- 自主的・自律的な概念

(2) 子どものための授業

　教師なら誰もが，目の前の子どもたちにとって授業が生きて働く力となるよう，よりよいものにするために知恵を絞って，日夜努力を惜しまず精進している。

　それにもかかわらず，これまで，学校の授業で子どもたちは，強引に主体的に学ばされるということがあたり前のようにして実践されてきているという現実がある。このことの長い積み重ねが，学ぶ面白さを知り，さらに学びを深めたいという意欲をもつきっかけとなるような授業の実現を妨げてきたと言える。

　「学ぶこととは，人が自発的に他者を模倣することに始まり，協同活動をつうじて知識・技能を習得し，自己を変容させる過程である」と田中（2009）は，定義している。さらに秋田（2012）は，「どの子どもたちにとっても，授業は，仲間や教師とともに新たな世界と出会い，他者と対話する時間であり，新たな自分の可能性を見出し，自己を形づくる時間であってほしい」としている。

　子どものための授業は，子どもが，①自分から教材（教科書）や課題（生き方）と出会い，②すすんで仲間と話し合い（探求），助け合い（切磋琢磨），知識・技能（生きる力）を身につけ，③つかみとった真理・真実（解決・人生）に基づいて，よりよく生きることをめざすことにより，目の前の子ども一人ひ

とりの意欲と感動に溢れた表情，キラキラと光を放つ眼差し，さまざまな欲求が満たされた動き，となり，「あの子どもの発言がすごい」「表情が生きている」「追求に圧倒される」と評される。

2. 子どもにとっての授業

(1) 子どもが求める授業

　教師が子どものためを思い，子どもの学力向上を願い，子どものための授業をつくろうとしている。一方，授業ということばには，どこか教師を中心とした，教師主導のイメージがつきまとい，子どものための授業という語感がもたらす違和感も当然と言える。

　現実には，授業は，教師と子どもたち・子どもたちどうしが一緒に進めるものであり，他者とのコミュニケーションが不可欠であり，教師の活動だけで成り立つものではなく，子どもたちのかかわりがなければ，成り立たない。

　ここでめざしている子どもの学びを深める子どもとともにつくりあげる授業が，本当に子どもたちにとって意味や意義のある授業となっているのか，子どもたちが求めている授業となっているのか，実証的に検証していく必要性を痛感している。

　とはいえ，表5-1の子どもが毎日の授業で「とてもやる気になる」「やる気になる」ときは，授業づくりに大きな示唆を与えてくれている。子どもは，発

表5-1　毎日の授業で「とてもやる気になる」「やる気になる」とき
（国立教育政策研究所調査より）

対象		場面
小学生	i	授業がよくわかるとき
	ii	先生にほめられたとき
	iii	授業がおもしろいとき
中学生	i	授業がよくわかるとき
	ii	授業がおもしろいとき
	iii	将来就きたい職業に関心をもったとき
高校生	i	授業がおもしろいとき
	ii	授業がよくわかるとき
	iii	将来就きたい職業に関心をもったとき

達段階を問わず，わかる授業・楽しい授業を求めている。裏を返せば，このわかる授業・楽しいを実現するために子どものための授業をつくっている。いずれにしても，教師と子どもが一体となって学び合いが成立していくとき子どもたちにとっての，わかる授業・楽しい授業が期待できるのは，いうまでもない。

よく研究会に参加すると，「楽しくなければ，授業じゃない」「面白おかしいのは，授業じゃない」という相反する二つの言に接することがあるが，両者をつなぐことばが，わかるである。つまり，楽しい授業というのは，わかる授業のことなのであり，もともと別のものとは考えにくい。

子どもは，授業の中で学び，ドキドキワクワクし，しかも，ハラハラする。そして，①自分のことがわかり，②仲間のこともわかり，③大切なことがわかり，達成感や成就感を得て，快いと受けとめ，楽しいと実感する。

(2) 子どもが求める教師

教師なら誰しも，楽しい授業・わかる授業を実践し，目の前の子どもが学び合いによって，自分のよさ・可能性に気づき，積極的にそれらを伸ばしていくようになることを望んでいる。

子どもが活き活きと生活し，学び，自らの力を伸長させていくためには，子どもと教師の間に信頼の絆で結ばれた確かな関係がすべての土台となり，必要不可欠な条件となることも周知の事実である。

よく言われる子どもから信頼される教師を表5-2にまとめたが，その通りに行動すれば，信頼されるのかというと実は，大変あやしい。すなわち，教育の場においては，誰もが認める定型化された具体的な方法や技術はないと考えら

表5-2 子どもから信頼される教師

子どもを大切にする	i	公平である
	ii	言うことに嘘がなく，言行一致を自ら示す
	iii	自分をひとりの人間として尊重してくれる
子どもを生かす	i	良いことははっきりほめ，間違ったことには厳しく注意する
	ii	学ぶことの魅力を与え，未知の世界に目を開かせてくれる
	iii	教材や教え方などを工夫し熱心に授業に取り組む
子どもを信じる	i	自分たちのやることを信頼してくれる
	ii	将来への希望をあたえる話をしてくれる

れる。一つひとつの教育技術や方法と教師の人間性，子どもへのまなざし愛情，さらには一人ひとりの子どもの教師や仲間への思いが要因として複雑に関係するからである。

　教師は，日常の教育実践から学び，それを問い直し，また自分そのものに省察のまなざしを向けることが求められる。実際の学校では，教師は，「どうしたらわかりやすい授業ができるだろうか」「どうしたら子どもをより理解できるだろうか」と，日々，自分の教育活動を通じて，授業のあり方や子ども理解，学級経営の方途などを省察し，また，その省察する過程を通じて，自分自身のあり方を見つめることとなる。

　いずれにしても重要なことは，子どもたちが楽しく，一緒にわかる授業をつくり，学びたいという気持ちを大切にして，伸ばしてくれる，①人間味あふれ，（子どもを大切にする），②子どもを生かす，③子ども理解が深く，（子どもを信じる），④向上し続ける（共に学び続け），教師がいつもそばで寄り添ってくれることであるに違いない。

3. 子どものための授業をつくる

(1) 子どものための授業を形づくるもの

　教師による授業研究会では，「教材をもちいて何をねらうのか？」「子どもをどのようにしたいのかはっきりしない！」「子どもの反応の読みが甘い！」「子どもの学びに寄り添っていたか？」「発問や指示に一貫性がない！」などと真摯な発言によって授業についての振り返りがなされる。

　こうした授業の実践についての協議から，授業を構成しているものがそれぞれにに関連し合いながら浮かび上がってくることに気づく。

　まず，教師の願いや授業の目標ということになる。願いは，こういう人間に育ってほしいとか，こういう物事の見方や考え方を身につけることができるようになってほしいということである。具体的には，「仲間や友達のことを考えることを通して思いやりのある優しい子どもになってほしい」「九九の学び合いによって，算数的活動を活用して数学的推論を身につけてほしい」ということを願うことになる。それを子ども一人ひとりの願いをすくいあげながら，

個々への願いや期待へつなげることが枢要となる。また，この願いが，1時間の授業で，到達すべきゴールとして，あるいは，子どもが習得する知識・技能のまとまりとしての目標につながらなければならない。

　次に，教材と教師の働きかけである。授業で，子どもたちの学び合いの仲立ちをする重要な働きをするのが，教材である。教師は，この教材を多様な方法を縦横に駆使し，子どもの考え方やものの見方に即して，授業の流れを方向付け，願いや目標とすりあわせながら，課題を設定し，発問・指示などを工夫し，どのような活動を組織するのかを真剣に吟味することとなる。たとえば，「この素晴らしい絵本を子どもたちに教材として，提示して授業するには，どうしたらよいだろうか？」「九九の七の段を，かけ算の性質をもちいて，わかりやすく多様に構成するには？」と真摯に教材と向き合い，子どものための学び合いをつくり，深めていく方策を練りあげていくことが肝要となる。

　最後に，子どもの実態である。授業そのものを構想し，構成するのは，教師であるが，授業での学びの中心は，子どもたち一人ひとりである。この授業を教師と子どもが一緒につくりあげるためには，①授業前における子どもの学びの経験と蓄積を正しく理解し，②授業中における，その場にいる子どもの心情や発想・判断，そして，意欲や態度を的確に把握し，即応していくことが何よりも重要となる。

　授業そのものは，生きており時々刻々と変化し，「教師の願いや授業の目標」「教材と教師の働きかけ」「子どもの実態」が相互に関連し合いながら，さらに，その場その場におけるさまざまな事柄がかかわり合って形づくられている。

(2) 子どものための授業の具体的な構想と構成

　ここまで子どものための授業や子どもが求める授業について考え，子どものための授業の構成について考察してきた。

　つまり，教師の願いにもとづき，子どもと教材をどのような働きかけや手立てで結びつけ，どのような学びを築き，どのような力を身につけることができるようにするのかを，子どもの視点や観点から構想し，具体的に子どもに寄り添い共につくる授業として構成することが必須となる。

　これらを授業において，何をどのような順序や方法で学びの流れをつくるの

表 5-3 指導案を作成するために (『教育実習ハンドブック』共同研究会, 2012 を参考に作成)

1	教科書を見て指導内容を確認する	本時の目標を設定	単元全体を確認し, 前後の単元の概要を把握し, 直接的なつながりがある既習の単元の詳細を参照する
2	学習内容を学ぶ意義を考える	教材研究の急所	それを学ぶことが子どもにとって何が良いのか, なぜそれを学ぶのか, その教育的意義は何かを検討する
3	本時の課題を定める	授業における主たるターゲットの構成	子どもの実態にもとづいて教科の目標の達成, あるいは各教科の考え方の実感の現実と, 本時の目標の達成とを両立する
4	一番大切な場面の詳細を想定する	授業のヤマ場である練り上げ	1時間の授業のどこかある場面を想定したら, そこから順番に遡って想定を広げていく
5	学習指導案の本時の展開までを書く	自分を信ずる	まずは自分の考えで一気に書ききる
6	本時の展開を書く	授業の中で一番大切な場面まで, 一気に	想定や授業の流れを思い起こしながら, 発問や板書, 指示などを丁寧に書き, それに応じて子どもの反応を書く

かをまとめたものが表5-3である. ここでは, 指導案としたが, 学びのデザインといった言い方をする場合もある.

ここにまとめたものは, 従来, 教師は, 目標－教材－発問・指示とその配列という関係を再構成し授業を構想するという観点から, そのポイントのみを抽出したものである.

4. 子どものための授業の実際と課題

子どものための授業の実際を従来のように表5-3に準じて構成した算数の授業の構成と, 子どもの側にたった, つまり, ボトム・アップ的発想で, 方法→内容→目的, 発問・指示とその配列→教材→目標という従来とは逆規制の働く面をも十分に考慮した思いやりを学ぶ授業の構成の2つを, 事例として紹介する.

(1) ペアの学びあいをとりいれた算数の授業

平成24年11月13日にS県K市立H小学校の「学力向上 (算数科) 研究発表」で実際に実践された, 初任の教諭であるN先生の指導案を表5-3 (pp.66-

67) に示す。

　小学2年生が集中して課題に取り組み，一生懸命に考え，ペアでしっかりと話し合い，自分たちの考え方をたどたどしくも発表する姿は，まさしく子どものための授業の具現化であり，参観者を感動の渦に巻き込んだのである。

(2) 絵本を活用し，学び合いをとりいれた思いやりを学ぶ授業

　子どもの実態として，小学校においても，仲間づくりが苦手であったり，友達との結びつきが希薄であると言われている。そこで，友達がほしいのに，友達をどうやってつくるかがわからないさびしがり屋のキツネが「ともだちや」という商売をして，友達をつくろうとする名作の絵本「ともだちや」は，子どもがさまざまな視点からじっくりと絵本の世界をつかまえられれば，おのずから仲間のあり方や生き方が見えてくるはずであり，子どものための授業を構想し，学び合いをとりいれて実践するには最適な資料である。

　この資料を活用するために，役割取得能力を軸とした教育実践プログラムを導入する。このプログラムは，役割取得能力の研究で有名な，セルマン (Selman, R.) の思いやりプログラム（VLW プログラム）に沿って，次のような4つのステップから構成することとされている。

　渡辺 (2001) が紹介している VLW プログラムによる授業では，絵本を用いて，その流れにそって，①ステップ1：結びつけること，②ステップ2：実践すること，③ステップ3：話し合うこと，③ステップ4：表現すること，から構成されている。

　さらに，ここでは，グループによるイメージや意見のすりあわせにより，多様な思考を表現し交流して各自の思考を吟味するために流れの後半で，4人の小グループによる話し合いをもうける工夫をした（図5-2）。

(3) 子どものための授業づくりの課題

　佐伯 (1995) は，「子どもはもともと自分で学び，自分で探求して，自分で世界を認識していく『力』があるのだという言明と，子どもを適切に導き，指導して，教えることがいかに重要であり，決定的であるかを指摘することとの，互いに矛盾してしまいそうなことを，なんとかしてうまくバランスをとっ

4. 子どものための授業の実際と課題

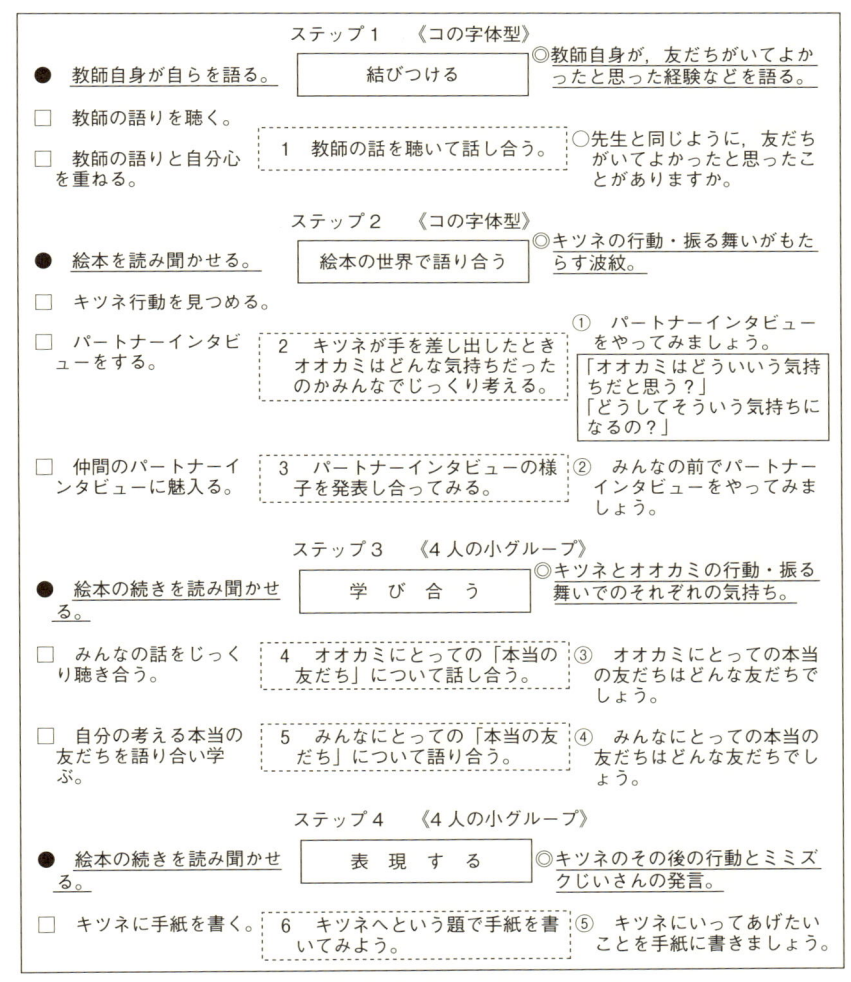

```
                    ステップ1  《コの字体型》
● 教師自身が自らを語る。                        ◎教師自身が, 友だちがいてよ
                      結びつける                かったと思った経験などを語る。
□ 教師の語りを聴く。
□ 教師の語りと自分心      1 教師の話を聴いて話し合う。  ○先生と同じように, 友だち
  を重ねる。                                    がいてよかったと思ったこ
                                                とがありますか。

                    ステップ2  《コの字体型》
● 絵本を読み聞かせる。                          ◎キツネの行動・振る舞いがもた
                    絵本の世界で語り合う        らす波紋。
□ キツネ行動を見つめる。
□ パートナーインタビ                            ①  パートナーインタビュー
  ューをする。        2 キツネが手を差し出したとき    をやってみましょう。
                      オオカミはどんな気持ちだった   「オオカミはどういう気持
                      のかみんなでじっくり考える。    ちだと思う？」
                                                  「どうしてそういう気持ちに
                                                   なるの？」

□ 仲間のパートナーイ  3 パートナーインタビューの様   ② みんなの前でパートナー
  ンタビューに魅入る。    子を発表し合ってみる。        インタビューをやってみま
                                                   しょう。

                    ステップ3  《4人の小グループ》
● 絵本の続きを読み聞かせ                        ◎キツネとオオカミの行動・振る
  る。                  学 び 合 う             舞いでのそれぞれの気持ち。

□ みんなの話をじっく   4 オオカミにとっての「本当の   ③ オオカミにとっての本当
  り聴き合う。           友だち」について話し合う。    の友だちはどんな友だちで
                                                   しょう。

□ 自分の考える本当の   5 みんなにとっての「本当の友   ④ みんなにとっての本当の
  友だちを語り合い学     だち」について語り合う。      友だちはどんな友だちでし
  ぶ。                                              ょう。

                    ステップ4  《4人の小グループ》
● 絵本の続きを読み聞かせ                        ◎キツネのその後の行動とミミズ
  る。                  表 現 す る              クじいさんの発言。

□ キツネに手紙を書く。  6 キツネへという題で手紙を書   ⑤ キツネにいってあげたい
                        いてみよう。                  ことを手紙に書きましょう。
```

図5-2 学び合いによる思いやりを学ぶ授業の流れ

てやっていかなければならない」と1990年代の半ば「学び」が脚光を浴びる以前にすでに指摘しており，子どもが自ら学ぶことへの信頼と，にもかかわらず教えることの必要性との間にディレンマがあることにはかわりがない。

今回提示した「思いやりを学ぶ授業の流れ」には，このディレンマを克服するひとつの試みがなされている。学びのデザインとは異なり，指導案とも違

う，子どものための学び合いを核として，子どものための授業を構想し，実践を前提とした流れを構成することは，今後，教師の授業（指導）案作成という負担の軽減という意味も含め，実践の砥石にかけて磨き上げていく必要がある。

> 【これだけは覚えておこう】
> **子どものための授業**：子どもが周りとの相互作用の中で，個々が理解や意味を能動的に構成していく学びあいの場。
> **授業をつくる**：教師の願いや目標を明確にし，相互作用を吟味し，子どもの実態に即して，学びあいの構想を練ること。

表5-3　ペアでの学びを取り入れた算数科学習指導案（小学校第2学年対象）

（○，◎はそれぞれ「おおむね満足できる状況」「十分満足できる状況」，★，☆はそれぞれ「おおむね満足できる状況」「十分満足できる状況」に高めるための指導・支援の手立て，・は留意点，＊は評価方法）

学習活動 予想される児童の反応（・）	指導の要点 評価（○，◎）と指導（★，☆） 指導上の留意点（・）と評価方法（＊）	時間 （分）
1　問題について知る。		5
ナナホシテントウがいます。1ぴき，2ひき，3びき，…，9ひきでは，ホシは全部でいくつでしょう。		
・7の段のかけ算だ。 2　課題をつかみ見通しをもつ。		
7の段の九九をくふうしてつくりましょう。		
・6の段が6ずつ増えたから，7の段も，7ずつ増える。		
3　自力解決をする	（評価：関心・意欲・態度） ○進んで7の段の構成の仕方を考えている。 ★ICT（デジタル教材）の7の段のアレイ図を見せ，視覚的にイメージをもたせ取り組みやすくする。 ◎7の段の構成の仕方を何通りも考えようとしている。 ☆他の考え方ができないか問いかける。 ＊机間指導を行い，ノートやワークシートへ取り組む様子を観察し評価する。	15

	（自力解決の段階での具体的な評価） かけ算のきまり（乗数が1増えると，積は被乗数の分だけ増える）や交換法則，アレイ図，分配法則をもちいて乗法九九から7の段を作ろうとしていることを評価する。 （評価：数学的な考え方） ○自分の考えを式やことばで表現している。 ★ICT（デジタル教材）の7の段のアレイ図を見せ，視覚的にイメージをもたせ取り組みやすくする。	
⋮ 中略 ⋮	⋮ 中略 ⋮	
4 話し合う ・ペアの友だちに自分の考えを説明する。 ・全体に自分の考えを説明する。 ・気づいたことを発表する。 ・どの考え方でも答えが一緒になる。 ・7の段のかけ算では，答えが7ずつ増えている。 ・6の段と同じように，7の段が5の段と2の段の答えの足し算で求められた。 ・今まで習ったことを使えば，いろいろな求め方で答えが出せる。	・「自分の考えをわかりやすく説明しよう。」と声をかける。 ・ノートを指さしたり，具体的に説明したりしている児童を賞賛し，広める。 ・机間指導を行い，説明できない児童には「ノートに書いたことを読んでごらん。」とことばがけをする。 ・児童の説明が不足している場合は教師の発問で補う。 ・「話し合いのしかた」をもとに，友達の考えと自分の考えの似ているところや違うところを考えながら聞くようにさせる。	20
5 まとめる 　今までつかったきまりをつかえば，いろいろなもとめ方で7の段が作れる。 ・求めた7の段の九九の答えを，九九表に書き入れる。 ・まとめを書く。	・児童からでた意見をもとにまとめる。	5
6 感想を書く。	・今日の授業を振り返って感想をノートに書かせる。	

コラム5　効果的な学習方法の選び方

1. 効果的とは

　本コラムでは，効果的な教授＝学習過程（教え方，学び方）の選び方について，心理学の知見を簡単に整理し紹介する。

　発達の最近接領域：まず，本コラムでは学習者がもつ潜在的な発達の可能性を最大限に引き出す教授＝学習過程を「効果的」とする。この定義はヴィゴツキー（Vygotsky, L. S.）の「発達の最近接領域」の考え方と関連している。ヴィゴツキーは子どもの知的発達の水準を，①自力で問題解決できる現在の発達水準，②他者からの援助や協働によって達成できる水準の二つに分けた。そしてこの二つの水準のずれの範囲を，発達の最近接領域と呼んだ。学校教育の場合，生徒が教師や他の生徒の援助を受けない状態の発達水準が①であり，学校教育を経験することで達成される水準が②となる。学校教育の目標は，②の水準を最大限に高めることと考えられる。

2. 心理学の代表的な学習方法

　次に，心理学で検討されてきた学習方法のうち，代表的なものを紹介する。

　有意味受容学習：学習するべき知識が，最終的に学習すべき形そのままで呈示され，学習者がこれを受容し学習する方法を受容学習という。学校教育の場合，一般的な講義形式の授業は，学んでほしい内容を教師の説明・板書ではっきりと呈示するため，受容学習に相当する。受容学習は，①意味をともなわない機械的受容学習，②学習者の既有知識に関連づけて受容され，その結果深い学習となる有意味受容学習の2種類に分けられる。①と②のどちらになるかは，授業のわかりやすさが鍵となる。すなわち，学習者がすでにもっている知識状態をしっかりと把握し，受容されやすい情報を授業内で呈示することが必要となる。また，授業に先立って，授業内容の概要を予習させることで，新しい内容を学習者が取り入れやすくなるとされている（先行オーガナイザー）。

　発見学習：（有意味）受容学習と対照的に，学習するべき知識が直接呈示されない学習方法もある。これは発見学習と呼ばれ，教授＝学習過程内で学習者自身が知識を生成・発見し学ぶ方法である。学校教育の場合，実験結果や公式をあえて述べずに（最終的に学んでほしい内容をあえて示さずに），生徒に発見させる授業がこれに相当する（例．仮説実験授業）。発見過程を経験することで，①知識発見の仕方そのものを学べる，②学習内容を忘れにくい，③内発的動機づけを高めるという特徴があるとされる。教材の選定，発見の場の提供，学習者の主体的な探究を求める態度形成など，効果的な教授＝学習過程となるには多くの準備が必要である。そのため，教員側の負担

を小さくする工夫が欠かせない。

　プログラム学習：学習方法は，学習内容を直接呈示する／しないという分け方だけでなく，学習を他者と行うかどうかという分け方もできる。学習者自身が主に学習を進める方法としてプログラム学習がある。これは，系統立てられた学習内容を，ティーチングマシン（コンピュータ）や冊子を使い，決められた手順に沿って学習者自身が学習を進める方法である。この方法では，細かい段階を踏んで学習できるように学習内容が順序立てられている（スモールステップ）。また，学習者は自身の反応の正誤を確認できる（フィードバック）。学校教育の場合，コンピュータを使い，生徒のペースで個別に学習を進められる学習ソフト・プログラムがこれに相当する。

　グループ学習：プログラム学習とは対照的に，小集団をつくり他者と学習を行う方法もあり，グループ学習と呼ばれる。グループ学習は，グループ内の社会的相互作用によって，学習効果や学習意欲を高める効果をもつとされている。学校教育の場合，授業中の班活動や，習熟度別の教え合い活動などがこれに相当する。ただし，小集団に分けることで自動的に効果的な教授＝学習過程になるわけではなく，①活動の内容・順序を明確に生徒に示す，②グループ学習の目的を生徒と教師で共有する，③教師がグループを援助するなどの工夫が重要と考えられる。

　たとえば，パリンクサーとブラウン（Palincsar & Brown, 1984）が提唱した相互教授法では，教師が欠かせない役割を果たしている。相互教授法は，読解・モニタリング能力の育成と，学習者の状態の把握に役立つグループ学習の方法である。この方法では6人ほどのグループをつくり，学習する課題文について，全員で順番に，質問・明確化・要約・予測の4つの活動を行う。ここで教師は，活動の見本を見せてリードしたり，学習者の状態を把握しながら，徐々に活動を生徒に任せていく等，グループを支援する重要な役割をもっている。

3. どの学習方法を選べばいいのか

　ここまで心理学の代表的な学習方法を紹介してきた。それでは，この中のどれを学校教育で選べばいいのだろうか。この疑問への回答の一つは「学習者の適性に合わせて学習方法を変えていく」というものである。

　適性処遇交互作用：「学習者の適性に合った学習方法」に関連する概念に，適性処遇交互作用がある。これは，人のもつ適性と，その人への処遇の両者が組み合わさることで，学習に対して「適性単独の効果」・「処遇単独の効果」とは異なる，「組み合わせ独自の効果」が生じる現象を指す。たとえば，学習内容の知識がほとんどない生徒が発見学習を行っても，発見に結びつかず効果は低いかもしれない一方，ある程度学習内容の知識をもっている生徒には，発見学習が有効に働く可能性がある。これは，学習内容の知識という

「適性」と，発見学習という「処遇」の組み合わせの効果と言える（誰にでも発見学習の効果がある場合は，処遇単独の効果と言えるが，前述の例の場合，そうではない）。

ここまで，代表的な学習方法を紹介してきたが，「学習者の適性に合った学習方法」を選ぶためには，ⓐ複数の方法を一つの授業内で組み合わせる（例．市川・鏑木（2007）の「教えて考えさせる授業」），ⓑ単元や学期など長期的な範囲で複数の方法を組み合わせるといった工夫が必要になる。

認知的徒弟制：ⓑの組み合わせの工夫に関連する心理学の概念として，認知的徒弟制がある。これはコリンズら（Collins et al., 1989）が提唱し，徒弟制の学習を以下の3段階にモデル化したものである。すなわち，①徒弟が親方の作業を見て学ぶ（modeling），②親方が足場かけ（scaffolding）を提供して支援する（coaching），③徒弟を自立させながら親方が手を引いていく（fading）である。学校教育の場合も，児童生徒が教員の様子を見て学ぶ段階，教員が足場かけをしながら児童生徒を支援する段階，児童生徒の状態を見極めながら支援を制限し，教員がいなくとも課題に取り組み解決する段階に進むことが考えられる。長期的な視点で，児童生徒の状態に合わせて教授＝学習過程を変えていく点で，「学習者の適性に合わせて，学習方法を変えていく」例と言える。

学習方法を適性に合わせるだけでなく，反対に「適性を学習方法に合わせて変えていく」ことでも，効果的な教授＝学習方法につながると考えられる。ここでは学習者の適性の例として，心理学の代表的な学習の捉え方を三つ紹介する。

行動主義：この立場は，学習を刺激＝反応関係における法則性の確立とする。たとえば，「1＋1」という問題（刺激）に対して，「2」という正しい回答（反応）が得られれば，そこに学習が成立したと考える。学力とは，正しい刺激＝反応の関係として捉えられ，教師の役割としては，刺激に対する学習者の反応に，正誤や賞罰のフィードバックを返すことが重視される。

情報処理論：この立場は学習過程を，刺激の入力，内部処理，出力までの情報処理過程とする。たとえば，「1＋1」という刺激に対して，学習者の内部で文字認識，意味解釈，計算などの処理を経て，初めて「2」という回答が得られると考える。この立場では，学力とは学習者の頭の中の知識体系として捉えられる。また，行動主義ではブラックボックス化していた内部処理を考慮するため，教師の役割としては，知識を児童生徒にわかりやすく呈示することで，内部処理を促進することが重視される。

状況論的学習：この立場は「学習を実践，知識，リソースへのアクセスの組織化のあり方に焦点」（上野・ソーヤー，2006）化して捉えるものである。たとえば，「1＋1」という問題に対して，「3」という誤答が学習者から得られた場合，教師の役割は，①計算が実際に使われ必要とされる実践的場

面（例．買い物）を学習環境として提供する，②他の学習者と協働して課題に取り組める学習環境を提供することに重点が置かれる。この立場では，他者，特に仲間の存在が特に重視される。

　以上の3つの立場では，「1＋1」のような同じ問題に対して，異なるアプローチがとられる。これは，3つの立場で学力観，教師の役割，学習者の役割，仲間の役割などが異なっているためである。

　同様に，教師と児童生徒で学習に対して異なる立場をとっている場合，教師の意図している授業が機能しない可能性がある。たとえば，極端に行動主義に近い学習観をもっている児童は，誤答をしても，どうして間違えたかを知りたがらず，正答を教えてほしがるだけであろう。また，状況論的学習の発想がない生徒にとって，グループ学習は，仲間と活動する意義を感じられないものに留まるだろう。学習に対する立場も適性の一つとして考えれば，教師と児童生徒の間で同じ立場をとるように，児童生徒の適性を変化させることも，効果的な学習につながる重要な方法だと考えられる。先の例でいえば，適性を変えるために，①年度・学期の初めの段階で，「教師が普段もっている学習の立場」「学習者にもってほしい学習の立場」「実際の授業で基本となる学習の立場」などを，児童生徒に明確に伝えて共有すること，②実際の授業内容・評価の仕方（日常の声かけを含む）と，授業で求められる学習の立場の間に，ずれがないよう進めていくことが重要と考えられる。

6 教育評価

1. 何のための誰のための評価か

(1) 子どものための学力

　志水 (2005) は，自ら経験を振り返って，「生まれ育った地域や家庭の環境，子ども時代の様々な場での体験，学校で獲得した知識・技能の量と質，出会った仲間や教師たちとの関わり，それらの結果として自らが抱くにいたった夢や将来展望，その後の社会生活や職業生活のなかでの人生経験，それらのものすべてが，私自身の現在の『学力』を形づくっている」と述べ，「人生での諸々の体験が，その人物の『人となり』，すなわち人柄や性格，あるいは容姿や体つきなどを形成していくのと全く同様の意味において，その人の『学力』は，その人物の総体から導き出される」と学力の本質を論じている。

　一方，教師の日々の教育実践にあたって，日頃考えているあるべき学力のことを「学力モデル」と呼んでいる。「生活力のある子どもは，学力も高い」「学力は高いけれど，思いやりがない」「学力とは，自分から考えて学ぼうとする力」などと学校では学力について話されたり議論されたりし，教育実践の質を決める上で重要な役割を果たしている。

　戦後の日本では，さまざまな学力観などが示されてきたが，広岡 (1968) の「学力モデル」が最もよく知られている。3つの同心円の中心に「思考・操作・感受表現態度」を据え，その外側に「関係的な理解・総合的な技術」を，さらに「要素的な知識・技能」と位置づけられた三層から構成され，「学力」は，個人の知識の理解や技能を身につけることではなく，自分から進んで使いこなし，自らの生き方あり方に生かしていく，「態度・姿勢・構え」といったものであることを示している。

学校で得たものが，子ども一人ひとりの人生をよりよいものにするために生きて働かなければ，学力とは言えないはずである。

(2) いわゆる**教育評価**

戦後のかなり早い段階から教育評価の考え方は，文部省の見解（1951）として明確に説明されてきている。その概要は，①児童の生活全体を問題にし，その発展を図ろうとするもの，②教育の結果ばかりでなく，その過程を重視するもの，③教師の行う評価ばかりでなく，児童の自己評価をも大事なものとして取り上げる，④その結果をいっそう適切な教材の選択や，学習指導法の改善に利用し役立てる，⑤学習活動を有効にするために欠くことのできないもの，と，文字通り「教育評価」とは，教育の活動を評価することであり，教師の指導と子どもたちの学習活動をよりよいものにしていく営みであると規定している。

今日の学校では，子どもたちの学習の内容について「学習指導要領」が定められ，学校において，子どもと教師が授業でともに学びあい，その学習の成果を，「指導要録」という公文書として残すことが定められている。そのなかで，2010年の指導要録では，各教科の学習の記録は，「関心・意欲・態度」「思考・判断・表現」「技能」「知識・理解」の4つが設定されている。広岡（1968）の学力モデルと密接に関連しているこの4つの観点が，現在の日本における公式な「学力」を構成する要素ということになる。

この4つのうちどの観点を大切にするかによって，その学力の質は，当然変わってくるし，戦後教育の流れの中での学習指導要領と指導要録の変遷がその捉え方を明確に示している。

(3) **子どものための評価**

小学5年生のAくんの1日の生活を振り返ると表6-1のように，授業のことや言動・容姿について，評価される機会にあふれている。しかし，翌日の朝の会で，Aくんは，「昨日の出来事」の1分間スピーチで，「2年生の慧くんのお母さんに感謝されたことが一番うれしかった！」とみんなの前で誇らしげに語った。つまり，Aくんは，聞き流したり，聞きそびれていれば，あるいは，

表 6-1　小学 5 年生の A くんの 1 日

時間	場所	場面	
朝	家		朝食の時に，母に髪の毛の寝癖を指摘される
日中	学校	朝の会	保護者会の出席票を忘れ，先生に注意される
		1限　算数	前時の 95 点の小テストが返却される
		3限　国語	前時の授業のワークシートがはなまるで返却される
		業間休み	3 組とのドッヂボールで活躍し，みんなに褒められる
		昼休み	保健の先生に顔色がよくないけどだいじょうぶとと尋ねられる
		帰りの会	今日のヒーロー，ヒロインに選ばれ，先生からシールをもらう
夕方	塾		私立中学模擬試験の成績表が返却される
夜	家		2 年生の慧君のお母さんがいつも面倒をみてくれて「ありがとう」と感謝していたとうれしそうに話してくれた
			テレビゲーム「マリオカート」で，タイムを競い 1 位になる

　喜んでもらえてうれしいという感性がなかったら，いろいろとあった出来事の中で，一番と自分で判断していることも含めて，1 日の生活を振り返り，自分で評価し，この出来事を取り上げなかったかもしれない。むしろ，このことをこれからの生活に役立てようとしている。一方，同じような生活をしていても，Z くんは，「塾の模擬試験で合格圏に入れえてうれしい！」，M さんは，「マリオカートで世界中の人と勝負して一番になれてチョー，ウレシー！」などと A くんとは，異なった感慨をもつかもしれないのである。

　子どもにとっての評価は，①自分のあり方生き方の心のよりどころとなる，②自己理解を深める，③学びの指標と方向付けとなる，にあるべきである。したがって教育評価とは，日々の教育の中で，目の前の子ども一人ひとりにどのような学びがなされたのか，どのような育ちが実現したのかを確かめることであり，その確かめた結果を，次の教育の中に生かすことである。つまり，子ども一人ひとりの望ましい生き方あり方がどの程度実現しているかを判定し，それを子どもがよりよく生きるために役立てることである。そのためには，目の前の子どもが将来描く夢や希望を把握し，その子どもの立ち位置を確認しながら，持ち味や個性を的確に見極め，それぞれに見合った働きかけや環境を用意することがとても大切である。

　何よりも大切なことは，評価された子どもが，その評価を自分のものとして勇気や元気に変えて，今日よりも明日，明日よりも明後日というように日々充

実させ,よりよく生きていこうとするような活力に変えられるようにかかわることができるかということに尽きる。

(3) 教師にとっての評価

中学校教師B先生の膨大な学校での仕事の中から思いつく評価にかかわる活動を簡単にまとめたものが表6-2である。なお,ここでは,部活動の評価にかかわる活動は,複雑かつ煩雑になるために除外した。

教師は,目の前に繰り広げられる子どもとの生活の中で,個々の表情,発言,振る舞いに注意を向けながら,臨機応変に適切な対応を求められることが一目瞭然である。現在進行形の子どもとの生活の中で,子どもの育ちを捉えながら,子どもとのかかわりを進めながら,子どもの育ちを促している。

朝の会で,話をしながら暗いさえない表情のC子に気づいたら,会終了後にすぐ話しかけるか否かを判断し,授業後の休み時間にC子の生活ノートを見て朱を入れ,C子の班の班ノートに目を通し,あらかじめ状況を捉え,もう少し様子を見てみようと決め,3時間目の授業に臨む。授業でいつも活発に発言したり,周りのとの積極的な関わりもうかがえないので,ますます元気が

表6-2 中学校教師B先生の評価に係る1日の活動

	評 価 す べ き こ と
授業前	①子どもの一人ひとりの出席の確認と健康を観察する。 ②子どもの宿題・提出物の確認を行う。
授業中	①随時,授業中の生徒の健康観察・安全確認を行う。 ②3組で単元末テストを実施。 ③2組で単元初めの診断アンケートの施行。 ④生徒の表情・しぐさ・つぶやきなどから個々の学びの状況を把握する。 ⑤取り組みや言動から班や学級の雰囲気をくみとる。
休み時間	①学級全員の「生活ノート」を読み,朱を入れる。 ②学級全6班の「班ノート」を読み,朱を入れる。 ③班や学級での人間関係をみとる。 ④生徒一人ひとりの過ごし方や言動から道徳性や社会性の状態を理解する。
給食・清掃	①役割・仕事への取り組みや様子から責任感や勤労・奉仕をつかむ。 ②ルール・マナー・約束ごとを守れるかから公正・公平や公共心・公徳心を判断する。 ③作業の進め方・手順・段取りから創意工夫や思いやりや協力を捉える。
放課後	①今日の授業の振り返りと次時の準備

なく沈み込んでいく気配で授業にも支障をきたしそうなので，次の休み時間に親友のD美にそれとなくC子の様子を聴き，このままではいけないと判断し，昼休みにC子から直接話を聞き，解決にあたる。

こうした気になる子ども数人を同時進行で対応し，並行して気がかりな班には，てこ入れをし，そのために学級のムードが悪くなれば，学級全体に対しても，なんらかの対策を講じることとなる。当然，C子には，こうあってほしい，E班の成員をもっと強い信頼感で結び合わせたい，元気のない仲間や沈滞気味の班には，温かい救いの手をさしのべる学級でありたいという「願い」やそれぞれに具体的に設定した「ねらい」に照らして，振り返り教育的な意味づけや，吟味を経て，次の働きかけへと繋げている。

斎藤（1969）は，「教育とか授業においては，『見える』ということは，ある意味では，『すべてだ』といってもよいくらいである」と述べ，「一人ひとりの子どもの反応を深くみつめ，それに対応することのできる教師としての基本能力」が教師が経験と理論の絶えざる積み重ねと修正によって身につけられることを主張している。すなわち，子どもの発言やつぶやき，表情や振る舞いを受けとめ，どのように意味づけるかは，個々の教師次第ということである。この教師の「見える力」が，子どもたちの教育の質それ自体を大きく左右する。

評価する教師の「見える力」は，教育のさまざまな場面で起こる，複雑で微妙な事柄について識別し，判別する力と言える。つまり，教師による評価は，図6-1のように教師による「心のはたらき」として捉えることができる。

①目の前の子どもたち一人ひとりの実態を知り理解する手がかりを得る

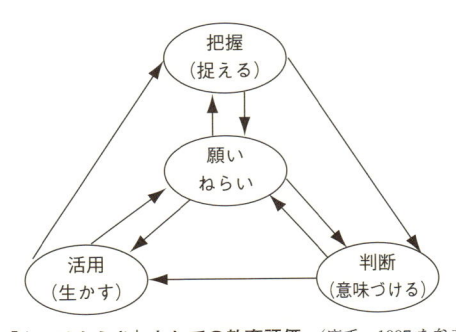

図6-1 「心のはたらき」としての教育評価 （鹿毛，1997を参考に作成）

②教育を通して子どもたちに実現してほしいと願ってきたことがどの程度までに実現しているかを確認する。

　子どもにとって評価がどのように受けとめられるかについては，つまびらかにされてはいないが，あるときは，進むべき方向を示したり，高い要求をしたり，支えとなるように励ましたり，人として心底ほめたり，子どもがよりよく生きていくために，自分のあるべき望ましい自己像を豊かにし，確かにし実現できるように前に進めるようすることである。

2. これまでの評価

　日本の学校で教えられるべき内容を定めているのは，学習指導要領である。表6-3に見るようにほぼ10年ごとに改訂されている。1950年代中盤からの高度経済成長に始まり，1980年代の低成長期を経て，1990年代初頭のバブル経済の破綻後のマイナス成長期から現在に至っている。社会を彩ってきている経済状況と社会に求められる人間像の反映が学習指導要領に盛り込まれ，「目標と指導と評価の一体化」のもとに指導要録における学力の提示と評価の範が示されることによって，さまざまな評価が考案されてきている。

(1) 相対評価

　おおむね表6-3に示したように戦後の第1期～第3期の学校における成績の評点は，相対評価によって算出されることが主流であった。相対評価の代表としてよく知られているのは，5段階評価である。この相対評価の特徴は，学年や学級の子どもたちの集団の正規分布を基準に，上位7％が「5」，次の24％が「4」，次の38％が「3」，次の24％が「2」，最後の7％が「1」というように決められていたことである。

　たとえば，学級40人で5クラスの学年200人の中学校2学年の2学期の数学の成績の評点は，中間テスト・期末テスト・単元末テスト（2回）と平常点50点の450点満点の合計で学年の子どもたちを合計点数で並べ，5－14人，4－48人，3－76人，2－48人，1－14人と決めることとなっていた。実際は，評点の1, 2は，少なめに，5, 4はできるだけ多めにという，担当者の判断が

表 6-3 学指導要領と指導要録の変遷 (志水, 2005；田中, 2010 を参考に作成)

社会情勢		改訂時期	主な特徴
第1期 戦後混乱期		1947年（S22）学習指導要領	『子ども中心主義』
		1948年版指導要録	「指導機能重視」
	第1次	1951年（S26）学習指導要領	『経験主義』
		1955年版指導要録	「証明機能重視」：相対評価
第2期 高度成長期	第2次	1958年（S33）学習指導要領	『知識中心系統学習』
		1961年版指導要録	「相対評価強化」
	第3次	1968年（S43）学習指導要領	『教育の現代化』
		1971年版指導要録	「相対評価の矛盾の激化」：到達度評価
第3期 景気期	第4次	1977年（S52）学習指導要領	『ゆとり教育』
		1980年版指導要録	「観点別学習状況」
	第5次	1989年（H1）学習指導要領	『個性の重視』
		1991年版指導要録	「新しい学力観」：絶対評価
第4期 不況期	第6次	1998年（H10）学習指導要領	『生きる力』
		2001年版指導要録	「目標に準拠した評価」
	第7次	2008年（H20）学習指導要領	『確かな学力』
		2010年版指導要録	「目標に準拠した評価の全面採用」

なされ，通知票の評定に反映されることとなっていた。

この場合，2学年の数学担当者が3人の場合，担当者によって評点が変わることがなく，同じ評定値となり，客観的であり，安定し，評価しやすいという利点がある。

一方，問題点としては，①子どもたちの間に不当な競争意識を生みだす，②学校，学年，学級などの集団の違いによって，子どもたちの評定値が変わり，子どもの学力の実態を示しえない，③評価が，子どもの努力や能力不足と捉えられ，教師の教育力の評価にはならない，など，このようなことが明らかになると1970年代の中盤で，「到達度評価」が現れるなどして，相対評価は，次第に後退し，1991年版の指導要録では，小学校低学年では，相対評価がなくなるまでになった。

(2) 絶対評価

絶対評価には，戦前型絶対評価と言われる評価する教師の絶対性を基準にする主観的で恣意的な判断による評価のことを指す場合，1991年の指導要録の改訂で提起された観点別評価を進め，子ども一人ひとりのもつ個性を絶対とする「個人内評価」のことを指す場合，2001年の指導要録の改訂で採用された「目標に準拠した評価」を指す場合であるが，戦前型以外の2つは，いずれもさまざまな問題や課題をもった相対評価を克服する評価として，学校教育の中では，集団に拠らない子ども一人ひとりのための評価という点で，キーワードとなっている。

たとえば，学級40人で5クラスの学年200人の中学校2学年の2学期の数学の成績の評点は，中間テスト・期末テスト・単元末テスト（2回）の数学科の各観点「数学的な見方や考え方」（20点×4回＝80点）「数学的な表現・処理」（40点×4回＝160点）「数量，図形などについての知識・理解」（40点×4回＝160点）ごとに合計を積みあげ，さらに「数学への関心・意欲・態度」として課題，ワークシート，ワークブック，授業での活動・取り組み（ノート）の評価を50点として，学校で定められた評定基準に基づいて，「5」「4」「3」「2」「1」の評定がなされる。その結果，5－24人，4－58人，3－86人，2－24人，1－8人という評価され，評定がなされた。

評定の実際の判断は，表6-4に示しているが，ABCの判断，5，4，3，2，1の評価については，各学校が全職員の共通理解のもと定められ，その詳細をシ

表6-4　中学校2学年の2学期の数学の成績の評点

番号	氏名	関心・意欲・態度	見方や考え方	表現・処理	知識・理解	評定
2-10	文教太郎	A	A	A	B	4
2-11	越谷花子	B	C	C	C	2
2-12	湘南歩美	A	C	B	B	3
2-13	埼玉晴夫	B	C	B	B	3
2-14	神奈川均	A	A	A	A	5
⋮						
2-40	千葉明美	A	C	A	A	4

注）設定した具体的評価基準に対して，A：かなり達成（8割程度以上）　B：達成（6割程度）　C：ほとんど未達成（4割程度以下）

ラバスによって保護者や地域社会の方々へは公開されていることが多い。

「目標に準拠した評価」は，すべての子どもの学力保障をめざして，教育実践や授業実践のあり方を問い直し，目標が子どもたちに実現していく度合いを捉え，子どもたちに学びの見通しをもてることができるようにすることが，ある程度できていると認められている。

「目標に準拠した評価」は，①「目標」からはみ出す子どもたちの活動を見落とす危険性がある，②子ども自身による「内的な評価」が十分になされていない，③成果や結果に至る過程を丁寧に読み取ることが難しい，④客観性を重視するために客観テストが多用される場合が多い，などという，問題が指摘されている。

3. これからの評価

これまで，教師は，相対評価に対する矛盾を抱えつつ，観点別学習状況や所見欄を活用しながら，つまり，成績が思わしくない子どもに対して，通知票の所見欄で，生活面での努力をほめることによってすくいあげ，5段階評定で，4に近い3をとった子どもに同じく所見欄や教科の観点別学習記録の欄の〇をふやすことを意識的に行うなど，相対評価を所見欄（個人内評価）で，救済したり，緩和したりしてきた。

通知票の成績で，よい思いをしてきた子どもたちは，相対評価配分割合が示すとおり，ほんの一握りにすぎない。通知票に表れた評価で，人生が変わった，あのときの成績があるから今の自分があるという声を聞くことは，ほぼ皆無である。また，成績は悪かったけれど，所見欄や行動の記録に救われた，落ち込んだり，くじけそうなとき，今でも通知票の所見欄を読んでいる，という言に支えられて評価してきたということもできる。教師は，評価の評点のもつ虚しさを自覚しているからこそ，「心のはたらき」として「見える力」を教師は養いつつ楽しい授業づくりに奔走している。

「目標に準拠した評価」が全面採用されたとはいえ，5段階評定の5，4が乱発されたり，評定値に実感がわかない，全体の中での自分の位置がわからないという新たな声に答えなければならない次なる責を負ってきている。

そこで，教師が，多面的・多層的に教育活動を眺め，子どもが指示待ち，評価待ちにならない，学びの過程を尊重し，個々が獲得した学力を多様な方法で，表現できるように工夫することがさらに求められている。これまでの課題やこのような求めに応じるために，最近，評価における新たな提案として脚光を浴びているのが，「真正の評価」と呼ばれるものである。それは，①評価の課題や活動が現実的であること，②子どもは，さまざまなことやものとかかわりながら，経験を再構成して学ぶこと，③学びの結果だけでなく過程を重視すること，④「パフォーマンス評価」「ポートフォリオ評価」などを活用すること，⑤自己理解や自己評価を促すものであること，などを特徴としている。こうした「真正の評価」については，不確定かつ不安定であることは，一目瞭然である。指導と評価を一体化しようというこれまでの教育実践の中で，いろいろな試みとして着実に積みあげられてきている。

　日本の学校教育である以上，学習指導要領に定められた内容について，子どもたちが学び合い，指導要録の学力について評価していかなければならないという現実には変わりない。反面，子どもの心に深く刻み込まれるような学校での数々の経験による学びや生活が子どもの「学力」の礎となり，人間性・道徳性・社会性の土台となっていくことも事実である。適宜，あり様，方向性，内実を的確に捉え，子どもたち一人ひとりに適切に返し，それぞれの人生をよりよいものにしなければならないことも事実である。

　子どもへの普段のことばかけに始まり，子どもたちからの働きかけに対する反応から，単元テストや，通知票に至るまで，受けとめた子どもがたとえ低い評価であっても温かいと実感し，もう少し頑張ってみようと前へ歩み出せるように背中をおしてやれたらと願いつつ，地道に実践を積みあげていくだけである。

【これだけは覚えておこう】
相対評価：正規分布を基準にその配分にそって子どもの評点をつけること。
絶対評価：教育の目標の基準にそって子どもたちの学力を捉えること。
真正の評価：子どもの生活の現実に即して形成される学力を活動によって
　　生みだされる中でその様相をとらえること。

コラム6　これまでとこれからの評価あれこれ

1. 診断的評価・形成的評価・総括的評価

ブルーム（Bloom, B. S.）は，評価をその機能から，一連の教育活動の始まり，過程，終わりのそれぞれで行う点に着目し，診断的評価，形成的評価，総括的評価に分けた。

診断的評価は，学年・学期・単元などの活動の導入時に，この教育活動を進めるに当たって前提となるすでに学んだ内容に対して，子どもの理解（わかる）や技能の定着（できる）などを確かめるものである。指導案等で使われる「児童観」には，この診断的評価の観点に立った教師の実態分析の記述が求められる。

形成的評価は，活動の途中途中で指導の成果を確かめるために行うものである。子どもは教師が期待するほどわかっていないものである。教師はそのような前提に立って，その過程で自らの指導の成果を子どもと目標達成のために確かめ，その確かめに応じて自らの指導とその後の指導計画を柔軟に再構成しながら指導を継続していかなければならず，活動へのフィードバック機能のために行うものでもある。

総括的評価は，一連の活動の終了時に，目標の達成やその内容の習得などについて総括的に評価するために行うものである。主に学期末の総括的評価については通知表に，年度末の総括的評価については指導要録に記入されることになるが，そこでの総括的評価も次の学期や学年の指導のために形成的評価の資料として活用することが求められる。

2. ポートフォリオ評価・パフォーマンス評価

2012年の学習指導要領の改訂とそれに伴う指導要録の改訂で，目標に準拠した評価を継承し，新しい評価論としての真正の評価論として，ポートフォリオ評価とパフォーマンス評価がクローズアップされている。

ポートフォリオ評価とは，子どもたちの活動で生みだされてくる，さまざまな作品やさまざまな評価の記録を蓄積するとともに，それらの作品を取捨選択する検討会で，教師のねらいと子どもたちの目標をすりあわせ，子どもたちの自分を評価する力をも育もうとするものである。具体的には，ワークシート，授業日記，作文，作品，活動の様子がわかる写真などにより，自分の努力，成長，達成の成果となるものを目的，目標，評価基・規準に照らして系統・継続的に集めたものとなる。

パフォーマンス評価とは，子どもたちの活動で生じる感じ方や考え方などが身振り・動作や絵画・詩歌などの言語により表現される豊かな様相を把握し，評価しようとすることであり，評価方法を創意工夫したり，評価の基準

づくりであるルーブリックの策定まで含んで言うことがある。ルーブリックは，パフォーマンス課題などの質的な採点指針のことで，成功の度合いを示す数値的な尺度とそれぞれの尺度の認識や行為の特徴を示した記述語から構成される指標のことを言う。具体的には，レポートの作成や口頭発表から作問法や概念マップ法・モニタリング法などがあげられる。したがって，最近では，ポートフォリオ評価はパフォーマンス評価に含まれて考えられるようになってきている。

7 知能・パーソナリティ

1. 知　能

(1) 知能とは

　知能（intelligence）ということばは，日常では「Aさんは，知能指数が高いよね」「あの人，IQ高そう」など，知能それ自体よりも知能指数として多く用いられているかもしれない。それでは，「知能」の正体とはどのようなものであろうか。心理学における知能の定義は，3つに大別されている。まず，①新しい場面や課題に対する心理的適応能力などの「環境への適応能力」。次に，②知能や技能を経験によって獲得し，行動の変化を伴う学習に関する総合的能力である「学習能力」。そして，③言語や記号，道具などを用いてものごとの関係を認識する「抽象的思考能力」である。確かに，私たちは日常的に，これらのような多くの能力を網羅的に想定できているわけではないが，それぞれが知能に関連あるものとして断片的にイメージしながら知能ということばをもちいているのでないだろうか。心理学では，こうした知能のさまざまな側面を具体的に捉えるにはどのような方法があるか科学的な検討を続けてきている。

　心理学における知能研究では，知能がどのような構造になっているかという点に着目した研究が多くなされてきた。スピアマン（Spearman, 1904, 1927）は，知能検査を実施する中で，語彙能力や数学的知能など各課題に独自の影響をもつ特殊因子（specific abilities: s）と，あらゆるタイプの課題に共通に必要とされる共通因子としての一般因子の存在を認めた。そして，知能検査が測定しようとする一般知能（general intelligence: g）は，特殊因子と一般因子の二種類から成ることを示し，知能の2因子説を唱えた。これに対して，サーストン（Thurstone, 1938）は，スピアマンの説を支持してはいたが，スピアマンと

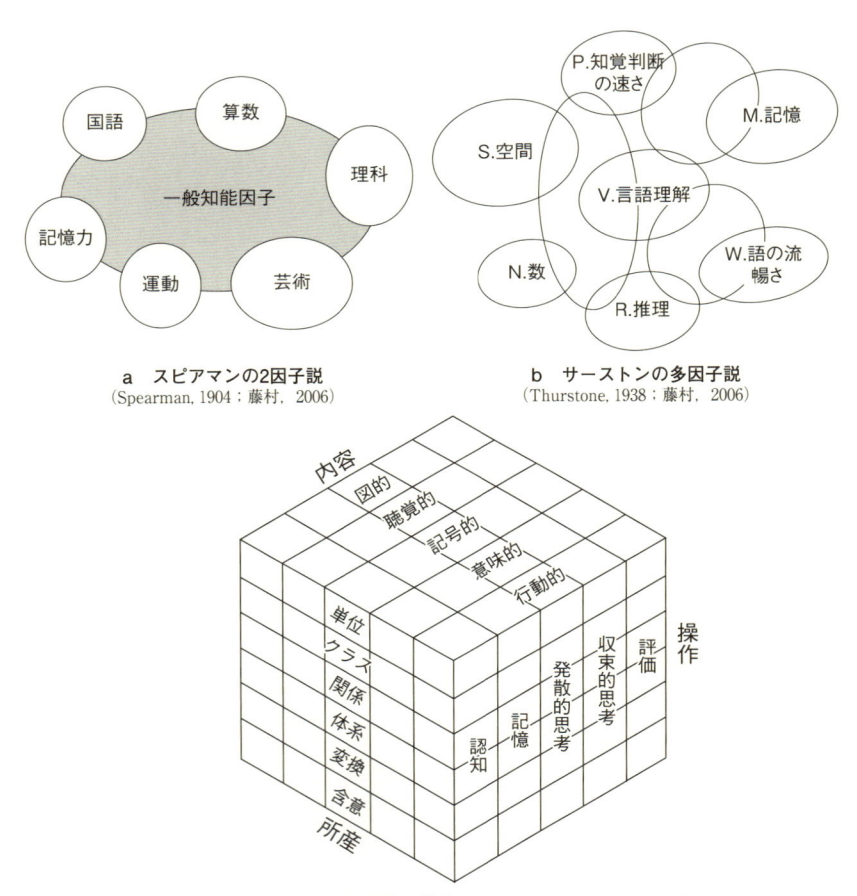

a　スピアマンの2因子説
(Spearman, 1904；藤村，2006)

b　サーストンの多因子説
(Thurstone, 1938；藤村，2006)

c　ギルフォードの階層構造　(Guilford & Hoepfner, 1971)

図 7-1　知能の構造

は異なる一般因子を提唱した。スピアマンは，一般因子が特殊因子を含めた知能の中心的な因子であると定義していたが，サーストンはこの点には賛同せず，知能の一般因子は，知能の一つの側面に過ぎず，知能の構造を説明するには不十分であるとした。そして，空間，知覚，言語，記憶，語彙の流暢性，数，推理の異なる7つの側面から捉える多因子説を唱えた。また，スピアマンやサーストンとは異なる立場に立ったのがギルフォード（Guilford, J. P.）である。彼は，一般因子の存在を認めず，その代わりに，あらゆる種類の知能とそ

の組み合わせを想定し，知能構造理論を提唱した．具体的には，人間の知能を操作（operations），内容（contents），所産（products）の3つの側面から捉えて，これら3側面の要素を一つずつ組み合わせたものを知能因子とし，これらを構造的に整理することで知能を解明しようとしたのである．この知能構造理論は，図7-1cのように5×5×6の150因子を仮定していることになるが，見ての通り最終的な理論とするにはあまりに複雑すぎるため，すべての因子が確認されるような研究を待つなどの課題が残されている．

(2) 知能検査

知能検査（intelligence test）は，被検査者の検査時の知的能力のアセスメントを行うために標準化された方法である．検査の方法としては，集団式検査と個別式検査に分けられる．集団式検査は，一般的な学力検査と同様に，室内で一斉に行われる．これに対して，個別式検査は，検査官と被検査者が一対一で相互に対話しながら検査を行う．学校場面では，集団式検査で特徴的な結果がみられた場合に，個別式検査を行い何らかの問題（たとえば，注意欠陥多動性障害や自閉症スペクトラムなどの発達障害児の発見など）のための診断検査としてもちいられる場合が多い．

最初の知能検査は，フランスの心理学者であるビネー（Binet, A.）が精神科医のシモン（Simon, T.）の協力を得て，特別支援教育が必要な子どもかどうかを前もって識別するために開発されたもので，知的発達遅滞児の診断法が源流となっている．知能検査の中でも有名なのが，ターマン（Terman, L. M.）の作成したスタンフォード・ビネー知能検査である．ビネー式知能検査では，どの年齢級の問題までを正答できたかによって精神年齢を算出できたが，精神年齢だけでは，異なる年齢の者どうしの知能が比較できない．そこで，ターマンは，精神年齢を暦年齢で割り，それに100をかけることで算出される知能指数（intelligence quotient：IQ）を規定して，知的発達の速さの指標としたのである．スタンフォード・ビネー式知能検査は，日本でも複数の研究者が開発や改訂を重ねて，現在，改訂版 鈴木ビネー知能検査や田中ビネー知能検査Vが広くもちいられるようになっている．

7 知能・パーソナリティ

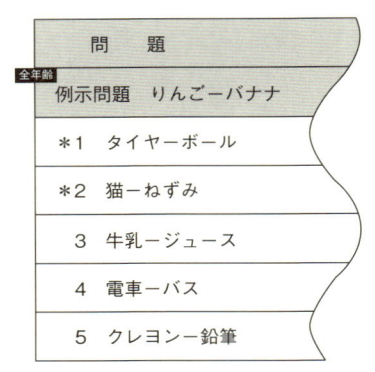

問　題
全年齢
例示問題　りんご－バナナ
＊1　タイヤ－ボール
＊2　猫－ねずみ
3　牛乳－ジュース
4　電車－バス
5　クレヨン－鉛筆

注）対になっている言葉の似ているところや同じところを答える。

図7-2　WISC-Ⅲの言語性検査の「類似」の一例

$$IQ = \frac{精神年齢}{暦年齢} \times 100$$

　一方，ウェクスラー（Wechsler, D.）によって開発された知能検査は，ビネー式とは異なり個別的に診断することを目的として作成され，それぞれ複数の下位尺度をもつ言語性検査と動作性検査から構成されている。下位検査のうち，言語性検査は主に意識的な学習行動や記憶能力の成果として現れる「結晶性知能」を測定するものであり，動作性検査はその時々の環境の変化や問題発生に臨機応変に適応できる「流動性知能」を測定するものである。したがって，言語性知能と動作性知能のずれをみることもでき，より分析的に捉えることが可能となっている。また，ウェクスラー式では，平均100と標準偏差15となる偏差知能指数が採用されており，同年齢集団の中で相対的に，その子どもがどの位置にいるのかがわかるようになっている。たとえば，自分と同じ年齢集団の平均から1標準偏差分だけ知能検査の得点が高ければ（低ければ），IQは115（85）となる。これらの知能検査の対象年齢に関しては，ビネー式は幼児から成人まで，幅広い年齢層の知能を測定できる。これに対して，ウェクスラー式は対象年齢に合わせて幼児用（3歳10か月～7歳1か月：WPPSI），児童用（5歳～16歳：WISC［図7-2, 7-3］），成人用（16歳～74歳：WAIS）の3種類に分かれている。日本でもそれぞれ標準化されている。

注）4〜6枚の絵カードを意味のある物語になるように配列する。
図7-3　WISC-Ⅲの動作性検査の「絵画配列」の模擬図版

2. パーソナリティ

(1) パーソナリティとは

　学校の昼休みの教室内である。ある子どもは，教室内を走り回りクラスの子にいたずらをしている。また，別の子どもは，ずっと静かに自分の席で本を読んでいる。その隣の席の子は，友達と話をしてはいるが，他の子には話す隙もあたえずに喋り続けている。同じ年齢の子どもが同じ部屋でどう振る舞っているかを短時間観察するだけでも，子ども一人ひとりによってその行動パターンが異なることに気づく。心理学では，こうした行動パターンの違いを説明するためにパーソナリティという概念をつくり，さまざまな研究を展開してきている。

　心理学の分野では，オルポート（Allport, G. W.）がパーソナリティ研究を現代的な意味で創始し，世に広めた。パーソナリティの定義については，研究者によりいくつか提起されているが，オルポート（Allport, 1961）は，パーソナリティを「個人の内部にあって，その個人の環境への特徴的な行動，思考，感

情を決定するような精神力動学的体系の力動的機構」と定義している。精神力動学的体系と言うと，難しく聞こえるかもしれないが，簡単に言うと，行動や思考などを決定するような行動様式は，静的で動かないものではなく，それぞれは動いてはいるが全体として調和しているという意味である。現代では，パーソナリティの概念を含む用語として，気質（temperament）や性格（character）などの用語もそれぞれに使い分けられている。気質はより遺伝的な意味合いを多く含んでいて，生まれてすぐに現れ，ある程度の期間持続する行動の個人差（菅原，1996）である。これに対して，性格は後天的に形成された個人の行動様式であり，性格は気質よりも柔軟性に富むものであると捉えられている。そして，パーソナリティが気質と性格の上位概念として，より包括的な意味合いでもちいられることが多いが，これらの使用にあたっては研究者間でその捉え方も異なるため，ここでは「パーソナリティ」をより広い意味での人間の中心概念の総称として使用する。それでは，パーソナリティをどのように理解するかについて，これまでに研究が積み重ねられてきた代表的な理論を中心にみていこう。

(2) 類型論

　先ほどの教室内の子どもたちを考えてみる。子どもたちは一人ひとり違った行動特徴をもっていて，全く同じパーソナリティをもった子どもはいない。しかしながら，学年全体，学校全体を見渡すと，子どもたちの中でも似たタイプの子どもたちがいることに気づく。つまり，「似た者同士」である。この一人ひとりに異なっているパーソナリティを，ある一定の基準で典型的なタイプに分類しようとするのが類型論（typology）である。

　ドイツの精神医学者クレッチマー（Kretschmer, E.）は，臨床経験から2大内因性精神病と呼ばれた統合失調症と躁うつ病の患者の体型との間に，ある関連性を見いだした。その後，クレッチマーの説をより発展させようとしたのがシェルドン（Sheldon & Stevens, 1942）である。クレッチマーが精神病患者についての研究を基盤としていたのに対して，シェルドンは健康な男子大学生4,000名を対象に体格とパーソナリティとの関連を統計的に検討した。体格については，内胚葉型（ふくよかな体型），中胚葉型（筋肉質の体型），外胚葉型

（きゃしゃな体型）の3つの類型に分類した。そして，内胚葉型は内臓緊張型気質（寛容で社交的なタイプ），中胚葉型は身体緊張型気質（活動的で精力的なタイプ），外肺葉型は頭脳緊張型気質（繊細で非社交的なタイプ）の人がそれぞれ多くみられる傾向があることを報告した。この結果は，クレッチマーとほぼ一致していた一方，これらの研究についてのその後の追試研究では，同様の関連が認められておらず，また方法上の問題も指摘され，類型論を支持する結果ばかりではなかった。しかし，パーソナリティをタイプに分類するという考え方の基盤として，彼らがパーソナリティには体質や体型などの生物学的過程が関与していることを推測していたことは，当時としては画期的であったと言える。

また，精神分析の流れをくむユング（Jung, 1964, 1968）は，心的エネルギー（意識）が自己以外の外部に向かうか，それとも自己の内部に向かうかによって外向型と内向型の2つのタイプに分類した。外向型は社交的で誰とでもすぐに打ち解けるような特徴がみられ，一方，内向型は消極的で人付き合いを避けるような傾向がみられる。さらに彼は，心的機能を思考，感情，感覚，直感の4つの側面から捉えた。これらは，合理的機能として思考と感情が，また非合理的機能として感覚と直感がそれぞれ対称的に位置していると考えられている。そして，外向型と内向型の2つのタイプと心的機能の4つのタイプを組み合わせて，パーソナリティの8つの類型を提唱した。

(3) 特 性 論

類型論がパーソナリティをいくつかの典型的なタイプに分類しようとするのに対して，一人ひとりには共通するいくつかの行動特徴があり，これらがパーソナリティを構成するという考え方が特性論（trait theory）である。すなわち，類型論のように外向的か内向的かなど，どちらかに分類するのではなく，それらの特性の量やそれぞれの特性の組み合わせによってパーソナリティを理解しようというものである。特性論は，オルポートの報告が始まりとされている。オルポートは，特性にはすべての人に量的な差異はあっても，共通にもっている共通特性（common trait）と，ある個人に特徴的にみられる独自特性（unique trait）の2つがあることを見いだしている。オルポートの特性論をよ

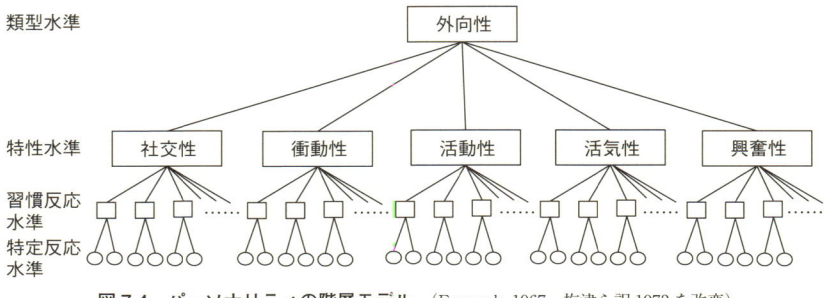

図7-4 パーソナリティの階層モデル (Eysenck, 1967 梅津ら訳1973を改変)

り洗練させたのがキャッテル（Cattell, 1950）である。彼は，オルポートの共通特性と独自特性の下に，外からの観察が可能な表面特性（surface trait）と，観察できない根源特性（source trait）を想定した。そして，オルポートらが分類したパーソナリティ特性に関する4,500語を分析し，12～16の根源的特性を抽出した。

(4) 類型論と特性論の階層構造

　特性論的立場にありながらも，特性論と類型論を統合的に捉えることを試みたのがアイゼンク（Eysenck, H. J.）である。アイゼンクは，図7-4のように最下層部にある特定反応水準から順に，習慣反応水準，特性水準，類型水準の4つから成るパーソナリティの階層構造モデルを提唱した。たとえば，ある子どものパーソナリティについて考えるとき，子どもの行動の一つひとつ（特定反応水準）を観察し，似たような場面で一貫してみられる行動（習慣反応水準）をまとめたものが，特性水準である。類型水準は，さらにそれらを全体として捉えたものである。このようにアイゼンクは，類型は特性から構成されるという仮説にもとづいて，パーソナリティの基本構造を階層構造として捉え，モーズレイ人格目録（Maudsley Personality Inventory：MPI）を作成した（表7-1）。

(5) パーソナリティ検査

　パーソナリティを測定するには，代表的なものとして質問紙法，投影法，作業検査法の3つがある。以下に，それぞれの特徴についてみていく。

表 7-1　質問紙法の主な検査名とその特徴

検査名	特徴
矢田部ギルフォード性格検査（YG性格検査）	抑うつ性，攻撃性，協調性などの12特性を測定する。この12特性の得点を結んだプロフィール図を作成することで，被検査者の特性を詳細にまたは総体判定することができる検査
モーズレイ性格検査（MPI）	「外向性—内向性」と「神経症的傾向」の二つの特性を同時に測定することができる。それぞれ24項目ずつの質問項目から構成されている
ミネソタ多面人格目録（MMPI）	一般的健康，習慣，家庭，その他の精神病理的な諸側面を測定する項目から構成されており，臨床場面でも多くもちいられている
5因子モデル（Five Factor Model：FFM） ビッグファイブ（Big Five）	パーソナリティは「神経症傾向」「外向性」「開放性」「調和性」「勤勉性」の5つの特性によってほぼ記述できると想定しているモデル。5因子モデルは理論的なアプローチとパーソナリティの階層構造を強調したモデル。ビックファイブは語彙仮説と統計処理を中心として導かれたモデル（コラム7参照）
クロニンジャーの7因子モデル（Temperament and Character Inventory：TCI）	パーソナリティは，幼少期から出現する遺伝関連性の高い4つの気質的特徴と，気質的特徴をベースとして成熟する3つの性格的特徴の7特性で構成されていると想定しているモデル。成人版の他に，幼児期を対象とした就学前版（ps-TCI），児童・思春期を対象としたジュニア版（J-TCI）が開発されている

　質問紙法は，被検査者が質問紙調査票に記載された多数の質問項目に，自分にあてはまっているか否かへの回答を求め，これらの回答を得点化することによりパーソナリティを測定する検査法である（表7-1）。質問紙法は，研究者により信頼性や妥当性を十分に確認された尺度を使用するため，心理学研究においては，最も多くもちいられる検査方法であり，検査の施行と結果の整理が簡単であるという利点がある。しかし，被検査者が意図的に回答を操作したり，意識的側面しか捉えられないなどの短所があることも指摘されている。

　投影法は，比較的曖昧な刺激をもちいて，被検査者に何らかの課題の達成を求める検査法である（表7-2）。質問紙法と異なり，曖昧な刺激に対しては，被検査者の無意識が投映されるという仮定にもとづいている。被検査者の無意識的側面が把握でき，回答を意図的に操作することが難しいという利点がある一方で，被検査者への心理的負担が大きく，検査結果の整理が煩雑にもなるた

表7-2 投影法の主な検査名とその特徴

検査名	特徴
ロールシャッハ・インクブロット・テスト（Rorschach Inkblot Test）	左右対称の10枚のインクの「しみ」を見せ，主に①何を見たか（反応内容），②絵のどこを見たか（反応領域），③どんな点からそう見えたか（反応決定因）の3つの観点から整理をして，被検査者の深層の心理状態を解釈する（図7-5参照）
バウムテスト（Baum Test）	「実のなる木を一本描いてください」と指示して，描かれた木の筆圧，大きさ，位置や構図などから心理を判断するもので，臨床現場で多く用いられている
主題統覚検査（Thematic Apperception Test：TAT）	被検査者に場面設定の曖昧な絵から物語を自由に考えてもらい，その物語の主題内容からパーソナリティを理解しようとする検査
文章完成法テスト（Sentence Completion Test：SCT）	被検査者に「私はよく人から〇〇〇」などの未完成の文章を呈示し，〇〇〇の空白の部分を補完してもらい，その全文から心の歪みを探る検査
絵画欲求不満テスト（Picture-Frustration Study：PFスタディ）	二人の登場人物の一人が，その相手に欲求不満をぶつけるような日常的な場面が描かれた絵に対して，言われた相手がどのような反応を返すか，空白になっている吹き出しに入る台詞を記入してもらう。その台詞から被検査者の攻撃の方向や型をみる検査

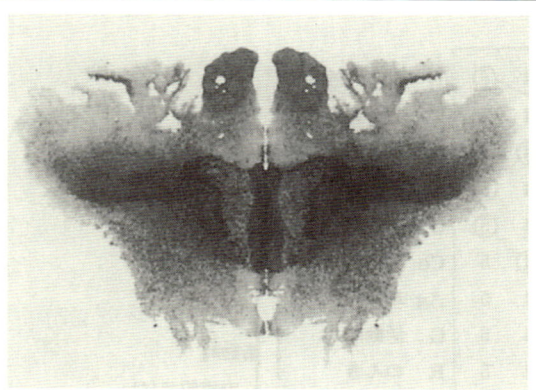

図7-5 ロールシャッハ法の模擬図版

め，検査の信頼性や妥当性に難点があるなどの欠点もある。

　作業検査法は，言語的報告は一切求めず，被検査者にある一定の作業を行ってもらい，その結果からパーソナリティを捉える検査法である。作業検査法は，実施が簡単で，被検査者が質問紙法のように意図的に回答することを回

避できるなどの特徴もあるが，パーソナリティの全体像を捉えにくいという批判もある。最もよく使用される検査法は，内田クレペリン検査（Kraepelin's Test）で，これは一桁の足し算を一定時間，複数回行ってもらった「作業曲線」から，その人のパーソナリティや適性を総合的に判断しようとするものであり，教員採用試験でも採用されることがある。

3. 知能・パーソナリティの遺伝と二つの環境

　知能やパーソナリティの個人差のルーツには，遺伝と環境の双方の関与が考えられるが，それを検証する一つの有力な手段として，近年では人間行動遺伝学の双生児法を用いた研究がある。いまのところ，双生児法以外の方法で生きた心や行動の働きにおよぼす遺伝と環境の影響を純粋に分けることのできる方法はない（安藤，2011）。双生児法は，一卵性双生児と二卵性双生児の「類似性」を比較することから始まる。図 7-6 のように，一卵性双生児は一つの卵子に一つの精子が受精した後，偶発的に二つまたはそれ以上に分化して成長する子どもたちであるため，100％同じ遺伝子をもつ二人である。一方，二卵性双

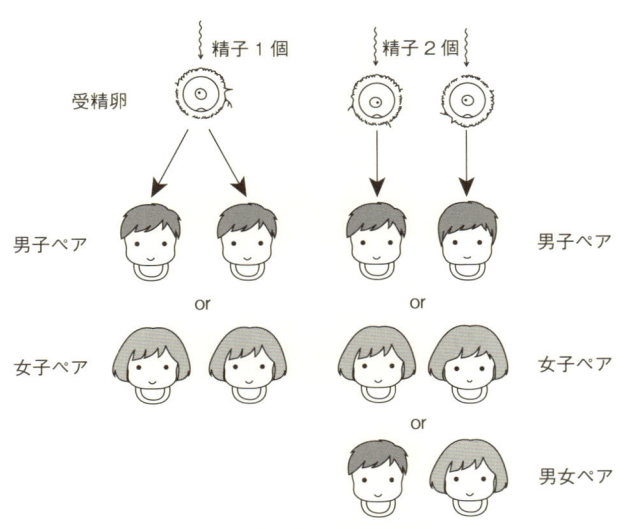

図 7-6　一卵性双生児と二卵性双生児の受精図

生児は，何らかの原因によって一度に複数の卵子が排卵され，複数の精子とそれぞれ受精したものであるため，遺伝的類似性は一卵性双生児の半分の50％である。この遺伝的類似性を利用して，同じ家庭で育っている双生児きょうだいの知能やパーソナリティなどの類似度が，一卵性双生児の方が二卵性双生児よりもよく似ていたとしたら，そこには何らかのかたちで遺伝が影響をおよぼしていると推測できる。

また，人間行動遺伝学では，環境の影響を共有環境と非共有環境の2つの要因に分類することができる。共有環境とは，ふたごのきょうだいを似させるように働く環境のことである。これに対して，非共有環境は，ふたごのきょうだいを似させない環境（一人ひとりが独自に経験する環境）のことである。すなわち，知能やパーソナリティの個人差は，遺伝，共有環境，非共有環境の影響を受けていると想定されている。図7-7は，日本において子ども期から成人期を対象にして行われた一般知能とパーソナリティに関する双生児研究の結果である（安藤，2011；菅原，2003）。それぞれの結果をみて，ある共通の特徴

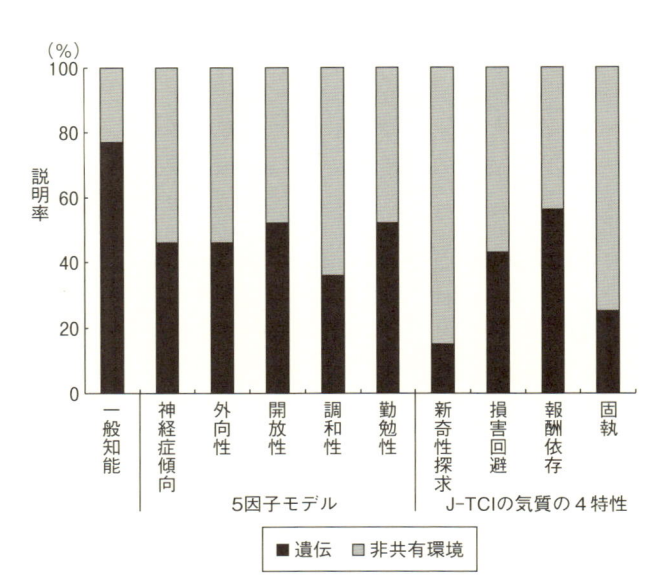

図7-7 一般知能とパーソナリティの遺伝，共有環境，非共有環境の説明率
（安藤，2011；菅原，2003をもとに作成）

に気づかないだろうか。一般知能やどのパーソナリティ特性にも，①遺伝が影響している。そして，②きょうだいで共有され，二人を似させる共有環境の影響は全くない（あったとしても相対的に小さい場合が多い）。その一方で，③きょうだいを似させない非共有環境の影響が大きいことがわかる。これらの3つの特徴は，人間行動遺伝学の三原則と呼ばれ，発達につれてこれらの特徴は顕著になる。つまり，人間の心理的・行動的特徴には，共有環境の影響はほとんどみられず（もしくは発達につれて小さくなり），遺伝と非共有環境の影響が大きくかかわっているのである。

4. 教育の視点から考える

　以上のように，知能やパーソナリティには，確かに遺伝が影響している。しかし，ここで改めて考えなければならないのは，環境もまた同じように重要であるということである。そして，その環境とは，子どもたち一人ひとりが独自に経験する環境のことである。

　それではここで，学校場面について考えてみる。たとえば，ある教師が，子どもたちに良いとされる授業法や指導法を同じように行ったとしても，子どもによって科目の得意・不得意や，指導効果の良し悪しが異なるのは当然である。しかし，学校では，成績が芳しくない子や教師から注意を受ける回数が多い子は，本人の努力や家庭でのしつけが十分でないと考えられがちである。最近では，教師自身に問題があると非難される場合も少なくないかもしれない。

　ここで本当に必要なことは，子どもの教育に関して子ども，教師，家庭・学校環境だけなど個別の効果だけに焦点を当てるのではなく，常に，子どもの個人差における遺伝と環境を視野に入れた上で，子ども―教師―家庭・学校環境の関係性を捉えた取り組みを考えることではないだろうか。教育現場では，さまざまな知能やパーソナリティの特徴をもつ子どもたちと出会う。ここで最も難しいのはそこに一元的な正解がないことであろう。一人ひとりの子どもたちの個性や能力に応じたきめ細やかな教育的働きかけを工夫し，子どもたちのより健やかな適応の維持を目的とすることもまた，教育にとって必要であると言えよう。

【これだけは覚えておこう】
Spearman：一般因子と特殊因子の知能の2因子説を提唱。
Thurstone：知能を空間，知覚，言語，記憶，語彙の流暢性，数，推理の異なる7つの側面から捉える多因子説を提唱。
知能指数（IQ）：暦年齢に対する精神年齢の比率。
類型論：体型や体格など一定の基準にもとづいて典型的な性格を設定し，それによって多様なパーソナリティを分類しようとする考え方。
特性論：「外向性」や「内向性」などのパーソナリティ特性は誰もが共通にもっているものであり，個々人の性格の違いは，そのような特性が強いか弱いかの量的な差異によって決まるという考え方。
投影法：被検査者に曖昧な刺激を与えて，自由な反応を引き出す検査法。

コラム 7　パーソナリティと健康

　近年，身体的な健康と関連をもつ要因として，パーソナリティが注目されている。先述の，5因子モデルのパーソナリティ特性（表1）の中で，特に勤勉性（Conscientiousness）が，身体的な健康だけでなく，健康に関連する行動（たとえば，飲酒・喫煙）や寿命とも密接に関連をもつことが報告されている（Bogg & Roberts, 2004; Kern & Friedman, 2008）。この勤勉性について簡単に説明すると，勤勉性が高い人は，身の回りの整理整頓をする，目標を立ててそれを達成するために努力する，自分の発することばや振る舞いに慎重な人である傾向が高い。一方，これらと正反対の特徴がみられれば，勤勉性が低い人ということになる。

　最近，この勤勉性と身体的健康に加えて，親の養育態度との関連についての研究が報告された（Takahashi et al., 2012）。たとえば，子どもの頃に，親から「ちゃんと規則や時間を守りなさい」「自分の部屋をきちんと片づけておきなさい」「ご近所の人に会ったらちゃんとご挨拶するのよ」などと言われた経験はないだろうか。その当時は，こうした親のことばは，多少なりとも小言のように聞こえていたかもしれない。しかし，この小言のような親のしつけが，数十年後の自分の身体的健康に影響をおよぼしているかもしれないのである。タカハシら（Takahashi et al., 2012）の研究では，日本人の18歳から70歳までの1,485人を対象にした大規模調査を行い，勤勉性が，子どもの社会化を促すような親の養育態度と身体的健康を媒介することを見いだしている。この結果は，若年層（平均年齢25.33歳），中高年層（平均年齢43.95歳），高齢者層（平均年齢62.37歳）の3群で，おおむね同じであった。興味深いのは，子どもの頃の親の養育態度と身体的健康との間には直接的な関連はない，もしくは小さいものであるにもかかわらず，親の養育態度が勤勉性というパーソナリティ特性を通して，身体的健康を高めるということである。ライフスパンを通じて，パーソナリティ特性がどのように発達していくのかは，まだまだ今後の研究の蓄積が待たれる。しかし，子どものパーソナリティ特性である勤勉性の発達や，身体的健康の維持・増進を高める要因の一つとして，子どもの頃の親の養育態度（しつけ）が重要な役割を担っているということは，家庭や学校場面での子どもへの対応として貴重な示唆を与える知見である。

　いま，親から言われている（もしくは子どもへの）しつけのためのことばは，将来の自分や子どものパーソナリティ，さらには健康までを左右するありがたい小言であるかもしれない。

表1 5因子モデルの名称とそのキーワードとなる特徴
(Costa & McCrae, 1992 をもとに作成)

神経症傾向 (Neuroticism)	外向性 (Extraversion)	開放性 (Openness)	調和性 (Agreeableness)	勤勉性 (Conscientiousness)
不安	思いやり	空想	信頼	有能感
怒り・敵意	社交的	美意識	率直さ	習慣
抑うつ	自己主張性	感受性	利他的行為	誠実さ
自意識過剰	活動的	活力	従順さ	達成努力
衝動性	刺激志向性	発想	控えめ・謙虚	自制心
脆弱性	肯定的感情	柔軟な価値観	優しさ	熟考・慎重さ

8 道徳性の発達

1. はじめに

　近年，子どもの道徳性や規範意識が低下したと言われることがある。道徳とは，人々が善悪をわきまえて正しい行為をなすために，守り従わねばならない規範の総体であり，外面的・物理的強制をともなう法律と異なり，自発的に正しい行為へと促す内面的原理として働くものとされるが，人はこのような道徳性をいつ頃からもっているのであろうか。また，道徳性は加齢に応じて変化することはあるのだろうか。心理学領域において，道徳性は観察や調査法，実験，臨床法などさまざまな研究手法（第1章参照）を場合によっては交差的にもちいることにより研究されてきている。本章では，まず，認知発達理論，社会的情報処理モデル，スキーマ理論という異なる立場から道徳性について論じた研究者を紹介し，心理学の知見をもとに開発された道徳に関する授業を紹介する。最後に，学校における道徳の授業が学校，地域，社会とどのように連携を図りながら実施されているかについて述べる。

2. 道徳性の発達

認知発達理論

1) ピアジェ（Piaget, J.）

　ピアジェ（Piaget, 1932）は子どもの道徳判断について臨床法（表8-1）をもちいてその発達的変化を検討した。その結果，道徳判断は「他律（結果論）」から「自律（動機論）」へと移行することを明らかとした。具体的には，子どもはある行為の善悪について物質的な結果にもとづき判断する客観的責任判断

表8-1 ピアジェの臨床法を用いた道徳判断の調査法（長谷川，2008）

> A　ジャンという男の子がお部屋の中にいました。食事に呼ばれたので食堂に入っていきます。ところが扉の後ろに椅子があり，その椅子の上にお盆が置いてあり，お盆にはコップが15個のせてありました。ジャンはその扉の後ろにそんなものがあるとは知らないで，扉をあけましたので，扉がお盆に当たり，コップは15個ともみんな割れてしまいました。
> B　アンリという男の子がいました。ある日，お母さんの留守に戸棚の中のジャムを食べようとしました。そこで椅子の上にのって腕を伸ばしましたがジャムは高すぎて手が届きません。取ろうとしていろいろやっているうちに，手がコップの一つに触って，コップは落ちて割れてしまいました。
> 【質問1】これらの子どもは同じくらい罪があるか？
> 【質問2】どっちの子の方が悪い？　なぜ？

（他律的道徳判断）から，加齢にともない外在的な目に見える結果よりも行為の意図や動機に注目した主観的責任判断（自律的道徳判断）へと発達していくという。

このような道徳判断の発達は子どもの規則の理解と関連するところがある。子どもの規則の理解には4つの発達段階がある。第1段階では，規則は社会的な意味をもたず同じ行為を反復することであり，これらの行為は道徳的意味合いをもたない。第2段階では，子どもは大人や年長者の真似をし，規則通りに振る舞おうとする。そこでは，規則はその通りにしなくてはならない義務的なもの，子どもを拘束するもの（大人への一方的尊敬）になる。第3段階では，相互に尊敬し合い，協同的行為を行っている集団の成員の合意があれば規則は修正可能なものだと考える。そのもととなるのは他者との相互関係を大事にする態度（相互的尊敬）であり，自己中心性から自由になり相手の立場に立って考える能力が備わっていることが前提となる。第4段階では未知の状況においてさえも一般化される規則に関心を示すようになる。この段階では個人的あるいは対人的な事柄よりもむしろ社会的問題に関心をもつ。

2) コールバーグ（Kohlberg, L.）

コールバーグは道徳性の発達を3水準6段階からなる発達段階（表8-2）として理論化した研究者である（永野，1985）。その3水準6段階とは前慣習的水準（第1段階，第2段階），慣習的水準（第3段階，第4段階），脱慣習的水準（第5段階，第6段階）である。前慣習的水準では道徳は外在的なものであ

2. 道徳性の発達

表8-2 コールバーグによる道徳性発達段階

	発達段階	内　容
前慣習的水準	第1段階	他律的道徳。罰と服従。
	第2段階	個人主義。道具的な意図と交換の傾向。
慣習的水準	第3段階	対人関係の調和。同調。「良い子」志向。
	第4段階	社会システムの維持。「法と秩序」の志向。
脱慣習的水準	第5段階	社会契約論的志向。人々の権利の擁護。
	第6段階	普遍的な倫理的原理志向。

表8-3 モラルジレンマ課題の一例（永野，1985）

> Aさんの奥さんががんで死にかかっています。お医者さんは，「ある薬を飲めば助かるかもしれないが，それ以外に助かる方法はない」と言いました。その薬は，最近ある薬屋さんが発見したもので，10万円かけて作って，100万円で売っています。Aさんは，できる限りのお金を借りてまわったのですが，50万円しか集まりませんでした。Aさんは薬屋さんにわけを話し，薬を安く売るか，または不足分は後で払うから50万円で売ってくれるように頼みました。でも薬屋さんは，「私がその薬を発見しました。私はそれを売って，お金をもうけようと思っているのです」と言って，頼みを聞きませんでした。Aさんはとても困って，その夜，奥さんを助けるために，薬屋さんの倉庫に入り，薬を盗みました。
> 【問】　Aさんは薬を盗んだ方がいいでしょうか，それとも盗まない方がいいでしょうか？

り，「罰せられること＝悪」と考える発達段階である。慣習的水準は決まりに従うことが正しいことだと考える発達段階だが，脱慣習的水準では決まりそのものを問い直す発達段階に至る。道徳性を測定する際には，道徳的価値が葛藤するオープン・エンドのモラルジレンマ課題（表8-3）が提示され，意思決定の正当化の根拠を面接し，どのようなタイプの理由付けをするかにより道徳的理由付けが6段階のいずれかに割り当てられる。道徳性はこの発達段階に従って順番に発達すると考えられる。

3）セルマン（Selman, R.）

　役割取得能力とは他者の視点や立場に立って物事を見たり考えたりする能力のことであり（Selman, 1971），先述したコールバーグの道徳性発達段階との対応が指摘される（内藤，1987）。役割取得能力は自己焦点的な段階から具体的な相手の視点に立つ段階，社会的な視点を取得する段階へと発達していくと理論化されている。また，役割取得能力の発達段階は対人交渉方略（Selman,

表 8-4 コールバーグの道徳性発達理論，セルマンの他者役割取得理論，対人交渉方略の対応表
(内藤, 1987；Selman, 2003 を参照して作成)

コールバーグ 道徳性発達段階	セルマン 他者役割取得能力	セルマン 対人交渉方略 他者変容志向／自己変容志向
第 1 段階	未分化，自己焦点的	0 段階
第 2 段階	分化，主観的	1 段階
第 3 段階	互恵的，自己内省的	2 段階
第 4 段階	相互的，第三者的	協調
第 5 段階	社会的	
第 6 段階		

2003）の発達段階との対応も指摘される（表 8-4）。対人交渉方略には自分の意見に合うように他者の意見を変容させようとする他者変容志向と相手に合わせて自己の意見を変容しようとする自己変容志向の2つがあり，おのおのには異なる発達段階がある。他者変容志向は，自己の目標到達のために非反省的・衝動的な力を使う段階（他者変容0段階），一方的に他者を統制する段階（他者変容1段階），相手の意見を変容させようとして心理的影響力を使用する段階（他者変容2段階）という順序で発達する。自己変容志向は，自己を守るために非反省的・衝動的に従う段階（自己変容0段階），意思なく相手の願望に従う段階（自己変容1段階），自己の願望と相手を調整するために心理的影響力を使用する段階（自己変容2段階）という順序で発達する。そして，いずれの対人交渉方略のスタイルを志向していても，自己と他者の両者の意見を調整しようとする協調段階という発達段階に向かうとされる。

4）チェリエル（Turiel, E.）

チェリエル（Turiel, 1998）は社会的知識には質的に異なった領域があり，さまざまな社会的判断や社会的行動は各領域の知識が調整された産物であるという領域特殊理論（domain specific theory）を提唱している（表 8-5）。その領域には道徳（善悪の規定がある事柄），慣習（集団の秩序を維持するもの），個人（個人的な事柄）の3種類があり，私たちが社会的判断をくだす際にはそれらの知識を調整しているという。たとえば，「盗み」という行為に対し「絶対にいけないことだ」と判断する人は「道徳領域」，「決まりだからいけない」と

表 8-5 チェリエルによる領域の定義と基準 (首藤, 1992 より作成)

	領域		
	道徳	慣習	個人
知識の基盤	正義(公正)や福祉や権利といった価値概念	社会システム(社会の成り立ち,機能など)に関する概念	個人の自由や意思に関する概念および自己概念
社会的文脈	行為に内在する情報(行為が他者の身体,福祉,権利に与える直接的な影響)	社会的関係を調整するための,恣意的ながらも意見の一致による行動上の取り決め	行為が行為者自身に与える影響
典型的な場面例	盗み,殺人,詐欺,緊急場面での援助,いじめなど	挨拶,呼称,生活習慣,宗教儀式,テーブルマナー,校則など	趣味,遊びの選択,友人の選択
理由付けカテゴリー	他者の福祉,公平・不公平,絶対に許されない行為,義務感,権利	期待・規則,社会秩序,常識・習慣からの逸脱,無礼行為	自分自身の問題,規則の拒否,許容範囲の行為,規則存在の不公平

判断する人は「慣習領域」,「個人の許容範囲」と判断する人は「個人領域」が活性化していると考えられる。このように社会的行為に対する私たちの領域認識は私たちの社会的行動に影響をあたえている。次節では,領域認識と社会的行動産出の関係を説明する社会的情報処理モデル(Arsenio & Lemerise, 2004)を紹介する。

3. 道徳的行動はどのように生じるのか

(1) 社会的情報処理モデル

社会的情報処理モデル(Crick & Dodge, 1986)とはヒトが外的刺激を受けてから社会的行動を産出するまでを,①手がかりの符号化(何が起きたのか),②手がかりの解釈(なぜ起きたのか),③目標の明確化(何をしようとするのか),④反応検索構成(どのような行動が可能なのか),⑤反応決定(行う行動を決定),⑥実行(決定した行為の実行)の6ステップで示したものである。行動を実行した(⑥)結果,適切でなかった(例:いざこざ)場合は再度,①に戻り同じ処理経路をたどって問題解決をやり直すと考えられる。

アルセーニョ&レメライズ(Arsenio & Lemerise, 2004)は,この社会的情

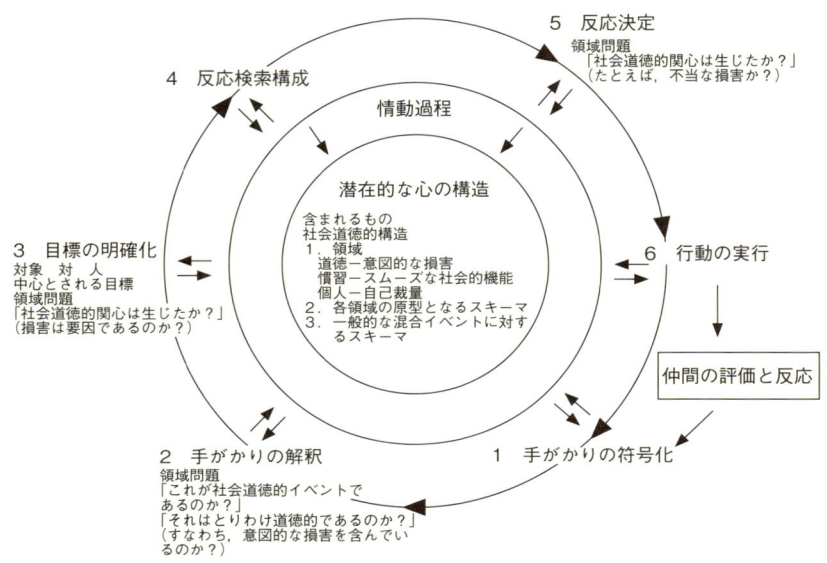

図 8-1 潜在的な心の構造が社会的情報処理へ及ぼす影響の単純化モデル
(Arsenio & Lemerise, 2004；藤澤, 2008)

報処理モデルの中央に潜在的な心の構造を仮定し，先述した領域特殊理論の考え方を組み込む（図 8-1）ことにより，行動産出における個人差（同じ場面に遭遇しても生起する行動が異なること）を説明している。具体的には，同じ場面において当人が「道徳」「慣習」「個人」のうちいずれの認識をもつかが分岐点となり，その後の解釈や実際の行動が変化すると考えられる。いずれのステップにおいても個人がもつ領域知識が情報処理過程に影響をおよぼしており，結果として産出行動における個人差を生じていると考えられる。

(2) モラルスキーマ理論

スキーマとは私たちがさまざまな経験をする中で，類似性や反復性に気がつき形成した期待，仮説，概念が集合したものであり，私たちは心の中に形成されたスキーマに依拠して社会的判断をくだしている。スキーマ理論（Derry, 1996）によると，スキーマは階層となっていて，関連のある特徴をもつ小さなユニット（memory object：MO），複数の MO が活性化された集合

3. 道徳的行動はどのように生じるのか　　107

個人的な必要性　　　　規範維持　　　　　　脱慣習

活性化された　　　　　　　　　　　　　　　　問題の基準：
他のスキーマ　　　　　　　　　　　　　　　　ヒトの生命 対 一時的な美徳

　　　　　　　フィルター：　　　　フィルター：　　　　フィルター：
　　　　　　　自己利益　　　　　　慣習，ルール，決まり　道徳的な社会の理念

私はどう影響され　　　　　　　　　慣習は何を伝えて　　分かち合われる理
るのか？　　　　　私の親しい友人は　いるか？　　　　　　念は何か？
私とかかわる物事　どう影響されるの　私の帰属集団は何　　すべてにとって最
はどう影響される　か？　　　　　　　を考えているか？　　もよいのは何か？
のか？

コグニティブ
フィールドの
メモリー
オブジェクト

（図中ボックス：個人的な義務／個人的に有利な点／法律の一様な適用／権利侵害の常習性／ヘルスケア／生きる権利／適切な権利／相互交換／盗みの目的／法律とは何か／法律を破る必要性／愛）

活性化された
コグニティブ
フィールド　　　　　結婚　　　　　　　　盗み　　　　　　　　人権

………… 否定的な活性　　——— 肯定的な活性　　━━━ 強く肯定的な活性

図 8-2　ハインツのジレンマ（表 8-3）を材料としたモラルスキーマの活性化（Narvaez & Bock, 2002）

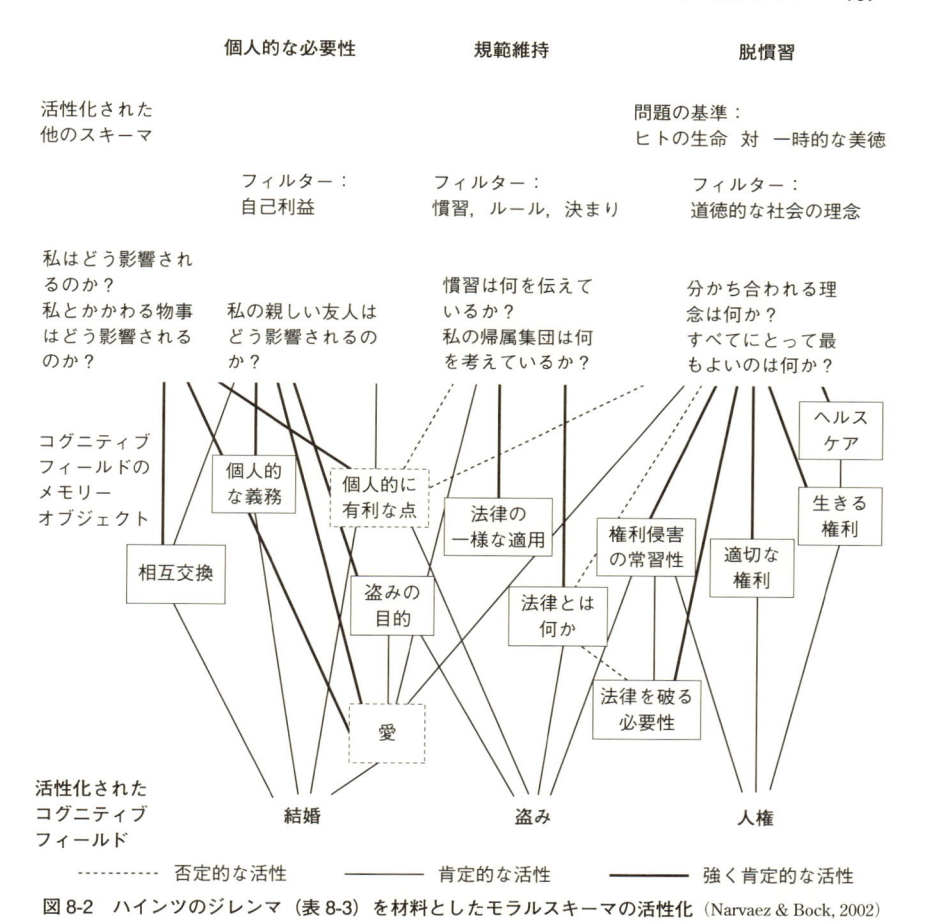

体（cognitive field：CF），特定の状況や経験についての意味ある構造（mental model：MM）から構成される（図 8-2）。MM を構成する MO と CF には多くの階層があり，語彙力が豊富で相互を関連付けることができる人（熟達者）は，より多くの方法（行動レパートリー）を活性化することが可能な複雑な MM をもつことになる。

　スキーマは MO が強固に組織化されたネットワーク構造により表象される知識の貯蔵庫であり，MO どうしの関係性は結合の程度（強さ・弱さ）と結合

のタイプ（肯定的・否定的）により変化する（図8-2）。構成要素（MM）と下位構成要素（MO）の結合の程度はスキーマの強さと接近可能性を決定し，結合のタイプはどの概念の集合が活性されるか（肯定的関係），どれが抑制されるか（否定的関係）を決定する。また，入力される外的刺激を分析するスキーマ構造はそれ自体，無意図的であり，それらのパターンが入力されるデータと適合すると自動的に活性化される（Narvaez & Bock, 2002）。つまり，モラルスキーマに関しても同様のことが言える。道徳判断の高い人は高い道徳判断につながるMOに日常的に接していたりよく使用していたりしていて，結果として道徳判断が要求される際に，高い道徳判断を引き起こすMOが容易に活性化されやすい状態ができていると言える。同時にその逆も生じる可能性がある。

4. 心理学の視点をもちいた道徳授業

(1) モラルジレンマディスカッション

先述したコールバーグは道徳性の発達段階を理論化した後に，討論授業，ジャストコミュニティを展開した（例：永野，1985）。討論授業とはモラルジレンマを含んだ資料（表8-3）をもとにグループで話し合うというもので，このような討論授業を一定期間行うことにより，道徳性が発達することが明らかとされた（Blatt & Kohlberg, 1975）。しかし，討論授業により道徳性を高めることには限界があることも示された。その限界とは，クラス内で公正な討論を行ったとしても学校全体の雰囲気が民主的なものでなければ，討論授業の効果が出ないということであった。そこで，クラス単位ではなく学校全体で包括的に道徳教育を行っていく試みとして，学内にジャストコミュニティが設置された。そこでは，大人の権威が極力排除され，子どもたちが主体となり，学校の決まりを作成し，学校運営がなされおり，その際には学校内の道徳的雰囲気が重視される。現在でもジャストコミュニティは一定の成果を上げているが，学校内において醸成された道徳的雰囲気を学校から社会へどのように一般化していくかについて課題が残されている（Power & Higgins-D'Alessandro, 2008）。

(2) ソーシャルスキルトレーニング

ソーシャルスキルトレーニング（Social Skills Training：SST）とは，子どもの問題行動を性格のせいにしないで，不足しているソーシャルスキルについてトレーニングを通して学び，対人関係上のトラブルを解決する考え方や行動を習得することである。従来，SSTは特定の個人や小集団に焦点が当てられ実施されてきたが，近年では，藤枝・相川（2001）がクラス単位でのSSTの集団実施（Classwide Social Skills Training：CSST）を提案している。

CSSTを行う具体的な手続き（藤枝・相川，2001）は，まず，教師や実践者によってあらかじめCSSTで取り上げる目標スキルの選定が行われる。その際には，学級目標の達成に必要でありながら，今現在，児童に不足している能力がその選定基準となる（例：仲間への入り方）。目標スキルの選定後，各目標スキルについて，2回（1回45分の授業に相当），合計10回のCSSTが計画される。各目標スキルの習得過程（授業2回分に相当）は，①教示，②モデリング，③リハーサル，④フィードバックの順に構成される。その手続きは，①教示：目標スキルへの意識向上を促し，身近な具体的場面において目標スキルを使用する，②モデリング：表現力（表情，声の調子等）を意識し，目標スキル（たとえば，仲間への入り方・仲間への誘い方）をモデリングする，③リハーサル：児童によるモデリングのリハーサルとそれを観察する教師によるフィードバックを行う，④フィードバック：相手や場面が異なっても目標スキルが有効であることの確認を行う，という流れとなる。

CSSTを行った結果として，ソーシャルスキルの低い子どもの得点が高まること（藤枝・相川，2001），「向社会性」が上昇し，「引っ込み思案」が低下すること（渡辺・山本，2003）などが報告される。

5. 道徳の授業はさまざまな立場からどのように取り組まれているのか

小・中学校の「道徳の授業」については大学の教員養成課程の「道徳の指導法」にあたる科目において学ばれる（藤永，2000；永田・藤澤，2010）。具体的に学ばれるのは，道徳教育の意義・目的，歴史，思想，道徳性の発達，学習指導案の作成，模擬授業，評価などであり，通常，半期15回2単位という形

で実施される。しかしながら，この2単位以外に道徳の授業に関するプレミアム科目を設置し，特に模擬授業や授業参観などに力を入れている大学も存在する。子どもの道徳性を適切に育んでいくことが子どもの学業パフォーマンスに影響をおよぼしていること（Narvaez & Lapsley, 2008）からも，道徳の授業の充実・改善について教員養成課程をもつ大学が果たすべき役割は大きいと考えられる。また，大学卒業後も教育委員会や教育センターなどによる研修において道徳教育について学ぶ。

以上のような経験を積みながら教師が小学校あるいは中学校において年間35時間割り当てられた道徳の授業を実施する。同時に，各学校では道徳教育推進教師が置かれ，校長の方針のもと道徳の授業についてリードしていくことが求められている。実際の道徳の授業においては，学習指導案に示される内容項目に関して道徳教材（副読本）をもちいて教師と児童生徒で並行的に授業を進めたり，道徳資料をもとに児童生徒どうしが討論を行ったり，ビデオやDVDを視聴したりといったことが行われる（永田・藤澤，2012）。また，近年では道徳の時間が各科目やキャリア教育，体験学習などと抱き合わせて実施されることもある。たとえば，道徳の内容項目の「勤労」，「感謝」をテーマにした職場体験が地域の企業・大学の協力のもとに実施されることもある。

先述したように，これまで学校内で培われたり育まれたりしてきた道徳性が社会と乖離している場合のあることが指摘されることもある。しかし，地域と学校が連携して道徳の授業を行ったり，東京都の公立小学校・中学校において道徳の授業の一般公開が義務づけられていたりする近年の状況を改めて見直してみると，家庭，学校，行政，社会（企業）はさまざまに異なるかたちで異なる立場から子どもの道徳の授業にかかわることのできる機会に開かれていると言える。道徳はヒトの一生を通じた生き方にかかわるとても重要で大きなテーマである。これまで以上に，さまざまな立場からその方向性や方法論について活発な議論がなされ，子どもにとってより望ましい機会が提供されることを願ってやまない。

【これだけは覚えておこう】
Kohlberg：3水準6段階からなる道徳性の発達段階を提唱。
モラルジレンマディスカッション：モラルジレンマを用いたクラス討論を行う授業。
道徳教育推進教師：各学校において道徳教育を推進する教師。

コラム8　討議をもちいた教育実践――他者視点，共感性は変容するのか

　他者視点とは他者の気持ちを推測したり，他者の気持ちを考えたりする能力のことであり（p.104参照），共感性とは他者の気持ちをその人と同じように感じることのできる能力のことである。これらの能力は私たちが他者とかかわりあいながら生きていく上で必要なものであるだけではなく，道徳性の発達に関連する，あるいは道徳性を規定する要因の一つであると考えられている。

　一方，討議とは合意形成を目標とするタイプの討論手続きであり，討議参加者が互いの異なる意見を調整しようとしていくところにその特長がある（Habermas, 1983, 1992）。藤澤（2010）は，相手の思考に働きかける発話である操作的トランザクション（Berkolwitz & Gibbs, 1983）と定義される発話の中から「統合発話」を取り上げ，話し合いの中で互いの意見を調整しようとする「統合発話」を促すことにより討議が行えることを実証的に示している。その手続きとは，討議場面において，①自分の意見の伝達（討議ペアに自身の考えを伝える），②相手の意見を聞く（自身が討議ペアの意見を聞く），③両者の意見調整（自身とペアの意見を調整する）の3つのステップからなる。教職科目を受講する99名の女子学生を対象として実験群と統制群に分け，実験群の対象者にモラルジレンマ課題を用いた3ステップからなるペア討議を週1回×4週行った。事前テストにおいて両群に有意差はなかったが，4週目の討議経験の後に実施された事後テストでは，統制群よりも実験群において他者視点，共感性の得点が有意に高くなっていた。以上の結果より，他者と意見調整を行うタイプの討議を経験することは他者視点を高めたり，共感性を高めたりすることに関係があることが示唆される。また，他者視点や共感性だけではなく，対人交渉方略（山岸, 1998; p.104参照）に関しても，実験群と統制群では事前テストにおいては有意な差がなかったが，4回の討議経験の後に実施された事後テストでは統制群よ

りも実験群において協調方略得点が有意に高くなっていること，他者変容志向0段階，自己変容志向0段階という低い発達段階の得点が統制群よりも実験群において有意に低くなっていることが示された。よって，討議はヒトと協調的に振る舞う行動を高め，自分の意見を主張するだけであったり，ヒトの意見をそのまま聞いてしまったりするだけであったりする行動を低めることが示唆される。

このように討議にはその特長からヒトの対人行動において協調的に振る舞うという行動を引き起こす教育的効果が示唆される。また，価値観や生活様式の多様化が進む現代社会では，さまざまな意見をもつ人とコンセンサスを探っていくこと，さまざまな異なる意見の中からよりよいソリューションを求めることなど討議に期待される役割は大きいと考えられる（例：藤澤, 2012）。しかしながら，このタイプの研究はまだ始まったばかりであり，ほかの発達年齢においても有効性があるのか，男性や教職をめざす人以外においても有効性があるのかなど残される課題も多い。先述したように，討議に関する実証的証拠はまだ少なく，私たちは討議の仕方についてこれまで十分に学んできているとは言えない（賛成・反対に分かれて話し合うタイプの討論はディベートに相当するので，討議とは異なる）。このような背景から，討議の行い方を子どもたちにどのように伝えていくのかを含めて，今後の討議に関する知見が待たれる。

9 自己と感情の発達

1. 自己とは

> 課題：「私は_____」という文章の_____に自分についての記述を20個自由に書いて下さい。

　この質問は，クーンとマクポートランド（Kuhn & McPartland, 1954）による20の私テストである。「私は大学生である」「私は東京都出身である」など属性を答えた人もいれば，「私は教師を目指している」「私はまじめだ」「私は音楽が好きだ」など個人的な目標や性格，趣味を書いた人もいるだろう。このように「私」，すなわち自己にはさまざまな側面がある。ジェームズ（James, 1890）によれば，自己には「私」について考えている，意識・行為の主体としての自己（主我：I）とその主我（I）によって認識された自己（客我：me）の2つの側面がある。さらに，客我には物質的自己（自分の身体，家族，財産など），社会的自己（他者による印象評価），精神的自己（内的な意識や能力，パーソナリティ）の3種類がある。20の私テストにおける回答は，そのどれかに当てはまっていることだろう。たとえば，太っていて，貧乏（＝物質的自己），「ダメ人間」と思われている（＝社会的自己），せっかちな性格（＝精神的自己）と当てはめることができる。

　こうした自己の認識は，客観的に正しいというわけではなく，あくまでも主観的なものである。太っていると思っていても周囲から見てやせていることもあるし，「ダメ人間」と思っている人でも優れた業績を上げている人はいる。逆に，「自分はすごい」と思っているが，周囲からは「たいしたことはない」と思われていることもある。このような主観的に認識された自己の評価を自尊心（self-esteem）という。自尊心を高めるには，自分が行った行動が社会的規

範や自分の理想と一致しているか，他者と比べて優れていると評価する必要がある。また，自尊心の低下は周囲の他者から拒絶されているかどうかのサインであり，その機能によって他者との関係が良好に保たれ，自尊心が維持される。リアリィとバウマイスター（Leary & Baumeister, 2000）によれば，自尊心は家族や友人，恋人など自分にとって大切な人からどう思われているか監視する装置（ソシオメーター）であり，もし嫌われていると評価されると自尊心が低下し，それが警告サインとなって関係を修復する行動が動機づけられる。たとえば，友だちがあいさつしてくれないと，「何か変かな」と不安に思い自分の行動を内省して，もし相手に悪いことをしていた場合は謝罪して印象を回復しようとする。

　テストで80点をとったときに，「あの人と比べて良かったから，自信がついた」「あの人は90点だから，私はダメだ」など，他者との比較によって自己評価が行われることがある。このように，自分の能力や意見を他者と比較することを社会的比較という（Festinger, 1954）。比較の対象には自分と似た他者がなりやすく，テストのように自分の関心が強い領域において他者が自分よりも優秀だと自己評価が低下し，努力するなど行動調整が行われる。しかし，自分が行っていないスポーツなどで他者が優れた成績を収めると，自分のことのように感じ，自己評価が上がる。また，他者と自己との比較においては，自分より不幸な他者を思い浮かべる下方比較と自分よりも優れた他者を思い浮かべる上方比較があり，それぞれが自尊心の維持に役立つ。下方比較の例としては，リレーの選手に選ばれなかったときに，「他にも選ばれなかった人がいる」と思ったり，勉強ができないときにもっとできない人を馬鹿にしたりすることがある。上方比較の場合は，自分よりも優秀な人をみて，「がんばろう」と思って努力することで，自尊心が維持される。

2. 自己の発達

課題：私たちは，自分を鏡に映すと「自分だ」とわかります。では，そのことがわかるのは何歳からでしょうか。

　鏡を見て自分だと客観的に認識するには，少なくとも自己と他者と区別する

必要があり，生まれてすぐの段階ではできない。自己像の認識について，ルイスとブルック-ガン（Lewis & Brooks-Gunn, 1979）が生後9か月から24か月までの子どもを対象に実験を行っている。実験では，子どもの鼻に赤い口紅をつけて，子どもに鏡に映った自分の姿を見せて鼻に触れるかどうかを確かめた。もし，鼻に触れたら鏡に映っているのが自分だと認識していることになる。実験の結果，生後15か月以降に鼻に触る子どもの割合が増え，生後21か月で多くの子どもが口紅をつけたときに鼻に触れていた。この結果から，少なくとも生後15か月以降でなければ自己の客観視ができないことがわかる。

　新生児でも，人の顔らしいものに関心を向けたり，女性の声に反応しやすいなど養育者の反応を引き出す自発的行動が見られる。生後3週間には，暗闇でイボイボがついたおしゃぶりをしゃぶったあとに，そのおしゃぶりをよく見るようになることから，触覚と視覚の統合という自己の感覚の存在があると主張する研究者も存在する（Meltzof & Borton, 1979）。さらに，微笑にも発達がある（第1章参照）。生後3か月から6か月で，養育者（多くは母親）とそれ以外の人との違いを認識し，養育者を求めて笑ったり，泣いたり，後追いしたりする愛着行動を示す（Bowlby, 1973）。ボウルビィによれば，愛着行動は2歳ぐらいまで活発であり，それにより自分が助けを求めたときにそれに応じてくれるか逆にいやがられるか，放っておかれるかという自己と他者の認知的枠組み（内的作業モデル）が発達する。その後，養育者から離れてさまざまなことを探索し始め，安全基地である養育者のもとに戻るということを繰り返して，養育者以外の対象とも愛着関係を築くことが可能になる。

　自己は，愛着関係のような他者との相互作用の中で形成される。9か月の時点で，乳児（誕生から1歳まで）はまだ明確ではないが，他者の感情や主観を読み取る能力をもち，自分と他者が主観を共有することを体験する（間主観性）。また，生後12か月前後になると社会的参照ができるようになる（第1章参照）。こうした認知的発達により，乳児の段階で母親からほめられると「良い」，怒られると「悪い」ことを理解し，自己評価を行う。幼児期（1歳～6歳）になれば，友だちとの関係においても「他者が自分をどう思っているか」という他者の評価から，自分がどの程度できているかを評価する。スティペック（Stipek, 1995）によれば，生後22か月を過ぎると組み立て玩具を作るのに

成功した後に大人の注意を引こうとする行動が見られるようになり，30か月で誇りを示す行動を示すようになる。この実験は，幼児期でも他者の評価を意識し，自己に関連した感情を表出することを示している。

　自己は幼児期から青年期，さらに老年期に至るまで段階的に発達する。ハーター（Harter, 1985）は，自己にはコンピテンス（潜在能力）の領域とそれについて自己が受容しているか，重要な他者に受容されているかという全般的自己価値の側面があるとし，領域の内容が幼児期から成人期にかけて変化すると述べている。児童期には勉学，運動，容姿といった領域が，青年期には勉学，知性，創造性，仕事，運動，容姿と拡大していくのである。また，自己についても，認知発達と同様に発達段階が考えられている。エリクソン（Erikson, 1982）は，フロイトの精神性発達段階をもとに乳児期から老年期に至る8段階の発達段階を提唱した（表9-1）。乳児期には，泣いたときにおっぱいをもらうなど，世話をしてもらうことが発達課題となっている。世話をしてもらうことで母親との間に基本的な信頼感が築かれるが，泣いても誰も来てくれない，または叩かれるということを経験すると不信感が生じてくる。基本的信頼感は希望という基本的な強さにつながるが，基本的不信感は人を避ける，引きこもりという病理につながる。幼児期に排泄のトレーニングに成功すれば自分でいろいろなことができるという自信がもてるが（自律），失敗すると恥や疑惑を経験する。このように，発達段階に応じて存在する心理・性的な課題ごとに心理・社会的危機があり，それを乗り越えることができると適応的な状態になるが，もし課題を十分にこなすことができなければ病理的な状態となると考えられている。エリクソンの発達段階で特に注目されるのは，青年期の自我同一性（ego identity）である。青年期になると自己意識が発達し，自分らしさ（自我同一性）を探し始める。仲間集団からの評価を意識しながら，いろいろなことに挑戦して，自分に何ができるのか，自分に何ができないのかを模索するのである。このような成人になって働くまでの青年期の猶予期間をモラトリアムという。もしモラトリアム期間に「したいことがみつからない」「したいことについて考えたことがない」など関与すべきものがみつからないと，無気力など不適応な状態に陥る。

表 9-1 エリクソンの心理・社会的発達段階 (Erikson, 1982 より作成)

発達段階	心理・性的な段階と様式	心理・社会的危機	重要な関係の範囲	基本的強さ	中核的病理基本的な不協和傾向
Ⅰ 乳児期 0-1 歳	口唇-呼吸器的,感覚-筋肉運動的（取り入れ的）	基本的信頼 対 基本的不信	母親的人物	希望	引きこもり
Ⅱ 幼児期初期 1-3 歳	肛門-尿道的,筋肉的（把持-排泄的）	自律的 対 恥, 疑惑	親的人物	意志	強迫
Ⅲ 遊戯期 3-6 歳	幼児-性器的,移動的（侵入的,包含的）	自主性 対 罪悪感	基本家族	目的	制止
Ⅳ 学童期 6-12 歳	潜伏期	勤勉性 対 劣等感	「近隣」学校	適格	不活発
Ⅴ 青年期 12-18 歳	思春期	同一性 対 同一性の混乱	仲間集団と外集団：リーダーシップの諸モデル	忠誠	役割拒否
Ⅵ 前成人期 18 歳-35 歳	性器期	親密 対 孤立	友情, 性愛, 競争, 協力関係におけるパートナー	愛	排他性
Ⅶ 成人期 35 歳-60 歳	（子孫を生み出す）	世代性 対 停滞	（分担する）労働と（共有する）家庭	世話	拒否性
Ⅷ 老年期 60 歳-	（感性的モードの普遍化）	統合 対 絶望	「人類」「私の種族」	英知	侮辱

3. 感情とは

課題：この 1 週間で一番強い感情経験を思い出して，できるだけ詳しく書いてください。

　どんな感情を思い出しただろうか。1 週間を思い浮かべてみると，喜び，怒り，恥，罪悪感，嫉妬，妬みなど，さまざまな感情を経験していることがわかるだろう。感情には，さまざまな種類があり，恐怖や怒りなどどの文化でも認識されるものを基本的感情，恥や罪悪感など自己意識に関係しているものを自己意識的感情と区別する。感情の反応には，表出行動，生理的反応，主観的経験がある。また，感情の中でも恐怖，怒り，悲しみ，愛など強い生理的反応や

行動を喚起するものを情動（emotion），倦怠や楽しさなど反応が穏やかで長期間に渡って経験するものを気分（mood）と区別する考えもある。

　感情がどのようにして生起するのかについては，諸説がある。「泣くから悲しい」という生理・身体的反応が感情の主観的経験を引き起こすという考えをジェームズ・ランゲ説という。この考えは，口にペンをくわえると笑顔になり，その結果として喜びを感じるという実験からも証明されている（顔面フィードバック仮説）。また，外界から脳の視床下部などに伝わった刺激と同時期に身体的反応と感情の主観的経験が生じる考えをキャノン・バード説という。この考えは脳神経科学研究につながり，近年では扁桃体に直接情報を伝達するルートと皮質を経由して扁桃体に至るルートがあることなどが明らかにされている。ほかには，状況をどのように評価するかによって経験する感情が異なるという認知的評価説がある。シャクターとシンガー（Schacter & Singer, 1962）は，同じ生理的覚醒の状態でも状況をどう認識させるかで経験する感情が異なることを示す実験を行い，認知的評価が感情の質を決定することを明らかにした。

4. 幼児期から児童期の感情の発達

> 課題：喜び，恐れ，恥，罪悪感はそれぞれ何歳から経験するでしょうか。発生が早い順に並べなさい。

　生まれてからすぐに赤ん坊は泣いているが，決して悲しんでいるわけではない。しかし，生後3か月にもなれば，人の顔を見てうれしい表情をするし，2, 3歳になれば「恥ずかしい」と言って隠れる子どももいる。出生児には興奮だけだった感情表出は，生後3か月で苦痛と歓喜に分化し，さらに苦痛は恐怖，嫌悪，怒りに分化する。さらに，1歳半には客観的に自分を見る能力の発達により照れ（embarrassment），共感，妬みが生じ，2～3歳になり社会的な基準や規則が理解できるようになると誇り，恥，罪悪感を経験するようになる（図9-1；Lewis et al., 1989）。

　感情発達は，身体，認知発達および自己の発達に依存している。怒りを例に見てみると，発達初期における癇癪が，自己主張という怒りの表出の1つと考

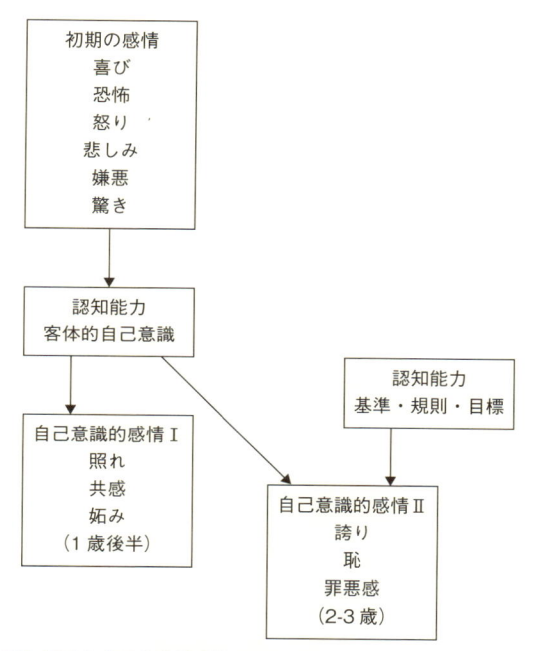

```
┌─────────────┐
│  初期の感情  │
│   喜び      │
│   恐怖      │
│   怒り      │
│   悲しみ    │
│   嫌悪      │
│   驚き      │
└──────┬──────┘
       ↓
┌─────────────┐
│  認知能力   │              ┌─────────────┐
│ 客体的自己意識│              │  認知能力   │
└──┬──────┬───┘              │基準・規則・目標│
   ↓      ↓                  └──────┬──────┘
┌─────────┐   ┌──────────────┐     ↓
│自己意識的感情Ⅰ│  │ 自己意識的感情Ⅱ │←────┘
│  照れ    │  │    誇り      │
│  共感    │  │    恥        │
│  妬み    │  │   罪悪感     │
│ (1歳後半) │  │  (2-3歳)    │
└─────────┘   └──────────────┘
```

図 9-1　認知発達と自己意識的感情の発達モデル (Lewis et al., 1989 を一部改変)

えられる。1歳を過ぎると身体運動スキルや認知的スキルが発達し，親から少し離れて自律的な行動をとったときに，「だめです」「そこにいっちゃだめ」などと言われて，泣く，叫ぶ，蹴るなどの癇癪を起こすようになる。その後，1歳半から2歳にかけて，言語的発達によって言葉で拒否したり，自己主張するようになる。この時期に怒りを伝えたり，交渉できたりするようになるのと同時に，子どもが自分を省みたり，「なぜ自分を怒ったのか」など他者の考えをある程度想像することが可能になり，怒りを制御してより適応的な反応を示すようになる。

　妬みは，自分にもっていないものを相手がもっているときに経験する不快感情である。フランケルとシュリック (Frankel & Sherick, 1977) は，1歳から5歳までの子どもを対象に他の子どもが持っているものをほしいとき（妬みを感じているとき）にどのような行動をとるかを観察した。その結果，1歳半から2歳では他児のものを奪い取るだけなのが，3歳後半になると癇癪を起こすも

のの言語による要求になり，4歳半になると言語的な交渉が可能であった。妬みは他者への怒りへとつながるため，そのコントロールは怒りと同様に，言語スキル，自己の客観視，他者の視点取得の発達により洗練されてくるのである。

ルイスら（Lewis et al., 1989）は恥の一種である照れの発達を明らかにする実験を行っている。実験では，平均で22か月の幼児に気づかれないように鼻の頭に口紅をつけ自己意識の発達の程度を測定した後，見知らぬ女性との対面，自分で鏡に映る，外見をほめられる，踊るように頼まれるという4つの場面で警戒する行動（真剣な顔で声を出さずに視線を避ける），照れる行動（視線をそらして微笑み，身なりを整える）を観察した（図9-2）。見知らぬ人に対しては警戒が多く見られたが，鏡に映った姿，ほめられる，ダンスの誘いについては照れが多くみられ，その照れは自己意識が発達した幼児の方が多く表出していた。この結果は，2歳程度で自己意識が発達していると，照れを経験しうることを示している。

罪悪感は，2，3歳になり社会的規範を知り始め，そうした規範から逸脱したことを意識して経験するようになる。バレットら（Barrett et al., 1993）による実験から，2歳の子どもでも遊んでいた人形が壊れたときに，恥（視線を避ける）と罪悪感（人形を直そうとする，壊れたことを実験者に伝える）を示す行動を見せることがわかっている。さらに，4，5歳になると社会的比較ができるようになり，他者と比べてできないことで恥を経験するようになる。また4歳から6歳になると，子どもは徐々に他者の視点に立つようになり，母親など重要な他者が自分に何をしてもらいたいのか，何をしてほしいのか理解できるようになる。そのためこの時期になると，他者から何かしてもらったときにそれに報いることができないことで罪悪感が生じる。

誇りは，成功したときに「自分ががんばったから」「自分の力がすごかったから」など，成功の原因を自己に帰属したときに経験される。3歳で成功場面において胸を張る，肩を後ろにそらすなどの誇りの表出が観察される。ただし，スティペック（Stipek, 1995）による33か月児を他児と競争させた実験では，微笑むという誇りの表出が他児に負けても見られており，他児との勝敗比較によって誇りを経験するのは43か月（3歳6か月）以降であることが示されている。

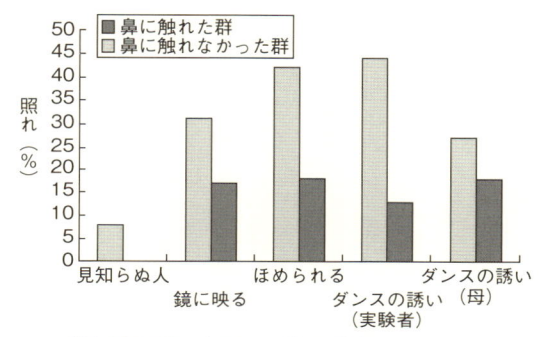

図 9-2　5つの対人場面で照れを示した幼児の割合　(Lewis et al., 1989 より作成)

5. 児童期の感情の発達

> 課題：学校で問題となる「いじめ」の原因となる感情をいくつかあげなさい。

　7歳から12歳の小学校の時期を児童期という。児童期では，学業やスポーツなど特定の領域で自分と他者を比べるようになるが，他者より優れていれば誇りを経験し，高まった自己評価を維持しようとして努力したり，いろいろな活動への動機づけが高まる。しかし，自分にとって重要な領域で他者より劣っているときには，自己向上動機が高まる場合と他者に怒りが向けられる場合がある。たとえば，自分が100点でないのに，自分より劣っていると思っている同級生が100点を取った場合，自分が劣っていることへの恥や，自分がもっていないものをもっていることへの妬みが喚起される。恥には，「変に思われているから，修正しよう」という自己改善行動を喚起するという適応的機能があり，妬みから「羨ましい。あの子のようになるために，頑張ろう」といった自己向上につながることもある。しかし，恥から生じる自分を辱めた他者への怒り，妬みから自分にないものをもっている他者への怒りは，児童期における「いじめ」と関係する。澤田（2005）は，小学生4, 5, 6年生を対象にさまざまな領域における他者の成功に対する妬みと対処行動の関係を調査した。その結果，学業など領域が重要であるほど妬みを感じやすく，妬みを感じやすいほ

ど，悪口を言う，たたくなどの破壊的行動が喚起されることを明らかにしている。

怒りを制御しそこなった場合は，罪悪感を経験し，謝罪や修復行動をすることが求められる。8歳ぐらいまででは「悪いことをした」と思っても，行為がばれないことを望み，罪を告白しようとせず，他者を避けようとする。この時期までは，他者に罰せられるという恐れから問題のある行いを抑制すると考えられる。10歳になると，他者に罰せられるという意識だけでなく，守ろうと思えば守れた規則を破ったことについて他者を傷つけたことに共感することで罪悪感を経験するようになり，謝罪や罪の告白が行われる。また，9，10歳になると友だちが「悪いことをした。ごめんね」という罪悪感を示すと友だちの気持ちを想像して，怒りを低減させるようになる（田村，2009）。

6. 青年期の感情の発達

> 課題：友だちとけんかをしたことを思い出して，そのときどのように対処したか書いて下さい。

青年期は，年齢では12歳から25歳ぐらいまでを指し，中学生から大学生の時期である。中学生，高校生の時期は，第二次性徴による身体的変化を契機に親から心理的に自立しようとして，（心理的離乳）親と異なる意見をもち親からは反抗的にみえることがある（第2反抗期）。また，公的自己意識が最も高まり，友人との社会的比較を最も行いやすい時期でもある。公的自己意識の高まりから，服や化粧などに関心を示すなど外見に気を配り，異性愛が高まる。そのため，「裸を見られた」など恥を感じる状況が児童期と異なってくる。そのように恥をかかないように，迷惑行為を抑制したり，事前に準備したりするなど，恥による行動制御がみられる。罪悪感は，自分だけでなく他者の幸福も考えるようになるなど共感性の発達に従って，より幅広い状況で経験されるようになる。青年期になると，道徳規範の違反についても罪悪感は以前よりも強く感じるようになるが，自分が友人よりも優れていることや恵まれない人と比較して自分が何もできていないこと（傍観者罪悪感）についても罪悪感を経験する。社会的比較の範囲が広がり，学級や文化など集団に対する誇りも経験す

6. 青年期の感情の発達　123

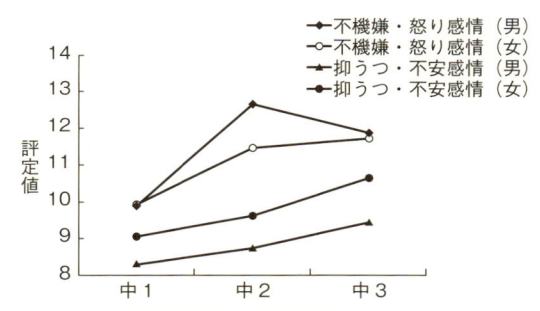

図9-3　中学生における否定的感情の学年別評定値　(嶋田, 1998より作成)

ることが可能になり，集団への誇りを維持するためにいじめなどの問題行動を抑制する。有光（2010）によれば，相手に敬意を払う尊敬という感情も青年期で経験されるが，集団を尊敬したり，集団から尊敬を受けていると，学級の雰囲気が良くなりいじめが減少することがいくつかの研究からわかっている。また，同じぐらいの成績の人に抜かれたときに最も妬みを感じるなど，比較の対象が現実的なライバルに絞られる。このように，他者評価と他者との比較を通じてさまざまな感情を経験し，アイデンティティを確立することが青年期のテーマとなる。

　青年期ではさまざまなことにチャレンジし，何らかの活動で自信がつけばアイデンティティや進路が確定しやすい。しかし，うまくいくことばかりではないため，自信を失い，不安や抑うつ感情が高まり，無気力になってしまうことがある。公的自己意識が高まることで，「失敗するのではないか」「笑われたらおしまい」などの否定的な考えが増えて，他者とのコミュニケーションを回避する傾向が高まることもある。自分がほしい能力をもっている者との比較を行い，妬みや恥，抑うつなどを経験したとき，児童期から青年期にかけて暴力や言葉のような直接的攻撃の代わりに，言葉で要求することができるようになるが（自己主張），一方では間接的な手段を使って「悪口を言う」「仲間はずれにする」など他児がいやがることをする間接的攻撃が行われる。

　怒りや抑うつ，不安感情の発達に関しては，嶋田（1998）が中学生を対象にして，学校生活における先生や友だちとの関係や勉強について身体的反応（頭痛など），抑うつ・不安感情，不機嫌・怒り感情，無気力などのストレス反応

とコーピングを調査し，学年が高くなるとストレス反応が高くなることを示した（図9-3）。また，ストレス反応は学校不適応感を高めており，コーピングの中でも諦めや思考回避はストレス反応を高めるが，積極的対処（例：どのようなことなのかをよく考える）はストレス反応を低めていた。ストレスへの対処は，友だちを励ます，相手の気持ちを考えて話すなど社会的スキルの向上も有効であり，こうした研究の成果を受けて小中学校ではソーシャルスキルトレーニング（第8章，第13章参照）が行われている。

【これだけは覚えておこう】
Bowlby：養育者を安全基地として基本的信頼を得るという愛着理論を提唱。
Erikson：青年期の自我同一性など8段階からなる心理社会発達理論を提唱。
Festinger：他者の意見や能力と比較して自己評価する社会的比較過程を提唱。
自己：自分自身を認識する主我と主我によって認識される客我がある。
ソシオメーター理論：重要な他者からどう思われているかを測定する心的装置として自尊心を位置づける考え。
社会的比較：他者と自分を比較して自己評価をする心的過程で，自分より上位の他者と比較する上方比較と自分より下位の他者と比較する下方比較がある。
コンピテンス：自分の能力（有能さ）に関する認識のことで，学習や自己価値などの側面をもつ。
発達段階：認知，身体，心理などの特徴が変化する年齢時期のまとまりのこと。
基本的信頼感：自分自身が他者から愛されていて，十分信頼に足るものであるという感覚のこと。
自我同一性：青年期の発達課題の一つで，「自分とは何者であるか」「自分らしさ」に関する自己決定，社会における自己の存在意義に関する感覚のこと。
基本的感情：恐怖や怒りなど生存に必要な機能をもつため進化の過程で残ってきた感情のことで，その証拠として文化普遍的に表情表出が認識される。
自己意識的感情：自己意識を介在して喚起される感情のことで，自己評価に関連した恥，罪悪感，誇りと社会的比較に関連した妬み，嫉妬などがある。
感情の認知的評価説：状況をどのように認識するかによって喚起される感

情が異なるという説。
いじめ：当該児童生徒が，一定の人間関係のある者から，心理的，物理的な攻撃を受けたことにより，精神的な苦痛を感じているもの（文部科学省, 2006）。
公的自己意識と私的自己意識：自己意識には，他者評価に注目した公的自己意識と，自分で自分をどう見るかに注目した私的自己意識がある。
共感：援助を必要としている他者を知覚し，同情や憐れみなど他者志向的な感情を経験することで，共感的配慮とも呼ばれる。

コラム9　乳幼児は，他者の感情をどの程度読み取れるのか

　感情の初期発達には，本章で述べてきたような表出や行動という側面だけでなく，他者が示す感情の理解という側面もある。感情には，文化普遍的にその表情が正しく認識される幸福，驚き，怒り，悲しみ，恐怖，嫌悪という6種類の基本的感情がある。キャムラス（Camras & Allison, 1985）は，未就学児から小学校2年生までの子どもに感情経験を表すカード（例：ライオンに追いかけられているが，逃げられない）を呈示し，そのカードが表している感情を言葉で表現するか，表情を示す写真を合わせるという課題を行わせた。その結果，未就学児でも言語でも，表情を合わせる課題でもそれぞれ平均で80％程度の高い正解率を示すことがわかり，4歳までに他者が示す基本的感情を認識しうることが明らかにされた。誇りの非言語的表出は図4に示すように，あごを少し上げ，胸を出して腕を腰に当てる姿勢が典型的である。誇りの非言語的表出は，自己意識が未発達の3歳だと30％程度しか正しく認識されないが，年齢を経るに従って認識率が上がり，7歳で80％を超える（Tracy & Robins, 2005）。

誇りの非言語的表出の例

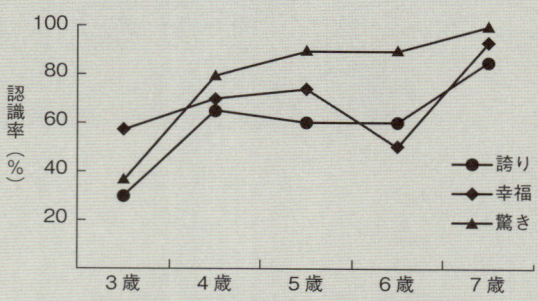

図　3歳から7歳児における誇り，幸福，驚きの表出の認識率
（Tracy & Robins, 2005 より作成）

10 学校適応

1. 学校適応とは

(1) 適応の定義

　心理学における適応 (adjustment) の概念は個人のレベルに適用されることが多く，その意味では適応は「個人と環境の調和的関係」と定義することができる。適応に類似した概念に順応 (adaptation) があるが，順応は「環境の条件に適合するように主体の側に変化を生じること」（北村, 1965）と定義される。一方，適応の概念には環境からの要請に合わせて自分の側を変えるという受動的な面だけでなく，自分の欲求を満たせるように環境側を変えていくという積極的な面も含まれていると言えよう。

　個人がある環境で不適応 (maladjustment) をきたし心的葛藤や欲求不満が生じた場合，人はその不快な状態を回避し心の安定を保つために無意識的にさまざまな手段をとるとされ，それらは防衛機制（適応機制）と呼ばれる。防衛機制には抑圧，退行，反動形成，置き換え，投影，隔離，同一視，合理化，昇華などがあるが，適切な用いられ方がなされない場合には心理的な問題を抱えてしまうことになる。

(2) 学校への適応

　次に，学校への適応についてだが，以下でも見ていくように学校にはさまざまな不適応を抱える児童・生徒が存在する。そして，こうした問題を捉える際にはまず，学校生活に対する心理的適応と社会的適応を区分して捉えることが重要である。学校への心理的適応は，わかりやすく言えば学校生活や学校での自分を肯定的に捉えられているかどうかである。一方，学校への社会的適応

は，児童・生徒の行動が学校環境で求められていることと調和しているかどうかであり，社会的な不適応はさらに反社会的問題行動と非社会的問題行動に区分できる。反社会的問題行動には，周囲に危害を加える行動や，規範を逸脱する行動などが含まれる。非社会的問題行動には，学校では集団活動や協調性が求められる場面が多いが，こうした場面でうまく振る舞えず孤立したり，対人的なかかわりを避けたりすることなどが含まれる。このように，学校適応には大きく心理的適応，社会的適応の2側面があり，単に学校に適応できている，できていないといった視点だけではなく，どちらの側面で困難を抱えているのかも把握しておくことが重要だと言える。

2. 学校適応上の諸問題

(1) いじめ

文部科学省の調査では，いじめは「当該児童・生徒が，一定の人間関係のある者から，心理的，物理的な攻撃を受けたことにより，精神的な苦痛を感じているもの」（文部科学省，2012）と定義されている。同調査によるいじめの現状をみると，2011年における1,000人あたりのいじめの認知件数は中学校が8.6件，小学校が4.8件，高校が1.8件となっており，中学校で最も多くなっている。

深刻な社会問題となっているいじめだが，この問題を理解する際にはいじめ集団の四層構造モデルが参考になる（図10-1）。このモデルにあるように，いじめはいじめる者といじめられる者だけでなく，彼らをとりまくいじめを面白がりはやし立てている者（観衆），いじめを見てみぬふりをしている者（傍観者）も含めて捉えることが重要である。そして，いじめを楽しんでいる観衆はもちろん，傍観者もいじめを黙認していることになり，いじめに歯止めがかからなくなってしまう。傍観者の中からはいじめに歯止めをかける仲裁者が現れることもあるが，日本の場合小学校から中学校へと学年があがるにともない仲裁者が現れにくくなってしまう状況にある（森田，2010）。傍観がいじめを助長する一因になっていることを踏まえると，こうした児童・生徒にも当事者意識をもってもらい，いかに仲裁者を増やしていけるかがいじめの深刻化を防ぐことにつながるだろう。こうした仲裁者を増やす取り組みとしては，たとえば

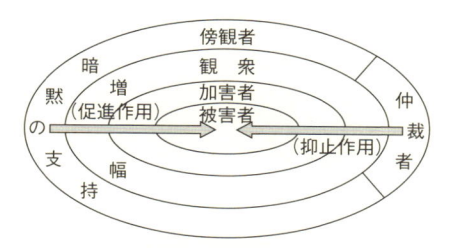

図 10-1 いじめ集団の四層構造モデル （森田, 2010）

児童・生徒どうしによる支援活動であるピアサポート活動などを取り入れていくことが有効だと言える。

また，近年ではインターネット上のいじめも問題視されているが，こうしたいじめは匿名性が高く不特定多数の者が閲覧できることから，いじめている者がわかりにくい，観衆や傍観者の広がりに際限がないといった特徴がある。また，直接被害者の反応を見ることもないため，容易に加害者になってしまいやすいと考えられる。急速にインターネットや携帯電話が広まったことで，こうしたいじめへの対策は追いついておらず，さらなる研究や実践の蓄積が待たれる（ネットいじめを題材とした Appendix 1 を参照）。

(2) 学校における反社会的問題行動

上述のいじめも他者に危害を加えるという点で反社会的問題行動に含まれるが，学校にはそれ以外にも喧嘩，授業妨害，教師への暴力，器物破損，喫煙などさまざまな反社会的問題行動が存在する。こうした行動と密接な関係にある校内暴力の発生件数（文部科学省, 2012）をみると，1,000人あたりの発生件数が小学校で 1.0 件，中学校で 9.9 件，高校で 2.5 件となっており，中学校において突出して高くなっている。もし，こうした行動が児童・生徒の間に広まり継続されることになれば学級崩壊や学校全体の荒れにつながってしまうと言える。

反社会的問題行動については多くの研究がなされてきたが，加藤（2007）はこうした研究を，個人の側に注目したものと，学校環境や児童・生徒と学校環境の関係性に注目したものの 2 つに分類している。そして，前者では問題行動

が個人の攻撃性やストレスなどから説明されるのに対し，後者では問題行動は他生徒や教師との関係性，生徒文化などから説明される。学校内の反社会的問題行動を考えてみると，そこには個人の心理的問題から問題行動を起こすケースもあるが，心理的な問題がなくても周囲からの影響で問題を起こしてしまうケースも少なくない。一般的に問題行動は個人に原因が帰属されやすいが，個人の側からのみではなく周囲との関係性の中で問題を理解できる視点をもっておくことが必要だろう。先の加藤（2007）は，問題行動を起こしていない一般生徒と教師の関係が悪化し彼らに反学校的な文化が形成されることが，学校や学級の荒れの継続につながることを示しているが，このように集団レベルでの問題行動を捉える際には特に周囲との関係性という視点が重要になるだろう。

(3) 不 登 校

　文部科学省（2012）によると不登校は，「何らかの心理的，情緒的，身体的，あるいは社会的要因・背景により，児童生徒が登校しないあるいはしたくともできない状況（病気や経済的理由によるものを除く）にあり，年間に連続または断続して30日以上欠席した児童・生徒」と定義されている。図10-2は不登校の割合の推移を示したものであるが，1991年と比べると中学生において増加が顕著であり，2011年時点では2.64％（約38人に1人）の生徒が不登校となっている。

　一言に不登校といってもそのきっかけは多様であり，個々の背景に応じた対応が必要になる。不登校を支援する学校内の場としては相談室や保健室があり，スクールカウンセラーや養護教諭，教育相談担当の教師などが支援を行っている。具体的には，たとえば保健室・相談室への登校，家庭への連絡や訪問，学校環境の調整といった対応がなされている。学校外の支援の場としては，教育支援センター（適応指導教室），児童相談所，医療機関，フリースクールなどがある。教育支援センターは教育委員会によって設置される公的な機関であり，不登校児童・生徒を対象に教科指導や体験活動，カウンセリングなどが行われている。一方，民間施設でこうした活動を行っているのがフリースクールである。具体的な活動内容はフリースクールの方針によってさまざまであるが，児童・生徒の意志を尊重した活動がなされる場合が多い。

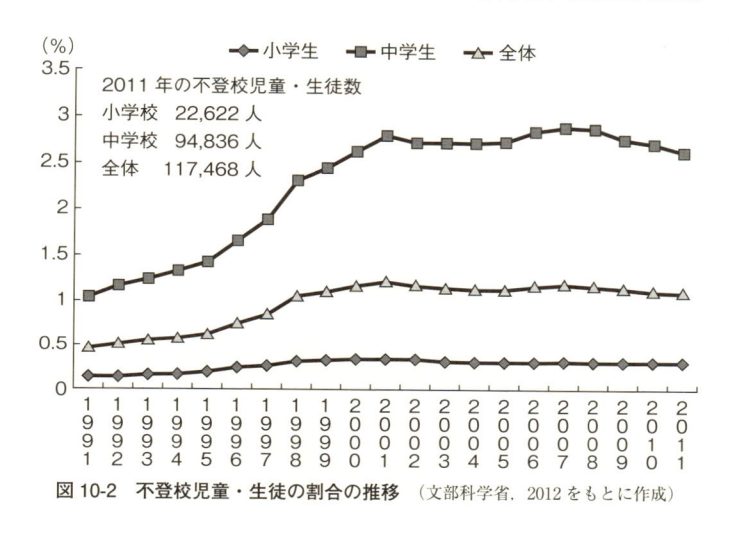

図10-2 不登校児童・生徒の割合の推移 （文部科学省，2012をもとに作成）

　ところで，不登校の当事者の視点から問題を考えてみると，当事者は必ずしも不登校を否定的に捉えているわけではない。実際に過去に不登校を経験した者を対象に実施した調査では，28％が不登校経験を「むしろよかった」と答えており，20歳の時点で大学等に通っていたり就労し自立しているものも少なくないことが示されている（森田，2003）。このことを踏まえると，個人の発達という観点からは，学校内か学校外かにかかわらず，社会での自立につながるコンピテンス（環境に対して効果的に働きかけられる力）を獲得できる場のあることが重要だと言えよう。ただし，同調査では不登校経験者の23％が20歳時点で就業も就学もしていないことが示されており，引きこもりに移行してしまう青年も多いといえる。この背景には，不登校に対する義務教育終了後の支援の場が限られていることがあげられる。そのため，不登校の支援については，義務教育後も視野に入れた包括的な対策が求められていると言えよう。

3. 特別支援教育における発達障害児童・生徒と学校適応

(1) 通常学級の中の発達障害児童・生徒

　障害をもつ児童・生徒の教育をめぐっては2007年から特別支援教育が実施さ

れることとなった。特別支援教育とは，障害をもつ幼児・児童・生徒の自立や社会参加にむけて，一人ひとりの教育的ニーズを把握し，生活や学習上の困難を乗り越えられるよう指導や支援を行う教育のことであり，従来の特殊教育で対象とされてきた障害に加え，知的な問題のない発達障害（学習障害，注意欠陥多動性障害，高機能自閉症）も対象とされるようになった（文部科学省，2003）。

　この特別支援教育の中で，現在学校現場の関心が高い問題の一つに発達障害がある。発達障害は育て方が原因ではなく，中枢神経系に何らかの問題があると考えられており，文部科学省が2012年に行った調査によると，通常学級の児童・生徒の6.5％に発達障害の疑いがあるとされている。発達障害に対する認知は以前に比べ広がってきているものの，40人学級に2～3人いるとされる発達障害児童・生徒にきめ細かく対応することは現在の学校の体制では容易でないことから，障害に気づいていても十分な対応ができていないケースが少なくない。また，発達障害は障害の表れ方が多様であり，一見しただけではわかりにくいことから，そもそも障害に気づかれず対応がなされていない場合もある。以下でみていくように，発達障害の児童・生徒はあくまで部分的に苦手な面があるのであり，周囲の理解があり適切な支援があれば通常学級で適応的にすごすことができる。しかし，こうしたことが難しい状況では，学業面や対人面などで困難を抱え，不適応に陥ってしまう危険性が高くなってしまうと言えよう。

(2) 学習障害（LD：Learning Disabilities あるいは Learning Disorders）

　学習障害はLDとも言われ，「基本的には全般的な知的発達に遅れはないが，聞く，話す，読む，書く，計算する又は推論する能力のうち特定のものの習得と使用に著しい困難を示す様々な状態を指す」（文部科学省，1999）と定義されている。この定義にあるように，学習障害の児童・生徒は全体としての知能に問題はなく困難のある領域が部分的であることや，児童・生徒によって困難な領域が異なることなどから，周囲が障害ゆえにできないことに気づきにくく，本人の努力不足ややる気の問題とみなされがちである。一方，学習障害の児童・生徒の側から考えると，彼らは学習面でつまずくことで学業不振や勉強嫌いに陥りやすいだけでなく，周囲と同じようにうまくできないことで自尊心

が低下するという心理的な問題も抱えやすい。

　こうした学習障害の児童・生徒に対しては，彼らが理解できるように指導方法を工夫することが，学習面での困難の改善につながる。たとえば，読むことに困難がある児童・生徒の場合であれば，教科書や配布物の文字を拡大して印刷する，文章の行と行の間隔を広くするといった工夫をすることなどがあげられる。通常学級の中で学習障害の児童・生徒の指導を行う際には，こうした個別的な配慮が重要になる。また，学習面以外では，彼らの苦手な側面だけに注目するのではなく，得意あるいは興味のある領域に注目し，その部分を伸ばしていけるような支援を行うことが，自尊心を高めることにつながるだろう。

(3) 注意欠陥多動性障害（ADHD：Attention-Deficit / Hyperactivity Disorder）

　注意欠陥多動性障害はADHDとも言われ（以下，ADHD），「年齢あるいは発達に不釣り合いな注意力，及び／又は衝動性，多動性を特徴とする行動の障害で，社会的な活動や学業の機能に支障をきたすもの」（文部科学省，2003）と定義されている。ADHDの児童・生徒は，たとえば不注意から忘れ物をする，衝動的な言動によって周囲とトラブルを起こす，多動でじっと座っていられないといった行動をとりやすく，教師や親から叱責される経験が多くなりがちである。こうした行動は必ずしも本人に悪気があるわけではないのだが，周囲から障害であることに気づかれないまま怒られる経験が積み重なることで，次第に周囲に対して攻撃的・反抗的になっていったり，自分に自信をなくしていってしまう危険性がある。また，気が散りやすく落ち着いて学習に取り組みにくいことから，学習面での困難を抱えることも少なくない。

　ADHDの児童・生徒に対する対応についてはさまざまな方法が考えられるが，たとえば，授業場面などで落ち着いていられない場合には，本人の気が散らないよう教室内の不要な刺激を減らしたり，集中が切れてきたら指名したり仕事をあたえるなどの対応が考えられる。もちろん，注意するという指導が必要な場合はあるが，どうすれば問題が生じにくくなる状況をつくれるのか，どうすれば問題とされる行動を別の行動に置き換えていけるのかという姿勢で対応していくことが，ADHDの児童・生徒の適応を支援する上で肝要である。

(4) 高機能自閉症

　高機能自閉症は,「3歳位までに現れ,①他人との社会的関係の形成の困難さ,②言葉の発達の遅れ,③興味や関心が狭く特定のものにこだわることを特徴とする行動の障害である自閉症のうち,知的発達の遅れを伴わないもの」(文部科学省,2003)と定義される。高機能とは知的な障害がないということで,平均以上に知能が高いという意味ではない。また,アメリカ精神医学会の診断基準であるDSM-Ⅳでは,自閉症(自閉性障害)は広汎性発達障害の一つに含まれ,アスペルガー障害(症候群)なども広汎性発達障害に含まれる。学校現場では高機能自閉症,アスペルガー障害,広汎性発達障害とさまざまな診断名が出てくるため混乱しやすいが,診断名が異なっていても対人面,コミュニケーション面,情緒面での困難というこれらの障害に共通する特徴を理解しておくことが重要である。

　高機能自閉症の児童・生徒はスムーズな意思疎通が難しいことや奇異な言動などから周囲から孤立しがちであり,いじめの対象となってしまうこともある。こうした児童・生徒を支援する際には,まず彼らの物事の捉え方や感じ方が周囲とは異なっていることを理解し,それを彼ららしさとして受け入れる雰囲気をつくっていくことが重要になる。その上で,たとえば視覚的な手がかりを用いながら指示をする,何をすべきかが曖昧な状況を避けるといった環境の調整を行ったり,ソーシャルスキルトレーニングを取り入れ人とのかかわり方のバリエーションを増やしていくといった支援を行うことが有効だろう。

4. 児童・生徒の適応支援

(1) 支援のレベル

　児童・生徒の適応にかかわる支援のあり方には,石隈(1999)にもとづけば次の3つの水準がある。まず,一次的援助サービスであるが,これはすべての児童・生徒を対象にした支援であり,入学時の適応の支援や学習面・対人面でのスキルの開発などを通して,児童・生徒の適応や発達を促進することをめざすものと言える。次に,二次的援助サービスとは,不適応傾向にありこのままでは深刻な不適応に陥ってしまうリスクのある児童・生徒を対象にした支援で

あり，問題が悪化する前に予防することを志向するものである。最後に，三次的援助サービスとは，すでに不適応に陥り困難を抱えている児童・生徒を対象にした支援であり，彼らの問題に対応し改善することを目的としている。

不適応状態にある児童・生徒への支援はもちろん重要であるが，深刻ないじめが自殺を招いてしまうことや，不登校が長期化しやすいことなどを踏まえると，不適応を未然に防ぐ二次的援助や，不適応を生じにくくする土壌をつくる一次的援助を促進していくことがより一層求められていると言えよう。

(2) 支援にかかわる専門家

児童・生徒の適応を支援する専門家としては，スクールカウンセラー（以下，SC）があげられる。SCは心理臨床の専門家であり，適応上の問題を抱えた児童・生徒のアセスメントやカウンセリングを行う。また，教師や保護者に対するコンサルテーションもSCの重要な役割の一つである。コンサルテーションとはある領域の専門家（たとえば，教育の専門家である教師）が自分の専門性だけでは被援助者（たとえば，心理的な問題を抱えた生徒）にうまく対応できない場合，別の専門家（たとえば，心理臨床の専門家であるSC）からアドバイスを受けるという専門家どうしの関係のことである。そして，児童・生徒に効果的な支援を行うためにはSCのみで支援にあたるのではなく，関係する教師，保護者との関係構築・連携が必要だと言える。ただ，学校によってSCの位置づけやSCが担う役割にはばらつきがあり，こうした連携がうまくできていないケースも存在する。この背景には，ほとんどのSCが非常勤であり勤務日数が限られているという制度上の問題も関係していよう。必要な児童・生徒に支援が行き届くよう，学校組織の中にSCがきちんと位置づけられていくことが求められる。

また，SC以外の専門家に関しては文部科学省が2008年からスクールソーシャルワーカー（以下，SSW）活用事業を展開している。SSWは児童・生徒のアセスメントやカウンセリングを行うこともありSCと役割が重なる部分もあるが，SSWでは困難を抱えた児童・生徒が置かれている環境面への働きかけが重視されている。児童・生徒への支援においては学校内における心理・行動面への支援とともに，学校外の関係機関との連携・調整も重要であり，SSW

にはこうした学校と学校外をつなぐ役割として，今後の活躍が期待されている。

【これだけは覚えておこう】
防衛機制：葛藤や欲求不満を回避し心理的な安定を得るための心の働き。
反社会的問題行動：周囲に危害を加える行動や規範を逸脱した行動。
非社会的問題行動：他者とうまくかかわれなかったり他者を避けたりするような行動。
いじめ：一定の人間関係のある者から心理的・物理的な攻撃を受け精神的な苦痛を感じていること。
不登校：さまざまな理由で年間 30 日以上欠席していること。病気・経済的理由によるものは除く。
特別支援教育：障害児の自立や社会参加に向けて個々のニーズにあった指導や支援を行う教育。
発達障害：自閉症，アスペルガー症候群その他の広汎性発達障害，学習障害，注意欠陥多動性障害その他これに類する脳機能障害であってその症状が通常低年齢において発現するもの。

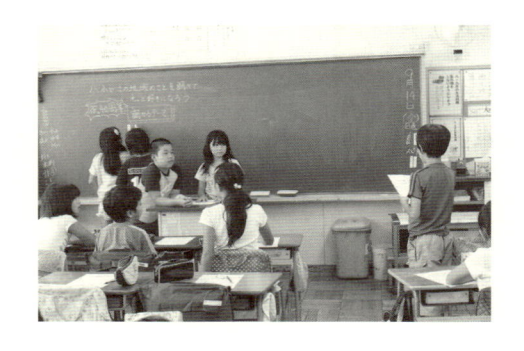

コラム10　児童・生徒によって異なる適応の支え

　友人関係，教師との関係，学業など学校生活にはさまざまな側面が存在する。もちろん，すべての領域でうまく振る舞えることが理想的だが，現実的にはそうした児童・生徒は多くない。それでは理想的な児童・生徒以外は学校不適応かと言えばそうではないだろう。実際の児童・生徒は学校生活の中で多少うまくいかない領域があったとしても，それ以外のうまく振る舞える領域を「適応の支え」とすることで，学校生活をすごしているのではないだろうか。学校生活の中に適応の支えとなるものが見いだせない，あるいはある領域での困難が学校生活をすごす上で支障をきたすほど問題化している場合に，それは学校に適応できていないということになるだろう。

　それでは，こうした適応の支えとなる領域はどのように捉えられるのだろうか。図1は学校生活の諸領域をいくつかの観点から整理したものであるが，この図に従えば学校生活にはまず，すべての児童・生徒が経験する学校生活における一般的な領域が存在する。そして，この一般的な領域はさらに，児童・生徒どうしの横のつながりに関する生徒関係的側面と，教員や学校組織が児童・生徒に教育や指導を行う縦の側面である教育指導的側面に区分することができる（岡田，2012a）。一方，学校生活にはすべての児童・生徒が経験するわけではない特殊な領域も存在しており，これには部活動やクラブ活動，生徒会や委員会活動，相談室での活動等が含まれる。

　次に，適応の支えという視点から諸領域と学校適応の関係について考えてみよう。まず，学校生活における一般的な領域に関してだが，岡田（2012a）は教育指導的側面と生徒関係的側面でうまく振る舞えているかどうかにもとづき生徒を分類し，学校への心理社会的適応との関係について検

```
┌─────────── 学校生活の諸領域 ───────────┐
│ ┌─ 一般的な領域 ─────┐ ┌── 特殊な領域 ──┐ │
│ │ ・教育指導的側面    │ │ ・部活動，クラブ活動│ │
│ │  「学業」         │ │              │ │
│ │  「教師との関係」   │ │ ・委員会，生徒会  │ │
│ │  「進路指導」      │ │              │ │
│ │  「学校の規則」 など │ │ ・相談室での活動  │ │
│ │ ・生徒関係的側面    │ │              │ │
│ │  「友人関係」      │ │              │ │
│ │  「クラスメイトとの関係」│ │         など │ │
│ │  「他学年との関係」 など│ │              │ │
│ └──────────────┘ └──────────┘ │
└──────────────────────────────┘
```

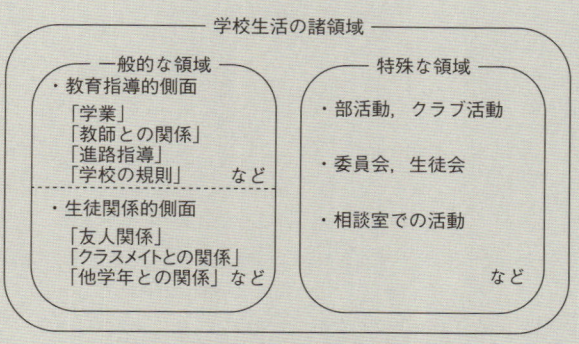

図1　学校生活における諸領域の区分

討している。その結果，両方の側面でうまくいっている生徒が最も適応的であること，どちらか一方の側面でうまくいっている生徒は，両側面ともうまくいっていない生徒よりも適応的であることが示された。つまり，教育指導的側面，もしくは生徒関係的側面のみでうまくいっている生徒は，その側面が学校適応の支えになっているものと考えられる。ただし，教育指導的側面のみでうまくいっている生徒は孤立傾向が高い，生徒関係的側面のみでうまくいっている生徒は反社会的傾向が高いといった結果も得られ，どちらか一方の側面だけでは社会的適応の支えとしては十分でないことも示された。学校生活における特殊な領域に関しては，たとえば部活動と学校適応の関係について検討したものがある。岡田（2009）では，部活動への参加形態やコミットメントの強さから生徒が区分されており，分析の結果，運動部・文化部に限らず部活動に積極的に参加している生徒は，部活動に積極的でない生徒や無所属の生徒に比べ，学校への心理的適応が高いことが示された。そのため，こうした生徒にとっては部活動が学校適応の支えとして機能していると言えよう。また，学内相談室での活動に注目した研究もなされており，所属する学級でうまく振る舞えず学校適応上の困難を抱えやすい生徒にとって，相談室における活動や他生徒との関係が学校適応の支えとなることが示唆されている（岡田，2007）。

　以上のことから，学校生活にはさまざまな領域が存在するが，適応の支えとなるものは児童・生徒によって異なると言えよう。こうした違いが生じる背景に関して，岡田（2012b）は縦断的な研究から，生徒はある領域を重視しているからその領域でうまく振る舞えるようになるのではなく，うまく振る舞える領域を重視するようになることを示している。つまり，彼らは「重要だから」ではなく「うまくいっているから」という理由を起点とし，うまく振る舞える領域を重視しそれを適応の支えとすることで学校生活をすごしていると考えられる。このように考えると，不適応の支援という観点からは，まずはその児童・生徒がうまく振る舞える領域を理解し，適応の支えを見つけられるよう支援していくことが重要になるのではないだろうか。

Appendix 1　ネットいじめを題材とした道徳学習指導案
　　　　　　　—小学校第5学年を対象に

1．主題名　よりよい友達になるために　2－（3）友情・信頼

2．ねらいと資料
　　ねらい：友達を正しく理解し，互いに高め合える信頼関係を築こうとする心情を育
　　　　　てる。
　　資　料：知らない間の出来事（小学校道徳　読み物資料集　平成23年度文部科学省）

3．主題設定の理由
（1）ねらいとする価値について
　児童にとって友達は，共に豊かに生きるための存在として，成長とともにその影響力を増していく。高学年になると思春期を迎え，悩みも増えてくる。そのような時期だからこそ，お互いを信頼し合い，磨き合い，高め合えるような健全な友達関係を築いていくことが求められる。
　以上のような友達とのよりよいかかわりは，昔も今も児童にとって大きな問題であるが，情報機器の発達によってその問題が変化してきている。携帯電話やメールの登場により，便利なかかわり方もできると同時に陰湿な問題に発展することも見られてきた。
　これからの社会を生きる児童には，情報機器や情報の扱いに振り回されることなく，友達を正しく理解して信頼し，お互いを高め合える関係を築いていく力を育てていく必要がある。本時は学校教育で広く行われている友達とのかかわりについての道徳教育を深化し，じっくりと考える一時間にしたい。

（2）児童の実態について
　男女仲は大変よく，誰とでも仲良く，笑顔で生活することができている。学習にも協力しながら前向きに取り組み，学び合いの楽しさを実感しているようである。携帯電話を持っている児童は少なく（13/34）情報機器の扱いなどについては，カリキュラムの中で学習してきているが，実感をもって情報機器のよさも課題も理解できている児童は少ない。そこで本時は，これから出会うであろう，情報機器を通した問題を通して，友達とのよりよいかかわりの仕方について考え，日々の道徳教育を深化させていきたい。

（3）資料について
　みかは，転校生のあゆみと仲良くなりたいと思い，声をかける。しかし，あゆみは携帯電話を持っていなかった。それを「ケータイを持っていない→友達が少ないかも」と他の友達にメールしてしまうみか。そのメールが尾ひれをつけて広まり「あゆみはいじめられて転校してきた」と，クラスに広まってしまう。二人の少女の，それぞれの回想を中心に話が進行していくので，それぞれの立場に立って児童は考えていきやすい。情報モラルについて扱っており，情報機器の誤った使い方によって根も葉もないことが広

まってしまう恐ろしさを感じるとともに，友達とのあるべきかかわり方などについても多様に児童の考えを引き出していける資料である。その際に留意したいのは，情報モラルについても考える中で，しっかりとねらいとする価値についての考えを深めていくことである。

また，二つの立場から描かれている資料の特性を生かして，あゆみとみか，二人に十分に共感させることで，児童の友達に対する感じ方，考え方を表出させていきたい。

4．本時の展開
(1) ねらい
友達を正しく理解し，互いに高め合える信頼関係を築こうとする心情を育てる。
(2) 展開

	学習活動（○主な発問と・予想される児童の考え）	◇留意点
導入	1．資料についての理解を深め，学習意欲を高める。 ○携帯電話のメールについて，どんなよさと難しさがあるか。	◇メールの特質について，説明し，学習事項への理解を深める。
展開前段	2．資料を読んで，情報モラルを通した友達とのよりよいかかわり方について考える。 ①根も葉もないことをメールで流されたあゆみは，どんな気持ちになったか。 ・誰がこんなことを広めたのだろう。 ・事実じゃないのに。 ・本当に友達ができなくなってしまう。 ・どうしたらいいの。 ②みかは「～これは推測だけど」と，どんな思いでメールをしたのか。 ・自分たちとは違うから，知らせたい。 ・みんな驚くだろう。 ・きっと友達が少ないんだろう。 ③自分のメールが間違ったことを広めてしまったみかは，心の中で何を思ったのか。 （中心発問） ・取り返しのつかないことをしてしまった。 ・なんて謝ったらいいんだろう。 ・こんなことをしても友達になれるか，心配。 ・不確かなことを知らせないようにしよう。	◇あゆみへの共感を通して，身に覚えのないことが広がっている怖さについて考え，問題点へ視点を向ける。 ◇推測でうわさを広げるみかへの共感を通して，配慮のない行為をしてしまうような弱さ，人間理解を深める。 ◇①と②の考えは板書で原因と結果のように比較し，児童の思考を助ける。 ◇情報リテラシーへの考えを深めながら，友達のことを真に思って行動することの大切さを考えることで，価値理解を深める。 ◇反省の思いのみが出される場合は，「やってしまったことへの

	・あゆみさんを傷つけないようにメールをしたい。 ・携帯がなくても，仲良くできるはず。	思いだけか」と聞き，前向きな関係を築いていくことへの視点をもたせる。
後段	3. 自分とのかかわりで考えを深める。 ●これから友達とのかかわりが広がっていく中で，どんなことを大切にしていきたいと思うか。 ・相手の気持ちを考えて，メールをするならもっと仲良くなるような関係にしたい。 ・お互いのことはちゃんと話し合って知るようにしたい。 ・ずっと仲良くいられるよう，間違ったことは他の人に広めないようにしたい。	◇前段での話し合いを，自分のあり方，生き方に照らして考えを深めていく。 ◇ワークシートに「考えたこと」と，「それにまつわる経験」ように，自分の考えとそれにもとづいた振り返りを行う。 ◇グループで話し合い，他者理解をさらに深める。
終末	4. 学習のまとめをする。 ○教師の説話を聞く。	◇落ち着いた雰囲気でまとめる。

(3) 評　　価
- あゆみやみかへの共感を通して，友達との信頼関係づくりについての考えを深めることができたか。
- 友達とのよりよい関係づくりについて，自己を正しく振り返り，今後に生かそうとすることができたか。

5. 授業記録
(1) 板　　書

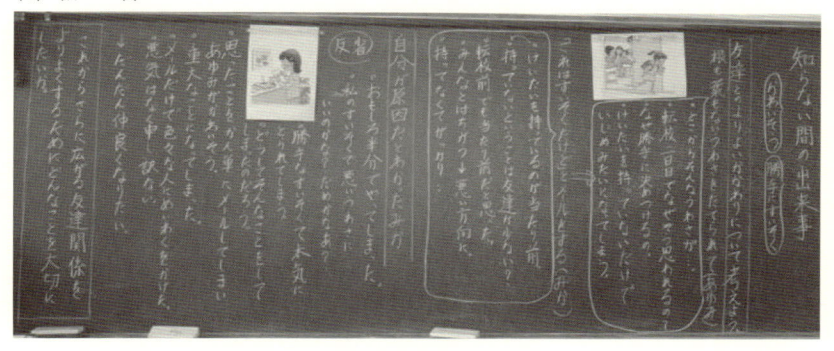

(2) 授業記録（中心発問を抜粋，番号は授業全体を通しての発言の回数順）
中心発問
T 09：さあ，そこまでうわさが広まってしまって，みかさんはその原因が自分だとい

うことに気づいたのですね。そしてあゆみさんに電話をかけようとします。その気づきから，電話をかけるまで，いったいみかさんはどんなことを考えていたと思いますか。
C 15：面白半分でやってしまった。かわいそうなことをしてしまい，反省していると思います。
C 16：私の推測でこんなに悪いうわさが広っちゃった。あゆみさんに申し訳ない。
C 17：いいのかな？　悪いのかな？　迷いながらメールをしたけど，こんなことになってしまって反省。
C 18：私の勝手な推測が，みんなに本気に取られてしまった。やってはいけないことをしてしまった。
C 19：どうしてこんなことをしてしまったの？
C 20：思ったことを，簡単にメールに載せてしまった。あゆみさんがかわいそう。
C 21：重大なことになってしまい，悪いことをしたなあ。
C 22：私のメール一つで，たくさんの人に迷惑をかけてしまった。どうしよう。
C 23：悪気はなかったんだけど，傷つけてしまった。申し訳ない。
T 10：みなさん，しっかりと考えられていますね。すばらしい。自分のしたことを振り返り，とても反省していることがさまざまにわかりました。でも，ここで考えていたのは，この反省だけかな？
C 24：あゆみさんに謝って仲良くなりたいと思っていると思います。
T 11：なるほど。もともとは仲良くなりたかったんだもんね。
C 25：急には仲良くなれないと思うけど，正直に話して，だんだん仲良くなっていけばいいと思う。

自分とのかかわりで考える

T 12：そうですね。友達と仲良くなっていくために，ここから話が始まったのでした。はい，みなさんはあゆみさんやみかさんの思いについて，良く考えられましたね。すばらしい。今日はあゆみさんとみかさんとの出来事だったけど，話し合う中で自分自身にも重なったり，考えたりすることがあったと思います。今日，みんなで考えて話し合ったことをもとに考えてみてください。みんなの友達関係はこれからどんどん広がり，深くなっていきます。喜びも悩みも増えていくでしょう。そんな中で，友達とよりよい関係を築いていくために，どんなことを大切にしたいと思いますか。それとかかわった経験も一緒に，書いてまとめてみましょう。

~書く活動~

T 13：では，どんなことを考えた

C 26：友達を信じることです。そして，冗談でも嘘をつかないようにしようと思いました。
C 27：悪いことをしてしまったら，謝る。
T 14：どうしてそう思ったの？
C 28：前，自分から謝ったことがある。喧嘩をしてしまうと，一日いらいらする。で，謝ったらすっきりした。すぐに謝った方がいい。
C 29：ちょっとしたことから，いじめやいやがらせにつながってしまう。だから，ちょっとしたことでも，友達を傷つけるようなことは絶対にやらないようにしたい。
C 30：ぼくは信頼が大切だと思います。どんなときでも一緒に行動していれば，仲良くなるし，仲直りもしやすいから。
C 31：約束は破らないこと。自分がやってしまったこともあるし，自分がやられて悲しかったことがあるから。
C 32：相手を責め過ぎない。大ごとにしてしまうより，反省点を見つけて，解決していきたい。
T 15：みんな，自分の経験や思いから，大事なことに気づけたり考えたりできていますね。すごい。友達の考えも勉強になります。情報機器にかかわって考えた人はいますか。
C 33：メールはいじめにもつながる。知らないうちに悪口は広がってしまう。人の悪口やいじめについては，絶対に書かない。
C 34：携帯はいい面も悪い面もあるので，携帯や物を使って仲良くなるのではなくて，心と心でつながることが必要だと思います。心がちゃんとした大人にならないと，使ってはいけないと思います。
C 35：注意しながらメールをし，友達とのかかわりを大切にする。注意してやらないで適当にやっていると，変なことを書いてしまい失礼だから。
T 16：とても大切なことですね。今日もいじめについては何人もの友達が気にかけて考えていました。そういう思いを大切にして，みんなでいじめを許さない人になっていってね。

児童が考えた「これから広がる友達関係をよりよくするために大切にしたいこと」（一部）
児童A：友達関係をよくするにはケータイや物を使って仲良くするのではなくて，心と心でつながっていれば，ごちゃごちゃするようなことはなくなると思います。ケータイなどはいい面と悪い面があるので，いじめやいつの間にか本当でないことも流すことができるので，まずは心と心でつながらないといけないと思います。ケータイは本人にはわからないところもできるので，心の中がちゃんとした大人にならないで使うのはいけないと思います。
児童B：ちょっとしたことからいじめへと発展していく。だから重大なことでなければやっても……という考えをなくしていかなければならないと思う。そうしない

といじめは減らない。
児童C：メールは悪口を絶対に書いてはいけないものだから，人の名前は書かない。メールでの一言は表情がないから，嫌われているなどの思い込みがあるから，理由など，絵文字などを書いて，いつも仲良しということを伝えていかなければならないと思う。
児童D：大人になれば携帯電話を使う機会が増えるし，友達も増えるから，携帯を使うときは注意しながらメールをし，友達とのかかわりを大切にする。理由は携帯を使うときに注意してやらないで適当にやっていると，変なことを書いてしまい失礼だから。また，友達とのかかわりを大切にしないと困ったとき助けてもらえないから。
※このほか，34人全員が，自分のことばで「大切にしたいこと」を表現できていた。

Appendix 2　いじめを題材とした道徳学習指導案
　　　　　　　―中学校第1学年を対象に

1. 資料名　鬼塚房子著　「松本君への手紙」（出典：『キラリ☆道徳①』　正進社）

2. 主題名　内容項目C〔公正・公平・社会正義〕

3. ねらいと資料

　　ねらい：正義を重んじ，差別や偏見のない態度を育てる。
　　資料のあらすじ：　ある日の休み時間，クラスのみんなに恐れられているいじめっ子・武藤君が気弱で口数の少ない池田君に何かどなっている。その後も武藤君のいじわるはエスカレートするばかり。そこに，それまで黙っていた松本君が「やめろよ！」と声をあげる。その後，2人は取っ組み合いに。その2，3日後，松本君のもとに差出人の書かれていない一通の手紙が届く。そこには松本君の勇気と正義感を称賛する内容が書かれていた。

4. 主題設定の理由

　　中学生の時期は徐々に心理や正義に対する意識に目覚め，不正を憎み，正そうとする気持ちも高まりを見せる。しかし，一方で自己の利害を優先し，自分に関係のないことにはかかわらないという姿勢も見られる。
　　このような中学生の心を理解し，社会の一員としての自覚のもとに自分の立場のみに閉じこもらず，他者，特に弱者に目を向け，正義を重んじ，不正に断固とした意思表示をする勇気をもつことを考えさせたい。このような気持ちをもつことで，よりよい社会を実現するのだという意欲を喚起させたい。以上の理由から，本主題を設定した。

指導計画　第1時

	◆学習活動（主な発問と予想される生徒の反応）	◎指導上の留意点　★評価
導入	◆差別やいじめについてのアンケート結果を見て話し合う。 ○「差別・いじめ・偏見などで嫌な思いをしたことがありますか」→うちのクラスにはいじめはないと思っていたけど，嫌な思いをしている人がいるのか。 ○「他の人が上記のような嫌がらせを受けている場面を見たことがありますか」→このままじゃいけないな。	◎事前に差別・いじめ等にかかわるアンケート調査を行い，生徒の実態をつかむ。いじめがあると答えた人数の割合をグラフや表にまとめておくとよい。また，それを提示し，話し合うことで価値への方向付けを行う。
展開	◆資料を読んで考える。ワークシートに自分の考えをまとめる。 ○最初，クラスのみんなはシーンとして見ているだけだった。それはなぜだろう。 ・武藤君はひどいと思うけれど，何か行動をおこせば自分がいじめられてしまう。 ・池田くんはかわいそうだけど，自分一人では何もできない。 ○松本君が武藤君に「やめろよ！」と言って立ち向かっていったとき，クラスのみんなはどんなことを考えただろうか。 ・なぜ，松本君は一人で立ち向かっていけるのだろう。 ・自分がいじめられるかもしれないのに。向かっていける松本君はすごい。 ◎松本君に手紙を書き，発表する。「あなたは松本君の行為をどう思うか。松本君のクラスメイトだとして，松本君あてに，あなたの考えたことを手紙に書いて伝えよう。」 ・松本君へ　この前は武藤君を止めようとしていて，かっこよかったです。ぼくもできれば，いじめを止めることができるようになりたいと思っているのですが，やったらやり返されると思ってそんなことはできないです。でも，いつかはぼくも悪いことは悪いと言えるようにしたいです。これからぼくは，勇気をもち，行動できるようにしたい。	◎迷いつつも勇気が出なかったり，自分のことを第一に考えてしまったり，どうすることもできずにいる心の弱さは誰にでもあるのだということを，共感させたい。 ◎「みんなは，びっくりして松本君を見ました。」という文に注目して，なぜびっくりしたのかと問いかけてから発問を投げかける。 ◎手紙には各自の価値観が投影されるので，じっくり考えさせる。 ★生徒がねらいとする価値に気づいているか，手紙の内容から評価する。

終末	◆教師の説話を聞き，感想を書く。 ・一人ひとりの勇気ある行動がよりよい集団をつくるんだ。	◎教師の思いを生徒に伝える。

評　価
①正義を重んじることの大切さを理解できたか。
②自分とのかかわりで，差別や偏見のない態度をとることの大切さを理解できたか。
③正義を重んじ，差別や偏見のない態度をもつことについて，自分なりに発展させていく思いや課題が培われたか。

11 問題行動・非行

1. さまざまな問題行動

　問題行動（problem behavior）は，教育現場や教師にとってもその対象や定義はさまざまだと思われるが，心理学においては，①社会規範からの逸脱（反社会的行動），②引きこもってしまい，社会参加が達成されない（非社会的行動），③習癖や自傷行為などの日常生活に支障をきたしたり，自己を傷つけるような行動，の3種類に分けられる（小林，1999）。

　子どもの生活の場は，主に家庭・学校・地域であり，問題行動もその子どもが生活する場，教師をはじめとしたかかわる大人によって，問題と認識するかどうかの対象やレベルが異なる。たとえば，万引きは刑法（235条）で窃盗罪にあたるが，このような犯罪行為は，反社会的な問題行動となる。そして，子どもが学校に行かない不登校や引きこもりの状態で親や教師が困るといった非社会的行為は，家庭や学校にとって問題行動である。そのほかにも，問題行動には，家庭では，親に暴力をふるう「家庭内暴力」，学校では，対教師や生徒間で暴力をふるう「校内暴力」，友人を無視・仲間外れにするといった「いじめ」，地域では，ゴミのポイ捨てといった「迷惑行為」などがある。このように，非行は家庭や学校といったいわば"保護領域"ともいえる狭い社会環境だけでなく，地域をも含めた広い社会環境でも生起しうる問題行動と言える。

2. 非　行

(1) 非行とは

　中学生・高校生の問題行動には，非行，いじめ，不登校，引きこもりが主た

る問題行動としてあげられるが，本章では特に「非行」について取り上げる。

非行（delinquency）は，わが国においては，少年法という法律で規定されている。少年法（3条1項）でいう「非行」とは，(1) 14歳（刑事責任年齢）以上20歳未満の少年による犯罪行為，(2) 14歳未満の少年による触法行為（刑罰法令に触れるが，刑事責任年齢に達しないため刑事責任を問われない行為），(3) 20歳未満の少年のぐ犯行為（その性格又は環境に照らして，将来，罪を犯し，または刑罰法令に触れる行為をするおそれがあると認められる行状）の3つの行為を指す。また，非行少年とは，これら3つのいずれかの行為を行った家庭裁判所の審判に付すべき少年である。

わが国の法律では，非行はこれらのように年齢とその行為の内容によって，「犯罪行為」「触法行為」「ぐ犯行為」に分かれている。心理学において「非行（delinquent behavior）」は，社会的な規範に反する行為を総称する概念（田川，1999）とされる。つまり非行とは，法律上，狭義には少年の"刑罰法令"に触れる（犯罪行為，触法行為）または触れるおそれのある行為（ぐ犯行為）であるが，心理学における広い意味としては，刑罰法令に触れる行為またはそのおそれがあると認められる行状も含めた「社会的な規範」に反する行為であると言える。

(2) 非行の種類

非行の種類は，「犯罪行為」「触法行為」「ぐ犯行為」の3つに分かれる。実際には，教師の繁華街への見回り，警察での補導の対象になるのは，「ぐ犯行為」であることが多い。また，深夜に盛り場を徘徊するなど，警察の補導対象になる場合は不良行為と呼ばれることもある。

ぐ犯行為には，喫煙，飲酒，怠学（学校をサボる），不純異性交遊，家出，夜遊び，深夜徘徊，遊技場への立ち入り（未成年の立ち入りが禁止されているパチンコ屋，夜遅い時間のゲームセンター）などがある。教師，特に生徒指導の担当になった教師は，放課後に通学路や学校近辺，最寄りの駅等でぐ犯行為（または不良行為）を行っていないか，見回り，パトロールを行うことになる。

非行における「犯罪行為」で多い罪種は，万引きである。図11-1は，12歳から19歳までの全国の児童自立支援施設と児童養護施設の非行経験がある入

2. 非 行

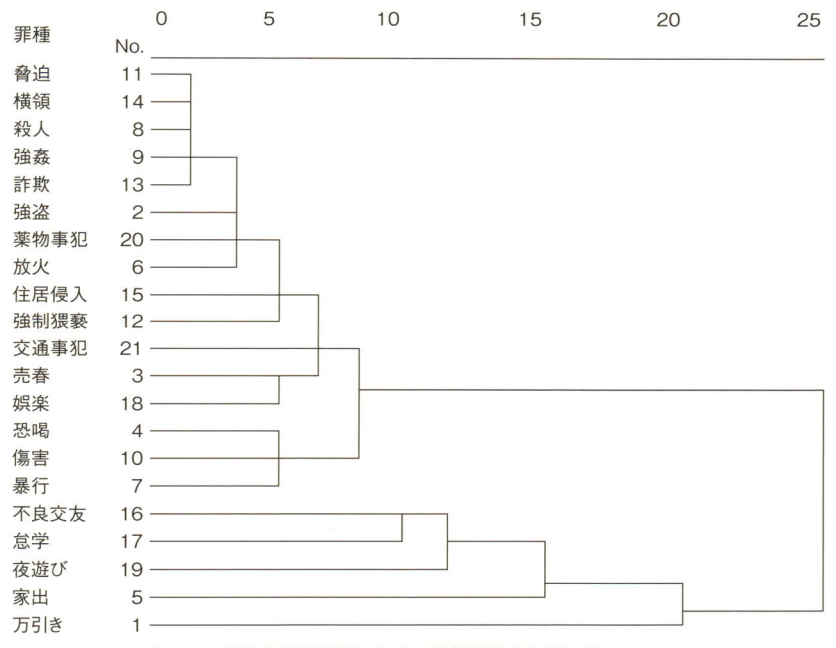

```
罪種            No.   0      5      10     15     20     25
脅迫            11
横領            14
殺人             8
強姦             9
詐欺            13
強盗             2
薬物事犯        20
放火             6
住居侵入        15
強制猥褻        12
交通事犯        21
売春             3
娯楽            18
恐喝             4
傷害            10
暴行             7
不良交友        16
怠学            17
夜遊び          19
家出             5
万引き           1
```

図 11-1　厚生施設入所児における非行経験の分類　（永房ら，2012）

所児 (1,339 名) を対象とし，その非行経験を対象にクラスター分析という統計手法で分析を行った結果である。「万引き」は，夜遊び，家出，怠学といった"ぐ犯行為"と同じクラスターに入っている。つまり，万引きは，成人でも未成年でも法的には「窃盗罪」という重大な刑法 (235 条) 違反の犯罪であるにもかかわらず，中高生にあたる青少年にとって，心理的には"遊び"であるとことがわかる（永房ら，2012）。

　触法行為は，14 歳未満での刑罰法令に触れる行為を指す。犯罪行為もいわゆる刑罰法令への違法行為を指すが，警察の犯罪分類では，「財産犯」と「身体犯」と大きく二つに分かれる。財産犯は，強盗から窃盗まで刑罰が重いものから軽いものまでである。身体犯も，殺人から暴行，傷害まで幅広い。凶悪犯罪は，殺人，強盗，強姦，放火の 4 つを指し，他の犯罪よりも刑罰が重くなる。そのほかの犯罪には，詐欺といった知能犯罪，お金・物品を巻き上げようと脅す恐喝罪，自分の言うことを無理やりきかせようと脅す脅迫罪などがある。

中高生といった若者が手を染めやすい犯罪には，薬物犯罪がある。薬物で捕まった場合は，薬物事犯と呼ばれる。薬物犯罪の法的根拠は，覚せい剤取締法，大麻取締法，毒物及び劇物取締法などである。この薬物犯罪の対象は，シンナー，覚せい剤，大麻，合法麻薬（MDMA, LSD 等）などさまざまである。かつては，シンナーでの吸引で補導される若者が多かったが，近年は，大麻や脱法ハーブなどの吸引，またインターネット等で大麻の苗を入手し，栽培または転売が発覚して逮捕される例も出てきている。覚せい剤のような薬物犯罪の特徴は，再犯（再び犯罪を犯すこと）と検挙人員に占める女子少年の割合が多いことである。たとえば，犯罪白書（平成 24 年版）によれば，少年院入院者（平成 23 年）の非行全体に占める割合では，男子少年の覚せい剤取締法違反者はほとんどみられない（最も少ない非行の強姦・強制わいせつ 3.8％にも満たない）のに対して，女子少年の覚せい剤取締法違反者が非行全体に占める割合は 20.7％と，窃盗（21.6％）と傷害・暴行（21.3％）に次ぐ多さとなっている（矯正統計年報）。

薬物事犯と同じように，女子の人数や割合が高い犯罪には，売春がある。少年院入院者（平成 23 年）で女子少年に占める割合は 3.0％あり，薬物事犯同様に男子少年の非行割合にはほとんどみられない。売春の法的根拠は，売春防止法違反だが，かつては，売春を斡旋（仲介）する業者が取り締まりの対象であったが，売春をする側も取り締まりの対象になった。中高生といった若者が売春を行う場合は，援助交際と呼ばれることが多い。ただし，売春ではなく，援助交際という語を用いる場合は，必ずしも性交渉をともなう行為ばかりでなく，自身の身に着けていた制服や下着を売るといった行為も含む広い行為だと考えられる。なぜ援助交際をするかの心理的要因には，金銭目当てといった経済的要因が大きいと思われるかもしれないが，家に居場所が無い，寂しい，人との触れ合いが欲しいといった心理的要因も大きいと思われる。

そのほか，青少年がかかわりやすい犯罪には，交通犯罪がある。多くは，道路交通法違反による無免許や速度超過である。学校在学中は，高校でも校則で禁止しているところが多いと思われるが，16 歳からバイクの免許，18 歳からは普通自動車の運転免許が取得できることから，教師は注意が必要である。そして，学校や地域では，かつて暴走族と呼ばれる非行集団が大きな問題となってい

た。暴走族とは，爆音を伴う暴走等を集団で行う者であり，共同危険型暴走族とも言うが近年では減少傾向にある。たとえば，平成14年から平成23年までの10年間に，全国で約2万人（グループ数は約1,200）ほどいた暴走族が約7千人（グループ数は約400）まで大幅に減少している（犯罪白書・平成24年版）。

(3) 非行の現状
1) 非行少年の検挙人員の推移

非行少年（家庭裁判所の審判に付すべき少年）の検挙人員の動向と現状についてみていく。犯罪白書（平成24年版）によれば，少年による刑法犯の検挙人員（触法少年の補導人員を含む）および人口比の推移（昭和21年以降）には，三つの大きな波（ピーク）がみられる。第一の波は，昭和26年の16万6,433人。第二の波は，昭和39年の23万8,830人。第三の波は，昭和58年の31万7,438人である。昭和59年以降は，平成7年まで減少傾向にあり，その後，若干の増減はみられるものの，平成16年から毎年減少し続け，平成23年には11万6,089人となっている（前年比8.7%減）。人口比についても，平成16年から毎年低下し，平成23年は，968pt（前年比92.9pt低下）であった。人口比とは，各年齢層の少年10万人当たりの一般刑法犯検挙（補導）人員である。

また，一般刑法犯による触法少年の補導人員は，昭和26年，37年および56年（6万7,906人）の3回のピークを経て，平成23年は1万6,616人（前年比6.3%減）とその後は減少傾向にある。

2) 属性による動向

年齢別では，少年による一般刑法犯の検挙人員及び人口比の推移（昭和41年以降）は，図11-2のとおりである（犯罪白書・平成24年版）。検挙人員・人口比は，平成16年以降，いずれの年齢層においてもおおむね減少・低下傾向にある。人口比は，昭和59年以降，年少少年，中間少年，年長少年，触法少年の順で高くなっている。なお，年少少年は14歳以上16歳未満の者，中間少年は16歳以上18歳未満の者，年長少年は18歳以上の者，触法少年は満14歳未満で刑事責任を問われない者を指す。ここでの触法少年の人口比算出は10歳以上14歳未満の者である。

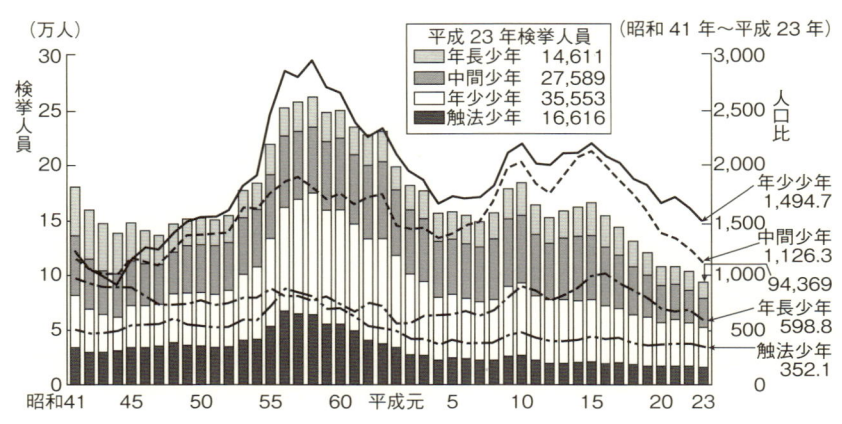

図 11-2 少年による一般刑法犯 検挙人員・人口比の推移 （年齢層別）（犯罪白書・平成24年版）

注 1 警察庁の統計及び総務省統計局の人口資料による。
  2 年齢は犯行時であり，また，検挙時に20歳以上であった者を除く。
  3 「触法少年」は，補導人員である。
  4 「人口比」は，各年齢層の少年10万人当たりの一般刑法犯検挙（補導）人員である。なお，触法少年の人口比算出に用いた人口は，10歳以上14歳未満の人口である。

男女別では，一般刑法犯の検挙人員および人口比の推移（昭和41年以降）として，女子比をみると，昭和51年以降，おおむね18％から25％の間で推移している。平成23年は19.2％（前年比0.8pt）低下であった。平成23年の検挙人員は，女子の1万4,986人に対して，男子は6万3,257人であり，男子の方が多い。14歳以上10万人当たりの人口比でも男子は1,670.0，女子は423.2と男子の方が高くなっている（犯罪白書・平成24年版）。

3) 罪名別動向

警察庁の統計によれば，平成23年における少年の一般刑法犯の総数は94,859人（成人は227,708人，少年比29.4％）である。罪名別で最も高いのは，窃盗（59,382人，構成比62.6％）であり，男子少年は45,936人，女子少年は13,446人（女子比22.6％）であった（表11-1）。このように，窃盗だけで，罪名の半分以上を占めている（少年比は33.0％）。女子の場合は，このほかに覚せい剤取締法違反といった薬物事犯が多いことに注意しなければならない。

表 11-1 少年による一般刑法犯 検挙人員・少年比 （罪名別・男女別）（犯罪白書・平成 24 年版）

(平成 23 年)

罪　名	少　年 総　数		男子	女子	女子比	成　人 総数		男子	女子	少年比
総　　　　数	94,859	(100.0)	76,616	18,243	19.2	227,708		177,063	50,645	29.4
殺　　　　人	60	(0.1)	45	15	25.0	914		691	223	6.2
強　　　　盗	625	(0.7)	596	29	4.6	1,824		1,693	131	25.5
傷　　　　害	5,553	(5.9)	4,756	797	14.4	16,819		15,711	1,108	24.8
暴　　　　行	1,646	(1.7)	1,474	172	10.4	20,786		19,194	1,592	7.3
窃　　　　盗	59,382	(62.6)	45,936	13,446	22.6	120,515		80,214	40,301	33.0
詐　　　　欺	947	(1.0)	685	262	27.7	9,670		8,149	1,521	8.9
恐　　　　喝	1,403	(1.5)	1,246	157	11.2	2,099		2,001	98	40.1
横　　　　領	16,421	(17.3)	14,087	2,334	14.2	31,481		27,927	3,554	34.3
遺失物等横領	16,369	(17.3)	14,040	2,329	14.2	30,459		27,070	3,389	35.0
強　　　　姦	82	(0.1)	82	―	―	696		694	2	10.5
強制わいせつ	455	(0.5)	449	6	1.3	1,934		1,931	3	19.0
放　　　　火	141	(0.1)	119	22	15.6	548		397	151	20.5
住　居　侵　入	2,992	(3.2)	2,613	379	12.7	2,947		2,777	170	50.4
器　物　損　壊	2,187	(2.3)	1,941	246	11.2	4,489		4,107	382	32.8
そ　の　他	2,965	(3.1)	2,587	378	12.7	12,986		11,577	1,409	18.6

注　1　警察庁の統計による。
　　2　年齢は犯行時であり，また，触法少年の補導人員を含む。
　　3　遺失物横領は，横領の内数である。
　　4　（　）内は，構成比である。

(4) 犯罪・非行の原因

1) 犯罪・非行の個人要因

　その人が法を犯した，すなわち犯罪を犯した原因は，道徳性が低いからなのだろうか？　人格の善悪が問題なのだろうか？　それとも能力の優劣なのだろうか？　育ちや環境のせいなのだろうか？　遺伝や生まれつきなのだろうか？

　犯罪原因は，犯罪学では，法学とその他の学問背景（心理学，文化人類学，医学，社会学）で大きく分かれる。法学には，"犯罪"の古典的な考え方として，犯罪は主として個人の合理的，自由意志であり，よって責任も個人の問題となり，対処も個人の処罰とする公正モデルというものがある。他方で，心理学では，"犯罪者"の研究として，犯罪は個人の合理的，自由意志だけでなく，犯罪の原因は複合的で多様であると考える（Glueck & Glueck, 1950）。よって，犯罪の責任は，すべて個人には帰せられず，個人の処罰というだけでなく，刑

務所や少年院で社会復帰のための教育や医療を行うといった矯正というかたちをとる。犯罪原因としての複合的で多様な要因には，遺伝，環境，その相互作用があるが，犯罪学の研究分類としては，個人要因（生物的要因や心理的要因など）と社会文化的要因（経済，時代，地域など）に大きく分かれる。

犯罪者の生物的要因として，かつて19世紀の頃には，犯罪人類学の立場から，犯罪者には特有の身体的特徴がみられるという生来性犯罪人論があったが現在では否定されている。大きな生物的要因には生物的性差（sex）があり，世界の犯罪者の多くは男性である。そのほかでは，暴力的な犯罪・非行では，攻撃性の促進に関連するホルモンとされるテストステロン（testosterone）の濃度の高さ，神経伝達物質であるセロトニン（serotonin）の濃度の低さが犯罪促進要因として指摘されている。そのほか，罰への感受性の低さから悪い行動（反応）と罰（刺激）とが結びつかない，生物的な学習（条件づけ）の困難さも犯罪要因となりうる。

次に犯罪・非行の心理的要因である。心理的要因には，多くの非行臨床の知見から，攻撃性の高さ，怒り制御の困難さ，自尊心の低さ，欲求不満耐性の低さ，低い知能などが考えられるが，犯罪心理学において多くの研究で共通している個人要因は，パーソナリティ特性としての低自己統制である（大渕，2006）。低自己統制（Gottfredson & Hirschi, 1990）とは，欲望や感情を抑えることができない"刹那主義"や自分の都合しか考えられない"利己主義"が主な特徴である。"刹那主義"には，衝動性，単純課題志向，リスク・シーキング，身体活動性という下位特徴，そして"利己主義"には，自己中心性，易怒性という下位特徴があり，この概念にもとづき低自己統制尺度も作成されている。また，わが国では研究が少ないが，米国ではサイコパス傾向（psychopathy）という自己中心性，衝動性，冷淡さといった心理特性を測定するチェックリスト（PCL-R）もある。

そのほか，精神医学では，パーソナリティ障害，発達障害といった要因も考えられる。たとえば，犯罪に関連性があると思われるパーソナリティ障害には，反社会性人格障害，行為障害がある。これらは精神疾患の診断・統計マニュアル（DSM-Ⅳ-TR）でB群に分類されている。反社会性人格障害は，少年のような年齢段階が18歳未満の場合は，診断名は行為障害となる。特徴は，

人や動物に対する攻撃性，所有物の破壊，嘘をつくことや窃盗，重大な規則違反である。

　そして，非行との関係では，発達障害が非行理解の重要な視点として近年，注目されている（藤川，2008）。関連する発達障害は，対人関係や社会性に難のある問題を抱えているケースで，医学的には，広汎性発達障害（Pervasive Developmental Disorder: PDD）と呼ばれる。そして，藤川（2008）は，発達障害のある非行少年において，受容と共感をベースにした面接手法を用いた場合，「事実」の聞き取りに失敗したり，面接者によって発言内容がまるで変わってしまったり，過度に共感的な接し方が，否認や発言の撤回に結びつく例があることを少年司法の現場経験から指摘している。

2）犯罪・非行の社会文化的要因

　"なぜ犯罪を犯すのか"についての主要な理論は，社会的圧力（規律や社会規範など）が緩むと犯罪が発生するという統制理論（control theories），社会生活が順調なときには犯罪は起こらず，ストレス（失業や差別など）がかかると個人は犯罪に向かうという緊張理論（strain theories），個人を犯罪に誘導するような文化（価値，信念，スキルなど）が存在し，個人がそれに接触して影響を受けたときに犯罪が起こるという下位文化理論（subculture theories）がある。たとえば，下位文化理論ならば，非行に許容的な地域や学校の不良グループや遊び仲間と一緒にいることで，その反社会的な価値観や非行スキルを学習し，非行につながることが考えられる。

　他方で，"なぜ非行を起こさないのか"という非行抑止では，ハーシー（Hirschi, 1969）の社会的絆の4つの絆が重要である。社会的絆（social bond theory）とは「愛着」「コミットメント」「巻き込み」「規範観念」の4つで構成されている。愛着（attachment）とは，家族，学校，仲間など愛着を感じる相手を裏切らないために非行をしないことである。もし非行を行ったならば，その愛着の相手を失う可能性がある。コミットメント（commitment）は，自分が投資した資源にもとづき行動選択の損得を計算し，自分の生活環境で損をするならば非行をしないというものである。たとえば非行で退学となり，良い学歴による就職を失ってしまう可能性が出てくる。巻き込み（involvement）

は，非行ではない活動で生活が忙しいから非行をしないというものである。たとえば勉強やクラブ活動といった合法的な活動に時間をとられていれば違法行為をしている暇はない。規範観念（belief）は，法律を正当なものだと規範を内面化しているので非行をしないというものである。

3．非行への対応

(1) 非行少年の処遇

　少年が非行によって警察の検挙，または一般人による通報によって検挙された場合には，処遇と呼ばれる家庭裁判所を中心とした司法手続きをとることになる（図11-3）。非行少年の処遇システムには，捜査段階，調査・審判段階，刑事裁判段階，執行・（社会内・外での）治療教育段階の4段階に分けられる。調査段階では，家庭裁判所は，家裁調査官に命じて，少年自身や生育環境を調べる（調査命令），あるいは審判のために必要があるときは観護措置の決定によって，少年を少年鑑別所に送致し，資質鑑別を求めることができる。家庭裁判所は，審判の結果，保護処分に付すことを相当と判断したときは，保護観察，児童自立支援施設・児童養護施設（厚労省の施設）の送致，少年院（法務省の施設）のいずれかの決定が行われ，社会内・外での治療教育がなされる。また，児童福祉法の規定による措置相当の場合には児童相談所長送致となる。

　わが国の少年法では，可塑性による立ち直りへの期待といった少年の健全な成長・発達を図るための保護主義が特徴的である。よって，殺人といった一部の懲役にあたるような事件による犯罪少年の場合は，「逆送」と呼ばれ，家庭裁判所から検察官に送致されることになるが，ぐ犯少年・触法少年の場合の多くは，審判不開始や不処分，あるいは審判の結果，保護処分となることが多い。

(2) 教職者による非行予防と対策

　少年の問題行動が発覚した場合，その行為の種類や程度によるが，学校内の手続きならば，担任や生徒指導担当による説諭を経た謝罪や奉仕活動，あるいは職員会議を経て，学校長のもとで懲戒としての停学や退学処分が考えられる。他方で，学校はいわば社会における"保護領域"であるため，たとえ，い

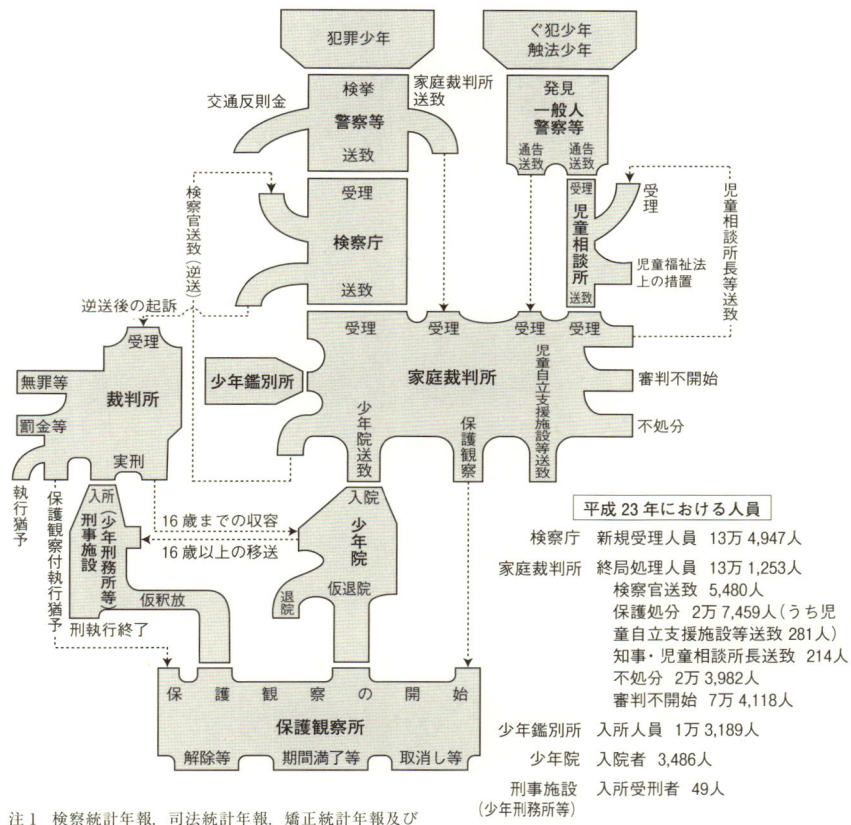

3. 非行への対応　157

図 11-3　非行少年に対する手続きの流れ（犯罪白書・平成 24 年版）

注1　検察統計年報，司法統計年報，矯正統計年報及び保護統計年報による。
注2　「児童自立支援施設等送致」は，児童自立支援施設・児童養護施設送致である。

平成 23 年における人員

検察庁　新規受理人員　13万 4,947人
家庭裁判所　終局処理人員　13万 1,253人
　　　　　検察官送致　5,480人
　　　　　保護処分　2万 7,459人（うち児童自立支援施設等送致 281人）
　　　　　知事・児童相談所長送致　214人
　　　　　不処分　2万 3,982人
　　　　　審判不開始　7万 4,118人
少年鑑別所　入所人員　1万 3,189人
少年院　入院者　3,486人
刑事施設（少年刑務所等）　入所受刑者　49人
保護観察所　保護観察開始人員　2万 7,181人
　　　　　少年院仮退院者　3,601人
　　　　　保護観察処分少年　2万 3,580人

じめによる暴行・傷害，恐喝や脅迫といった学校外なら犯罪として検挙されるケースであっても，教育的立場から警察や司法が介入しない対処が考えられる。

　教師として学校現場に出ると，クラス担任や生徒指導の問題として，顕在的あるいは潜在的な問題として発生する非行に対処するのは非常に困難なことが多い。たとえば，非行は，単独の場合もあれば集団の場合もあり，主犯格の生徒は，単独でも非行をするし，友人や周囲の者を非行に巻き込む場合がある。

また，クラスで問題が発生し，単なる遊びだと思ったら，実は陰湿な"いじめ"だったり，いじめ被害だと思って処理しようとしたら実は重篤な"犯罪"で，担任教師や学校が，保護者（親）から告訴される，深刻な場合には警察が介入してきて学校に家宅捜索が入ってしまうなどの事態も起こりうる。

教師の非行対応では，生徒指導担当，養護教諭などほかの教師，保護者，専門家（児童精神科医，心理士，警察の少年サポートセンター，児童相談所など）との協働（コラボレーション）が重要である。"協働すべき"が建前にならないために，いざというときに相談や協力してもらえる人を見つけておくとよい。

最後に，教師の非行予防策である。犯罪非行の予防の観点では，"環境"が重要である。たとえば，犯罪学の「割れ窓理論」の視点から，学校や教室内に落書きがあったり，掲示物が剥がれかかったりして放置されている場合は，"この学校，今の学校は逸脱行為をしても大丈夫だ"と思われ，学校の「荒れ」を助長する可能性がある。美化とともに校内の環境に目を光らせ，学校内の破損がそのままにならないよう気をつける。また，地域内の空き巣（侵入盗）を防止するには，近所の人の声かけが予防につながることから，挨拶や声かけが効果として期待できる。そのためには，教育目標としては生徒からが望ましいが，教師自ら，生徒に挨拶や声かけを日頃から率先して多く行うことが大切である。教師が日頃から自分を見てくれているという生徒の意識が信頼関係につながるとともに，非行を抑制する絆となるだろう。

【これだけは覚えておこう】
問題行動：社会規範からの逸脱，社会参加できない，自分を傷つける行動。
非行：わが国の少年法で規定された犯罪行為，触法行為，ぐ犯行為をさす。
万引き：刑法（235条）の窃盗罪。若者は遊び感覚で行う傾向がある。
薬物事犯：覚せい剤などの薬物犯罪者のこと。女子少年が多く再犯率が高い。
低自己統制：非行に共通する心理的特性。自己の衝動コントロール困難性。

コラム 11　非行少年の行動基準

　非行経験のある少年とない少年には，その行動の基準に何か違いがあるのだろうか。非行の原因には，何が非行であるかのルールや基準の知識，非行はやるべきではないといった規範意識のほか，衝動性の強さやフラストレーション耐性といった生まれもった素因，低自尊心や高い攻撃性などの個人要因，行動の自己制御のための認知機能を司る前頭葉といった脳機能，非行に許容的な家庭や地域といった環境要因，問題のある親子関係や友達関係といった対人相互作用，虐待や受験などのストレスといった状況要因などさまざまであると思われる。

　そのほかの要因には，感情が考えられる。たとえば，タングネー (Tangney, 1991) は，恥 (shame)，罪悪感（moral）といった自己意識感情は，道徳的感情（moral affect）であると主張している。また，その自己意識感情では，永房 (2008, 2011) が非行の行動抑制要因として，"恥意識"の高さが非行に抑制的な態度と関連し，非行へのブレーキになると日本，アメリカ，トルコといった3カ国の中高生の国際比較調査から，その重要性を指摘している。

　そして，社会的態度（たとえば価値観）も，ある社会的場面で，問題行動・非行を含めてどのような行動をするのかという認知面で重要となってくる。永房ら (2012) は，児童自立支援施設，児童養護施設といった全国の厚生施設に入所する児童（12歳〜19歳，1,339名）を対象に，公衆場面でどのような行動基準という社会的態度をもっているのかを，菅原ら (2006) の行動基準尺度（Standard for Public Space Scale: SPS）という心理尺度によって検討している。

　行動基準尺度とは，電車の中など公共場面における個人の社会的行動を制御する基準の個人差を測定する尺度である。行動基準は以下の五つの因子から構成される。(基準Ⅰ) 自分本位（自分自身の利益を基準とする），(基準Ⅱ) 仲間的セケン（友人や仲間からの評価を基準とする），(基準Ⅲ) 地域的セケン（近隣，地元からの評価を基準とする），(基準Ⅳ) 他者配慮（場を共有する不特定多数の他者の利益を基準とする），(基準Ⅴ) 公共価値（社会全般的利益を基準とする）の5因子である（表1）。これらの下位尺度は，自分自身から広い社会へと配慮の領域が拡大してゆく構造を示しており，配慮の範囲が狭い行動基準は"迷惑行為"などの問題行動を促進し，配慮の範囲が広い行動基準は迷惑行為といった問題行動を抑制することが示されている（菅原ら，2006）。また，行動基準尺度は，基準ⅠからⅤへ進むほど，その個人が意識する"他者の範囲"が広くなっている。

　統計的分析の結果（表2），同じ厚生施設の入所児童でも，犯罪と虞犯

（ぐ犯）の両方の経験のある非行少年は，非行経験のない少年よりも"自分本位（基準Ⅰ）"の行動基準が高く，虞犯（ぐ犯）のみの経験のある非行少年は，"仲間的セケン（基準Ⅱ）"が高い傾向がみられた。他方で，非行経験のない少年の行動基準は，他者配慮（基準Ⅳ）や公共価値（基準Ⅴ）が高かった。虞犯（ぐ犯）経験のない，"犯罪経験のみ"の少年の行動基準は，非行経験のない少年と同様に自己本位が低く，地域的セケンは高いが，他者配慮（基準Ⅳ）や公共価値（基準Ⅴ）が低かった。

これらの結果から，"虞犯（ぐ犯）"が絡む非行については，狭い社会への配慮が特徴であり，"犯罪"に関連する非行には，むしろ広い社会への配慮の無さが関係しているといえるかもしれない。非行の予防や非行少年のサポートのためにも，学校の教師は，学校内だけでなく，地域ボランティアやより広い社会の人々との交流機会が増えるような体験活動を取り入れていくとよいだろう。

表1 行動基準尺度の5因子

基準Ⅰ	①お金さえはらえば何をしても許される ②法律に違反さえしなければ，あとは個人の自由だ ③人に怒られなければ何をしてもよいと思う ④何をしようと自分の勝手だと思う
基準Ⅱ	⑨友だちのみんながやっていることに乗り遅れたくない ⑩友だちがみんなで悪いことをしてるのに自分だけ裏切れない ⑪悪いことでもみんなで一緒にやれば平気でできてしまう ⑫仲間がみんなやっているのに自分だけやらないのは恥ずかしい
基準Ⅲ	⑤何か問題をおこして近所の噂になるのは嫌だ ⑥周りから変な人と思われないように気をつけている ⑦警察につかまったら，恥ずかしくて世の中に顔向けできない ⑧世間から笑われるようなことだけはしたくない
基準Ⅳ	⑬自分が誰かの迷惑になっていないか常に気を遣う ⑭見知らぬ人に対してでも相手の立場になって考える ⑮他人に迷惑がかかりそうなら身勝手な行動は慎む ⑯大勢の人がいる場所ではお互い同士もっと気を遣うべき
基準Ⅴ	⑰みんなで話し合って決めたことは守らなければならない ⑱どんな人に対してでも人権を尊重する ⑲仲間と考えが違ったりしても，それぞれの意見を大切にする ⑳多数の人の意見だけでなく，少数の意見にも耳をかたむけるべき

表2 厚生施設入所児における行動基準と非行経験の類型との関係 （永房ら，2012）

	非行経験の類型												分散分析の結果	
	非行無し[a]			虞犯[b]			犯罪[c]			虞犯・犯罪両方[d]			F値	多重比較
	n	M	SD	n	M	SD	n	M	SD	n	M	SD		
自分本位	507	11.9	5.2	87	13.4	6.0	153	12.3	5.6	211	14.7	5.9	$F(3,954)=14.0$***	a,c<d*
仲間的セケン	510	13.0	5.0	87	14.9	5.7	155	13.5	4.8	209	14.8	5.3	$F(3,957)=8.2$***	a<b,d*
地域的セケン	518	17.4	5.1	88	16.2	5.2	149	16.8	5.0	212	14.8	5.3	$F(3,963)=12.9$***	d<a,c*
他者配慮	516	17.4	4.5	86	16.0	5.4	152	15.6	4.7	211	15.1	5.0	$F(3,961)=13.8$***	c,d<a*
公共価値	521	19.0	4.3	88	17.7	5.0	155	17.8	4.7	211	17.6	4.9	$F(3,971)=6.4$***	c,d<a*

***$p<.001$ *$p<.05$

12 精神病理

1. 教育場面でみられる精神病理に対する対応

　成人でもそうであるように，小学校・中学校・高等学校の児童・生徒においても多種多様な精神病理がみられ，精神的健康への対策は重要な課題である。教育場面でみられる精神病理に詳しいハウス（House, 2002）は，表12-1に示すように精神病理を紹介している。

　この表は，児童・生徒によくみられる精神病理があるだけでなく，大人と同様の精神病理を児童・生徒が体験する可能性があることを物語っている。また，教職を担う教員にとってみれば，ここに挙げられた精神病理を呈する児童・生徒に対して，十分な知識をもって対応していくことは非常に難しく，精神的健康の専門家との連携が不可欠であることがよくわかる。また，小学校・中学校・高等学校にあたる児童・青年期は，内面の葛藤や攻撃性の言語化が不十分である場合が多く，感情・行動・身体的表現に現れることが多いため，症状の本質を見抜くことが大切である（佐藤，2002）。

　スクールカウンセラーとは，1995年度から導入された事業であり，来校の頻度は地域によって異なる場合もあるが，精神病理をもつ児童・生徒と彼らを担当する教員の助けとなる存在である。伊藤（2003）はスクールカウンセラーの仕事を5つにまとめている。1つ目は，子どもを対象とした面接相談であり，自主的に児童・生徒が来談することもあれば，教員が勧めることによって来談するケースもある。精神病理以外にも人間関係をはじめとした困りごとなど，さまざまな悩みに対応する。2つ目は，保護者との面接相談である。児童・生徒の親と適切な対応法を模索したり，保護者自身のつらさを軽減する働きも期待できる。3つ目は，教員へのコンサルテーションである。心理の専門家であ

表12-1　学校でみられる精神病理（House, 2002 より作成）

破壊的行動症状 （表面化する問題）	行為障害，反抗挑戦性障害，特定不能の破壊的行動障害，間歇性爆発性障害，適応障害，行為の障害を伴うもの，注意欠陥/多動性障害　など
情緒の問題 （内面化する問題）	不安障害（パニック発作，広場恐怖，特定の恐怖症，社会恐怖，強迫性障害，全般性不安障害，外傷後ストレス障害（PTSD），急性ストレス障害），他の不安と関連した精神疾患（分離不安障害，不安を伴う適応障害），気分障害（大うつ病性障害，気分変調性障害，特定不能のうつ病性障害，双極I型，双極II型，気分循環性障害，特定不能の双極性障害，気分の障害を含む適応障害，死別反応），身体表現性障害（身体化障害，鑑別不能型身体表現性障害，転換性障害，疼痛性障害，心気症，身体醜形障害など），解離性障害（解離性健忘，解離性とん走，解離性同一性障害，離人症性障害）　など
物質関連の問題，他の「嗜癖」行動，および有害な環境が及ぼす影響	物質使用障害，物質誘発性障害，窃盗癖，放火癖，病的賭博，抜毛癖，幼少期または小児期早期の反応性愛着障害，小児への身体的虐待，性的虐待，小児へのネグレクト　など
高度に焦点化された症状形式	幼児期または小児期早期の哺育，摂食障害（神経性無食欲症，神経性大食症など），チック障害，排泄障害，選択性緘黙，常道運動障害，性障害および性同一性障害，睡眠障害　など
知的能力，学習，コミュニケーション，および認知の問題	精神遅滞，学習障害，学業上の問題，せん妄，認知症　など
広汎性発達障害	自閉性障害，レット障害，小児期崩壊性障害，アスペルガー障害　など
精神病	統合失調症，妄想性障害　など
人格障害	妄想性人格障害，統合失調質人格障害，統合失調型人格障害，反社会性人格障害，境界性人格障害，演技性人格障害，自己愛性人格障害，回避性人格障害，依存性人格障害，強迫性人格障害　など

るスクールカウンセラーが教育の専門家である教員とともに子どもへの対応を考える。必要な情報を交換することによって，スクールカウンセラーはよりフィットした心理的援助を行うことができ，教員はより具体的な教室での配慮や対応を行うことができる。4つ目は，研修・講演である。教員向けのものと保護者向けのものがある。最後の5つ目は，外部専門機関との連携である。学校の対応のみでは解決が難しいような場合は，教育センター，児童相談所，病院，警察などとの連携を行う必要がある。

　このような機能をもつスクールカウンセラーとの協働によって，児童・生徒の精神病理に対して具体的な対応ができる。ただ，たとえば病院等，ほかの専

門機関に要請するからといって，その後の対応が必要なくなるわけでなく，児童・生徒の受け入れ体制を整えるためにスクールカウンセラーと話し合うのも，教員の仕事の一つであろう。

2. 教育場面でみられる主な精神病理

　教育場面では上述のように多種多様な精神病理が生じうる。佐藤・市川（2002）を参考に，よくみられる症状を表 12-2 にまとめた。この表に挙げた症状はそれぞれに原因となる精神疾患が対応しているわけでなく，同じように見える症状でも，異なる原因が想定される場合もあるので注意が必要である。

　たとえば，内山・桑原（2002）によると，「集団行動がとれない」という症状には，発達の障害による場合と心理的な要因による場合とがある。児童期・青年期においてこの症状がみられた場合でも，幼児期の様子からどのような問題が背景にあるのかが推測できる。発達の障害が想定される場合は，精神遅滞や広汎性発達障害（自閉症スペクトラム）が主であり，周りの人の指示が理解できないことで集団行動がとれない可能性がある。また軽度の知的障害や広汎性発達障害の場合は「指示を理解しているのに従わない」とみなされがちであるが，発話の能力と他者の言語理解の度合いが必ずしも一致しない場合があり，注意が必要である。あるいは，非言語的コミュニケーション（教員や友達の表情や声のトーン，身振り，指さしなど）を理解しにくい場合や，広汎性発

表 12-2　よくみられる症状（佐藤・市川，2002 より作成）

知的発達の遅れ
言葉の遅れ
落ち着きなく集中力に欠ける
こだわりが強い
集団行動がとれない
瞬きをし，肩をすくめる
カッとして暴力を振るいやすい
登校を渋る，学校に行かない
身体症状・身体愁訴がある
変な声が聞こえる，ありえないことが頭に浮かぶ
食事をせず，極端にやせる
自分の体に傷をつける

達障害の社会性の障害のために他者に興味や遊ぶ意欲が乏しい場合，注意欠陥・多動性障害のために，他者の指示に注意を向け続けることが難しいことが集団行動のとれなさに影響を与えている場合もある。一方，心理的要因には，愛着障害や分離不安障害が主に想定される。愛着障害をもつ場合は，一般に警戒感が強い上に，特定の大人に甘えた直後に攻撃的になるなど人間関係を作りづらいために集団行動がとれず，分離不安障害をもつ場合は，親から離れることに過度の不安をもつために集団になじむことが難しい。児童期には，反抗挑戦性障害や選択性緘黙，吃音などの言語障害，強迫性障害などが背景にある場合も増え，思春期以降では，統合失調症を発症している場合も中にはみられる。

　精神病理は単にこころだけに問題があるのではなく，さまざまな要因が絡み合って発症し，悪化・持続していることも注意すべき点である。さまざまな要因とは主に生物学的要因，心理的要因，社会学的要因の3つがあり，この3つの要因から精神病理を理解しようとする考え方のことをbiopsychosocialモデル（生物心理社会モデル；Engel, 1977）と呼ぶ。教育場面にみられる精神病理においても，もともとの遺伝的要因や体質的要因がもとになって生じるものもあれば（生物学的要因），養育者，家庭環境，教員・まわりの友人との関係の悪化がもとになって精神病理を発症する場合もある（社会学的要因）。あるいは，教室での失敗を気に病んで考え込むことが気分の落ち込みなどの精神病理を持続させている場合もある（心理学的要因）。さらに，教室での失敗を教員や親に相談したのに不適切な対応を受けた場合，まわりへの不信感が生じて余計にふさぎこむこともある。この場合は社会学的要因と心理学的要因が組み合わさって精神病理が持続されていると考えられる。こうしたことから，どのような要因から精神病理が生じているのかを断片的な情報から一概に決め付けるのではなく，biopsychosocialモデルからバランスよく慎重にみていく必要がある。

　このbiopsychosocialモデルは，その対応法にも直結している。生物学的要因には，薬物療法や身体的な処置で対応する。心理学的要因に対しては，臨床心理士による心理療法や教員による面談で対応する。社会学的要因に対しては，養育環境・指導環境の整備や家庭・教員・友人との関係性の調整を図ることになる。精神病理への対応は，実態に合わせてさまざまな対応を適切に組み

合わせることが肝要である。

　注意すべき点の最後にあげるのは，発達の段階についての理解である。小児期から青年期までのこころの発達の段階をまとめている市川（2002）によると，小児期（6歳〜）は対人関係が友人中心へと移り，所属する集団の他者との関係の中で自分を位置付けて行く時期であり，集団内で決まりを作ったり，仲間の同意のもとに変更を行う。小児期の後半には，親への反抗や批判が始まり，第二次反抗期が到来する。青年期（10歳〜）は，第二次性徴が出現する思春期から，自分の考えだけで永続的かつ親密な対人関係を作れる時期までを指している。成人期の前段階として，自身の性別がもたらす自分を受け入れ，社会の中で自己の性別のもつ役割を学びながら，自らで獲得した価値観をもって，両親からの分離を図る。青年期は，アイデンティティ（自我同一性）の確立が最も重要な課題であり，その確立に失敗すると，抑うつや不安，ひきこもりを伴う無気力な状態，あるいは不登校，家庭内暴力などが生じることもある。

3. うつはどのように生じるか

　本章では，子どものうつについて紹介したい。佐藤ら（2008）によると，12〜14歳のうつ病の時点有病率は4.9％，生涯有病率は8.8％であり（佐藤ら，2008），学業不振や対人関係の悪化を引き起こす（Kessler & Walters, 1998）。うつ病に至らないまでも，抑うつの程度が強い場合でも学業不振，社会的不適応，薬物使用，自殺などを示す可能性が高いとされ，後にうつ病に発展するリスクも高い（Pine et al., 1999）ため，その治療と予防についての取り組みが盛んに行われている。

　一言でうつといっても，子どもはどのような症状を呈するのであろうか。大倉（2002）は，話をしなくなる，動きが鈍い，成績が下がる，不登校，眠れない，食べられない，頭痛，吐き気，便秘，下痢，いらいらしてじっとしていられない，攻撃的になる，などをうつの症状としてあげている。先述のように子どもは自身の状態をことばで表現することが難しいため，行動や身体症状を通して訴えることが多い。

　うつがどのように生じるのかについて，アメリカの精神科医であるベックが

```
<A：誘発する出来事>    <B：認知>    <C：感情>

                      ┌──────┐      ┌──────┐
                      │自動思考│ ──→ │抑うつ症状│
                      └──────┘      └──────┘
                           ↑
┌──────────┐         体系的な
│ネガティブな  │ ──→     推論の誤り
│ライフイベント│          ↑
└──────────┘       ┌──────────┐
                    │抑うつスキーマ│
                    └──────────┘
```

図 12-1　ベックの認知理論

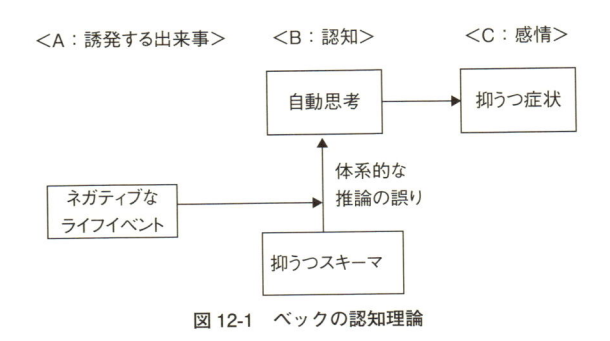

うつ病者に特有の認知的傾向に着目している（図12-1）。このベックの認知理論は成人のうつ病者の体験をもとに構成されたものであるが，情報処理的な考え方にもとづくこの理論は，子どもにおいても同様に重要視されている（たとえば，松丸ら，2010）。

　この理論によると，誰しもネガティブな出来事（ストレッサー）を体験するが，すべての人が同様にうつ病に罹患するわけではなく，ネガティブな出来事を体験したときの認知が症状の生起に影響している。

　ここでいう認知は3つの層に分けることができる。1つ目にあげる抑うつスキーマとは，幼少期に形成されてからこれまでに維持されてきた認知構造であり，世の中や自分についての信念や前提である。たとえば，「自分は弱い」とか「人は信じられない」といったスキーマをもっている人がその内容と一致するような体験をすると，このスキーマが活性化され，出来事の情報を誤ったかたちで情報処理してしまう。これが体系的な推論の誤りである。たとえば，その出来事のもつ情報の中のごく一部だけを使って否定的な結論を出したり（過度の一般化），その出来事をよいか悪いかだけで捉えるという極端な推論（全か無か思考）などがあげられる（Beck, 1995）。

　出来事の情報を処理する際，このような推論を行うと，出来事についての情報を実際よりもネガティブに処理したり，限られた情報のみを処理するため，本人にとって好ましくない，つらい感情を生じさせるような認知が意識にあがってくる。これは自動思考と呼ばれており，実際の出来事よりも歪んでおり，本人の役に立つものではなく，意図せずに自動的に生じる認知であり，自

己・世界・未来についてネガティブな内容をもっている。これが抑うつの症状をもたらしているとベックは考えている。

4. 認知行動療法はどのような心理療法か

　精神病理に対してはさまざまな心理療法が考案されてきた。中でも近年注目を浴びているのが認知行動療法である。認知行動療法とは，認知・行動・感情・身体反応の相互作用から問題を理解し，認知や行動の仕方を工夫することで問題の改善をめざす心理療法である。自分で自分の問題に対処してゆく，すなわちセルフヘルプの技術を身につけることを大きな目標にかかげているため，必要に応じて心理的な問題やその捉え方についての知恵をクライエントに提供（心理教育）しながら進める。さまざまな心理的問題に対して応用されているだけでなく，その治療効果がさまざまな研究で実証されている心理療法である。

　松丸ら（2010）は，子どもの認知行動療法の中核的要素として以下を紹介している。認知的要素への介入では，子どもの考え方がどのように問題に関係しているのかを明らかにする。すなわち，「思考のモニタリング」で問題に共通した考え方を探り，「認知的な歪みと欠陥の特定」を行う。そして「思考の評価と認知的再体制化」で新たな考え方を身につけてゆく。感情的要素への介入では，気持ちにはさまざまなものがあることについての理解を促す。さまざまな気持ちに気づくようになり，人それぞれに違う気持ちをもっていることに気づく。「感情のマネージメント」によって，気持ちをコントロールする方法を教えて快適な気持ちになれるようにする。最後の行動的要素への介入では，新しいスキルを獲得するために，ゴールプランニング，課題設定，行動実験，エクスポージャーなどの方法を使用する。このような試みに加えて心理教育を取り入れながら，臨床心理士と子どもが一緒になって問題の解決をめざしていく。

5. うつの予防の取り組み

　先述のように，児童・生徒に対する抑うつの予防は重要な課題である。石川ら（2006）は，バーレットとターナー（Barrett & Turner, 2004）を参考に抑うつのリスクファクターをまとめた。すなわち個人的要因（遺伝的脆弱性，他の障害の存在，以前の抑うつエピソード，不安障害の存在，慢性的な病気），認知的要因（ネガティブな帰属スタイル，認知の誤り，ネガティブな自己知覚），社会的要因（社会的スキル，社会的問題解決，社会的なサポート），家族の要因（親の感情障害，親の養育態度，家族関係，夫婦関係），外的な出来事の要因（ネガティブなライフイベント，日常生活で生じる些細で不快な苛立事）の5つに分類することができる。ここから石川ら（2006）は抑うつの予防的介入として4つの目標を設定している。第一に，環境調整である。環境調整からの抑うつは子どもが周囲から支えられていると感じることができるようなソーシャルサポートを増大させることによって予防することができる。第二に社会的スキルの獲得がある。ソーシャルスキルは対人関係からの正の強化を受けることを可能にするため，抑うつの予防に有益である。第三に問題解決能力の向上がある。問題解決スキルはストレスフルな出来事に適切に対処することができるようにするため，抑うつ状態に陥るのを防ぐと考えられる。第四に認知への介入である。先述のように，認知的要素は子どもの抑うつにとっても影響を与えるため，それへの介入は抑うつを予防すると考えられている。

　抑うつ予防プログラムにはさまざまな種類があるが，具体的にどのようなプログラムが実施されているかは石川ら（2006）や佐藤ら（2009）を参照されたい。たとえば佐藤らは認知行動療法にもとづき，心理教育，ソーシャルスキルトレーニング，認知再構成法，応用学習を含む全9回のプログラムとその有効性を報告している。

　最後に，本章では子どもの精神病理について概説したが，子どもを支える側の教員がうつ病を罹患するニュースも後を絶たず，教員が自身の精神的状態を健康に保つことも児童・生徒への対応と同様に重要な課題であろう。教員自らがストレスとつきあっていくには，認知行動療法がやはり有益である。伊藤

（2011a, 2011b）は対人援助職を担う者が自身のために認知行動療法を使っていくための良きガイドであるため，是非参照されたい。

【これだけは覚えておこう】
biopsychosocial モデル：生物学的・心理学的・社会学的な側面から精神病理を捉えること。
ベックの認知理論：状況の認知の仕方に応じて感情が生じるという理論。
認知行動療法：認知・行動の仕方を工夫して問題の改善をめざす心理療法。予防にも適している。

コラム 12　子どものうつのアセスメント法

　本コラムでは児童・生徒のうつの症状を測るアセスメント法を紹介する。日本でよく使われる測定尺度は、オーストラリアのバールソン（Birleson, 1981）が開発した DSRS-C（Depression Self-Rating Scale for Children）の日本語版である「バールソン児童用抑うつ性尺度」である（村田ら, 1996）。適用年齢は 7－13 歳であるが、それ以上の年齢の生徒に使用したケースもある（傳田ら, 2004；岡田ら, 2009）。
　「わたしたちは、楽しい日ばかりではなく、ちょっとさみしい日も、楽しくない日もあります。みなさんが、この一週間、どんな気持ちだったか、当てはまるところに○を書き入れてください。良い答え、悪い答えはありません。思ったとおりに答えてください」という教示文に続き、全 18 項目に対して最近 1 週間の気持ちを 3 段階（いつもそうだ、ときどきそうだ、そんなことはない）で回答する。回答には 0, 1, 2 点が配点され、合計得点 16 点がカットオフポイントであり、それ以上の得点をもつ場合、抑うつ傾向があるとみなす。
　いくつか項目を抜粋して子どものうつの症状を紹介したい（表 1）。項目の前にある数字は項目の番号を表す。1 と 7 は、ポジティブな意味の項目である。こうした項目は逆転項目と言われており、「ときどきそうだ」「そんなことはない」と回答する方がうつの傾向が強い。うつはこれまで楽しかったことが楽しめなくなったり、元気がなくなる症状がある。3 にあげるように、うつのときは泣きたいような悲しい気分になったり、急に涙がでてくるこ

ともある。また6のように，うつは気持ちだけでなく身体に症状がでる場合がある。単におなかが痛いだけでなく実際におなかをこわす場合もある。10は「自殺念慮」に関する項目である。死にたいと直接言う場合もあれば，「遠くに行きたい」「消えてしまいたい」などの発言も自殺念慮を示していることがあるため，発言の裏にある気持ちを推し量ることが大切である。14のように，怖い夢を見る場合もある。夢の中に現在抱えているストレスが現れることもある。15のように，孤独感を感じることもうつの症状である。日頃付き合っている友だちが多い場合でも孤独感は現れてくる。18のように意欲が低下し，物事に興味をもてなくなるのもうつの症状である。様子だけを見ると，親や教員からは怠けているように見えることがあるため，見過ごさないように注意が必要である。

永井（2008）は中学生2,195名のデータから，カットオフポイント以上の中学生の割合を明らかにしている。中学1年生は全体で23.5％（男子19.2％，女子28.1％），中学2年生で28.8％（男子23.3％，女子34.7％），中学3年生で38.6％（男子34.3％，女子43.4％）であった。また，全体では30.3％（男子25.6％，女子35.3％）であった。

この尺度はスクリーニング用で，カットオフポイント以上の児童・生徒が必ずしもうつ病にかかっているというわけではない。つまり得点のみでうつ病と診断をすることはできない。しかし実施時間は10分程でありさまざまな症状の簡易なチェックに適している。またどの項目にどのような回答をするかによって，その児童・生徒の体験を把握することもできるだろう。近年では9項目の短縮版も作成されており（並川ら，2011），教育場面での使用頻度は増えていくように思われる。

表1　バールソン児童用抑うつ性尺度（抜粋）

1. 楽しみにしていることがたくさんある
3. 泣きたいような気がする
6. おなかが痛くなることがある
7. 元気いっぱいだ
10. 生きていても仕方がないと思う
14. こわい夢を見る
15. 独りぽっちの気がする
18. とても退屈な気がする

注）全18項目中，8項目を抜粋して掲載した。

13 カウンセリングマインド

1. はじめに

　もし自分が悩みを抱えたとしたら，誰に相談するであろうか。
　きっと，「誰か」を思い描いた人は，自分と親しくて自分のことをよく知ってわかってくれている人ではないだろうか。親身になって最後まで話を聴いてくれる，あるいは適切なアドバイスをくれるといった人かもしれない。私たちは信頼できる人にだからこそ自分の大事な内面の話を相手に相談し，アドバイスも聴くことができる。これについては，教師が生徒に向き合うときにも大切なことではないだろうか。そして，教育活動すべてにおいて，教師が重視すべき重要な態度とも言えるのではないだろうか。いいかえると，「カウンセリングマインド」は，教師が身につけたい資質の一つになってくるのである。

(1) カウンセリングマインドとは
1) カウンセリングマインドの定義

　現在，「カウンセリングマインド」ということばは教育現場に浸透し，教員が子どもたちの成長を援助するとき，教育相談を中心に重要な態度とされている。もともとは学校における教育相談を育てようとする活動の中から生み出されたことばとされているが，最近では，あらゆる教育活動の場面でカウンセリングマインドの態度が重視されている。そのカウンセリングマインドは，カウンセリングの技術ではなく，その基本となる人間観をすべての教師がもつことを願いとし，一人ひとりを尊重する態度を指すとされている（中原，2011）。しかし，このカウンセリングマインドは定義が明確にされていない。「相談的な心とか，見方，態度をいうもの」（小泉，1990），「人間関係を大事にする姿

勢である。防衛機制を緩和させる，役割をわきまえる点を念頭においた生き方」（國分，1990），「訓練を受けたカウンセラーではない人が，他者との関係において信頼関係を築き，成長を促す関わりに活かすことができるカウンセリングの理論の技法のエッセンス」（中原，2011），「専門のカウンセラーがカウンセリングを行うような気持ちでといった意味」（渡辺ら，2009）と捉え方がさまざまである。このように定義が明確ではないものの，広義の意味では人とかかわるとき，接するときにも心掛けておきたい姿勢につながることから，福祉，医療などさまざまな領域でも重視され，使用されるようになってきている。

2) ラポール（rapport）

　カウンセラーとクライエント（相談者）の関係は，人間関係の基本となる相互信頼の関係である「ラポール（rapport）」にもとづいて，共同で治療目標に対して共同作業が行われる。学校生活においても，教師と児童生徒の関係では互いを尊重し合う中で教育活動が展開されることが望ましいことから，「カウンセリングマインド」によるラポールは，教師の基本的態度とも言える。つまり，教師と児童生徒の関係において，愛情と信頼で結びついた心理的交流がなされている状態のラポールの形成（渡辺ら，2009）は，子どもと向き合うときに重要な教師の態度になってくる。

　そのラポールを形成するためには，「子どもの言葉に耳をよく傾けている」「子どもの否定的な面ばかりではなく，肯定的な面を積極的に見ようとしている」「子どもに自分の考えや価値観を押しつけない」といった教師の態度が重要であることが指摘されている（渡辺ら，2009）。特に，このラポール形成ができるか否かで，子どもたちへの教育・援助・指導に影響をおよぼすことが考えられる。そのため，教師と生徒の関係においても，あらゆる教育活動を行う際の基盤として，カウンセリングマインドの態度とラポール形成が，教師にとって重要な態度として重視されているのである。

(2) カウンセリングマインドにおける三大原則

　ロジャース（Rogers, 1942）は，心が健康・不健康にかかわらず，カウンセ

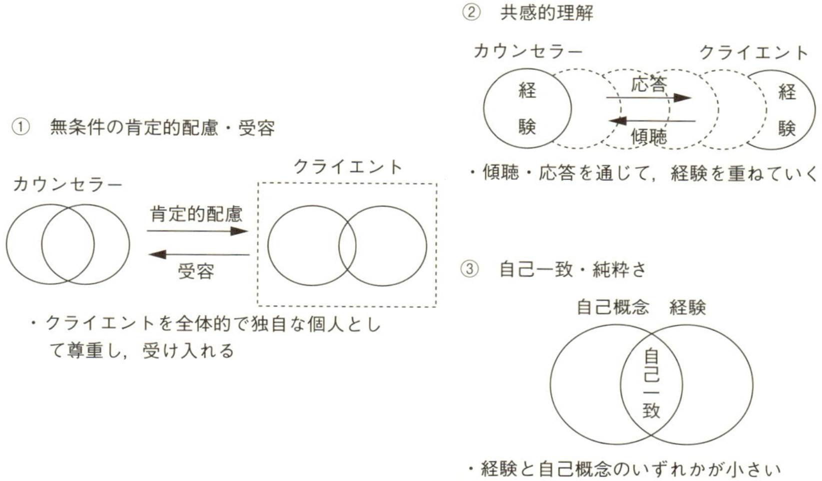

① 無条件の肯定的配慮・受容

カウンセラー　　　　　クライアント
　　　→肯定的配慮→
　　　←受容←

・クライアントを全体的で独自な個人として尊重し，受け入れる

② 共感的理解

カウンセラー　　　　　クライアント
経験　→応答→　経験
　　　←傾聴←

・傾聴・応答を通じて，経験を重ねていく

③ 自己一致・純粋さ

自己概念　経験
　　　自己一致

・経験と自己概念のいずれかが小さい

図 13-1　カウンセラーに必要な基本的態度　（渡辺ら，2009）

リング過程を人間の成長プロセスとし，子どもの成長過程を援助する方法の一つとして，人間中心教育のための三大原則を提唱している（Rogers, 1942）。これは「カウンセラーのための必要にして十分な三条件」として，カウンセラーにとって必要な基本的態度とされ，カウンセリングマインドにおいても重要視されている。この三条件が，肯定的関心，共感的理解，自己一致であり，渡辺ら（2009）がそのあり方をわかりやすく示している（図13-1）。

①肯定的関心は「無条件の肯定的（積極的）関心（受容）」と呼ばれているものである。教師は目の前の子どもをここは良いけれどここは良くないといった条件付きの理解で接するのではなく，ありのままに，そのままでいて大丈夫だという思いをもち，かけがえのない存在として子どもを尊重し，無条件に関心を向ける。ことばではなく，自然で偽りのない気持ちが伝わるような態度で向き合う。

②共感的理解は，"as if"（あたかも……であるかのように）とロジャーズが表現したように，子どもの気持ちをあたかも自分自身のことであるかのように敏感に感じとることをいう。無条件の肯定的関心ができたのであれば，そのときの子どもの内面に沸き起こる感情や態度が伝わってきて，自然に共感的なこ

とばを子どもにかけることができるようになる。たとえば，「あなたがそうせざるをえないほど悔しかった気持ちは伝わったよ」と，私はあなたの気持ちをわかろうとしているということを伝えるのである。つまり，子どもが感じている「今，ここで」の思いや気持ちを受け止めてあげることが共感的理解になってくるのである。

　③自己一致は「純粋性」や「真実性」とも呼ばれている。これは，子どもとの関係の中で教師自身がありのままの自分でいられるかということである。子どもと接しているとき，望ましい成長をする場合もあれば，受けいれることができない子どもの状況や考えにふれることがある。このとき，教師自身が自身の内面に生じている感情を隠すことなく，子どもから感じ取ったものをありのままに聴く準備をし，そのとき生じた感情を子どもに返す。そのプロセスで，「つまらないことを聞くな」と子どもの気持ちを無視したり，怒ってみたり，「なんでそんなことばかりやるのだろう」とレッテルを貼るのではない。「自分の価値観を押し付けたくなる自分がいるな……」「教師の言うことを聞かない子は苦手だ」といったたくさんある感情の中の一つに揺さぶられて生徒に接するのではなく，人と接するときの自分のクセや自分の未熟さや弱さなども受け入れながら対応できることが重要になってくる。そして，子どもと対等な関係で接し，尊重する姿勢を常にもちつつ，ときには，自分の間違いや弱さを子どもの前でも素直に認める。要するに，子どもと教師のどちらも尊重する態度をもつことが重要になってくるのである。

2. 学級づくりにどのように活かすのか

(1) 教師のリーダーシップ

　教師が学級経営を行うとき，指導と援助は切り離すことができない。いいかえると，ときには厳しく叱責し，あるときにはあたたかく見守り支えるといったように，教師の姿勢としてカウンセリングマインドを分離できないということである。しかし，指導と援助に線引きをして違いを明確にすることは難しい。そこで，指導と援助の両者を切り離さず，統合したかたちで捉え直す視点から学校教育におけるカウンセリングマインドを整理した金山（2011）のモデ

2. 学級づくりにどのように活かすのか 175

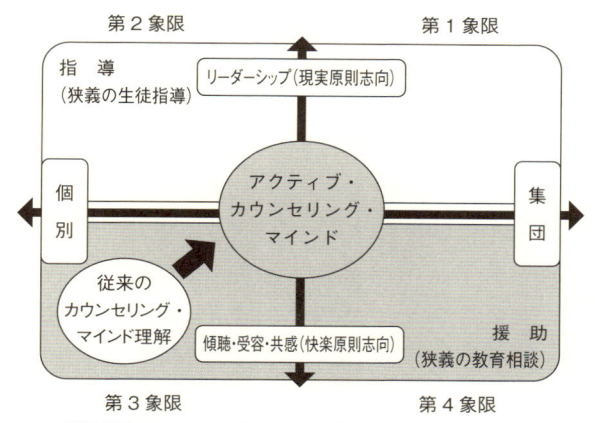

図 13-2 学校教育におけるカウンセリングマインドのモデル （金山, 2011）

ルであるカウンセリングマインドと教師のリーダーシップの関係を考えてみる（図 13-2）。

縦軸は「傾聴・受容・共感」と「リーダーシップ」，横軸は「個別－集団」である。第1・2象限を狭義の生徒指導，第3・4象限を狭義の教育相談としている。従来のカウンセリングマインドでは，個別対応を基本に「受け」「止め」「とどまる」といった受容のためのプロセスがあり，さらにはその先に「返し」があった。この向き合うプロセスの中で，現実原則を教え，価値を語り，不適応行動を適応的行動に変容させる指導と援助で，これにより心がうまれるとして重要視されていた。しかし，「受容」の過程をたどらないこのプロセスは，表面的な指導に陥りやすく，「返し」はときに子どもに葛藤を生じさせ，それすらも受け入れることができずに我慢して対峙しなければならない状況を発生させる。当然，子どもの心に響かないし，届かない。しかも，個別対応だけでなく集団（学級）対応も同時にしなくてはならず，教師自身が「子どもの甘えを許していいのか」「その行動は容認できない」「子どもが語ることばはどこまで本当なのか」と葛藤にさいなまれやすい。だからこそ，そのようなときこそ，カウンセリングマインドの考えが役立つのである。

カウンセリングマインドにおいては，受容とは甘えを認めること，その行動を容認することではない。むしろ，カウンセリングマインドは甘やかすのでは

なく，子どもの自立をうながすものにほかならない。目の前の子どもが「今，ここで」語ることばの意味とその背後にある感情をあるがままに受け入れながら理解しようとし続ける態度を子どもに示しつつ，現実原則を教える教師のリーダーシップを発揮するそのバランスこそが重要になってくるのである。

(2) 子どもの気持ちに寄り添う

　教師がカウンセリングマインドをもって子どもたちに寄り添うことができたとき，子どもたちは安心感をもって自分の気持ちにふれ始め，ことばで気持ちを表現する。そのような子どもと教師の関係は，個から集団へ，あるいは集団から個へと円環的な流れが生じ，お互いを尊重し合うあたたかい雰囲気のクラスとなる。子どもたちは居心地の良さを感じ，学級への帰属意識も高まりやすい。この関係が形成されていると，子どもが問題や課題を抱えたときに，「先生ならわかってくれる」「先生だから私の見方になってくれる」という信頼関係にもとづいて相談をしに行きやすい。そのため，子どもたち一人ひとりの気持ちに寄り添うことは，いじめや不登校といった問題を未然に防ぐことにつながる。

3. カウンセリングマインドを活かした生徒指導と教育相談

(1) 生徒指導と教育相談における「カウンセリングマインド」とは

　生徒指導と教育相談は，ときとして相反する対応・考えと誤解されることがある。この背景には，生徒指導と教育相談の捉え方による影響が考えられる。まずは生徒指導と教育相談を理解することが重要である。表 13-1 に文部科学省が提示する生徒指導と教育相談を示す。

　表 13-1 で示したことを解釈すると，生徒指導は，学校教育の中で児童生徒の日常生活について個別，あるいは集団で指導・援助を行い，人格形成を助ける活動であることがわかる。そして教育相談は，学校生活において児童生徒と接する教師にとっての不可欠な業務であり，学校における基盤的な機能とし，さまざまな悩みを抱える児童生徒一人ひとりに対して，きめ細やかな対応をすることが強調されている。

　このことに関連して，生徒指導は男性教師が厳しく罰するイメージから「父

3. カウンセリングマインドを活かした生徒指導と教育相談

表 13-1　生徒指導と教育相談について

〈生徒指導〉 一人一人の児童生徒の人格を尊重し，個性の伸長を図りながら，社会的資質や行動力を高めることを目指して行われる教育活動のこと　　　　　　　　　　　　　　　　（文部科学省，2011） 〈教育相談〉 教育相談は，一人一人の生徒の自己実現を目指し，本人又はその保護者などに，その望ましい在り方を助言することである。その方法としては，1対1の相談活動に限定することなく，すべての教師が生徒に接するあらゆる機会をとらえ，あらゆる教育活動の実践の中に生かして，教育相談的な配慮をすることが大切である。　　　　　　　　　　　　　　（文部科学省，2010）

性的役割」，教育相談は女性教員や養護教諭が優しく何でも相談にのってくれるイメージから「母性的役割」と称されてきた。従来，機能的に異なった役割やかかわりがあると日本の教育では考えられてきたため，生徒指導相談と教育相談担当の先生が，生徒への対応をめぐって対立することがあり，対応される側の子どもたちが教師の異なる対応に困惑する場面もしばしばある。しかし，本来は，すべての教師が自分自身の中に「父性的役割」と「母性的役割」をもっている。自分の中にあるこの2つの役割を，子どものニーズや場面，心理的な状態に応じて適切に用いていくことが重要である。

そして，図13-2に示すように，校内の中や学校体制，教師間において，適切かつ上手に使い分けていく必要がある。たとえば，教師は学級担任として教科を教え評価する立場である上に，厳しい叱責や現状をときには子どもに伝えていかなければならない。このとき，父性的な役割が強くなる担任を支援するために，評価をしない養護教諭やスクールカウンセラーが保健室や相談室といった守られた安全な空間で対応する。養護教諭やスクールカウンセラーが母性的役割を引き受けることで，校内体制と教師間でバランスが保たれる。つまり，教師の子どもへのかかわり方は，リーダーシップである要求的・指導的な態度と受容的な態度という両者のバランスがとれていることが重要な要因となり（松村・浦野，2001），教師個人内だけでなく校内の教員間においても意識して，子どもの援助に役立てることが重要になってくる。

(2) 教育活動におけるカウンセリングマインドの援用

「授業がつまらない，おもしろくない！」

授業が終わって振り返りの感想を書かせると，「つまらなかった」「おもしろ

くなかった」「別に何とも思わない」といったネガティブな発言を一言だけ記述する子どもがいる。このような場合，子どもたちの多くは，何かを感じ考えたりしている。しかし，「書くのが面倒」「うまく書けない」と表現の表出に抵抗をもつ傾向が少なくない。そこで，「何でもいいから何か書いてごらん」という声かけではなく，「何がつまらなかったの？」と尋ねてみる。すると子どもは，「えっとね……」と話し始める。そこでカウンセリングマインドの態度で，「ふーん」「なるほど」「それって○○ってことかな？」など感じたことや考えたことの気づきを受容・共感しながら，自分の考えや思いをことばに置き換える作業を援助する。ただしこの間に，教師自身が期待する回答を子どもがしないために，「何を聞いていたのかな」「困った子だ……」などイライラし，焦っている教師自身の感情に気づきながらも（自己一致），子どものことばを引き出す助言する。「つまらない」「おもしろくない」「別に……」といった子どもにつき合う姿勢を忘れないでいたい。

(3) カウンセリングマインドを教員や保護者に活かす
1) 教師（同僚）に活かす

現在の教師は煩雑な仕事に追われ，仕事のことは話すけれども教員どうしで談笑するゆとりがもちにくく，仕事関連のストレスが大きい。また，児童生徒への対応，保護者の肥大化してきた要求への対応の困難さも指摘され（中島，2003），同僚との関係に悩む教員も少なくない。特に，豊かなコミュニケーション能力は教師にとって欠かせない資質として，教員の資質の問題の観点からも注目されている（中央教育審議会，2012）。文部科学省（2012a）の調査では，精神疾患を理由に休職した公立学校の教員は5,407人にのぼり，過去3年の間は5,000人以上の休職が続いている。また，新規採用教員のうち精神疾患を理由に退職した教員は，平成21年度が83人，平成22年度は91人で，教師のメンタルヘルスの支援も課題にあげられている（文部科学省，2012b）。この新規採用者の退職数は，現場の教員だけでなく，教員をめざす教職課程の学生にとっても気がかりな問題である。

そこで，職場の人間関係を良くするために，お互いのことを知って理解し，得意なところやよさを認めるためにカウンセリングマインドの態度を心がけた

い。協働目標に向かって，相互に役割を分担して問題解決を図り，そのプロセスでお互いを知り，よさを認め合い，ほめ，励まし合う。ときに，つらさや苦しさを共感して支える。そして，その成果を共有し，お互いの存在を尊重し敬意をはらう。教師一人ひとりが，相手の気持ちや立場になって感じとり，お互いが異なる存在ではあっても相手と通じ合う人間関係を大切にするカウンセリングマインドをもちうるかが，子どもとの信頼関係や教育実践と校内体制の安定さのみならず，教師の心身の健康維持にもつながっていくものと考えられる。

2) 保護者に活かす

　最近，保護者との関係が悪化，あるいは保護者からの批判やクレームといった様子がモンスターペアレントということばを通じて話題となった。しかし，保護者をそのようにラベリングし，おしゃべりのネタにするだけで，子どもを支え合う大人として，保護者との関係が根本的に解決できるのであろうか。

　多くの場合は解決に至らず，保護者のネガティブな感情が高まり，怒りは攻撃性に変わって教師に対する攻撃性が増し，教師（学校）と保護者は感情的な関係に陥りやすい。このような状況になると，子どもを通じて保護者と教師が対立するか，直接的に保護者と対立することが考えられる。そこで，この保護者の言動について視点を変えて考え直してみよう。すると，わが子のために必死になって保護者から教師（学校）へつながろうとしようとしていると考えられないだろうか。だからこそ，保護者からのことばや態度に動揺せず（自己一致），何を訴えようとしているのか冷静に状況を見ながら話を聴いて事実を確認し（受容），保護者が何を訴えているかを聴きとっていく。そして，あいづちやうなずきをしながら「そうですか……」などと応じ，「○○さんのお考えはわかりました（よく伝わりました）」ときちんと最後まで○○さんの話を聴きましたという共感の姿勢を伝える。このように，保護者との時間はどのような内容の訴えであっても，保護者との関係を構築し直す，あるいはつながっていく絶好のチャンスに変えていけると，むしろ，保護者は子どもを支える強力なサポート資源になるのである（14章参照）。

(4) カウンセリングマインドをどのように育むとよいのか？

　1つ目は体験である。体験は，カウンセリングマインドの資質や能力を育む。意識的に「ヒト」（相手）の気持ちに意識を向け，どのようなものなのかを意図的に体験する場を設け，研修会等に積極的な参加をするとよい。たとえば，ソーシャルスキルトレーニング（SST），構成的グループエンカウンター（SGE）など，同じ時間に体験を共有していても感じ方が異なることを実感することができる。日常生活においても，友人・家族・先生などまわりの人と接するとき，コミュニケーションのプロセスを意識的に対応することが，カウンセリングマインドの態度を学ぶ練習となる。

　2つ目は，「聴く」スキルの獲得である。カウンセリングマインドを発揮するには教師と生徒間のコミュニケーションが重要となる。コミュニケーションは「話す」「聴く」といった双方向のやりとりで，これにより，会話がスムーズになり，お互いが快く考えや気持ちを伝え合うことができるようになる。特に「聴く」ことは，相手の話を最後まで聴いて，理解することが大切になってくる。そこで，聴くスキルのポイントを4つ挙げる。①やっている作業を止めて，相手に身体を向ける，②相手が話をしているときに適度に相手の目を見る，③「なるほど」「うーん」といったあいづちや「うんうん」といったうなづきをする，④最後まで話を聴いて，その内容について質問や確認をする。これらの内①と②は受容的な態度，③「なるほど……あなたはそう思ったんだ……」という共感，④「（私は良く理解できない，むしろなぜ？……と思うから）なぜそういう気持ちになったの？」という自己一致につながる。まずは，身近な友だちや家族とのコミュニケーションでポイントを意識しながら接することから始めてみよう。

　3つ目は，自分を知ることである。それは，自分の人生観や人間観，教育感，子ども観を知ることでもあり，生き方や日常生活を振り返る中で沸き起こる自分の気持ちに向き合うことでもある。そして，そのときの気持ちと向き合うことで，感情の変化のプロセスに気づきながら，さまざまな感情とバランス良くつきあっていくように自分自身に働きかける。そのようなプロセスの繰り返しを通じて自分の気持ちに寄り添えるようになると，子どもの気持ちに寄り添うこともできるようになるのである。特に，人間関係の中で悩んだとき，自

分を見つめ直して自問自答するとき、自己決定・自己判断に迷うときといったときこそが、自己を知る絶好の機会となり、ありのままの自分を受容する体験にもなる。

　これら3つの観点を重視し、普段の生活の意識を少し変えるだけでカウンセリングマインドの態度を身に付けることが可能である。カウンセリングマインドに裏打ちされた教師ならではの「統率力や指導力」を磨き、的確で柔軟な、そしてあたたかみのある教師として教育実践をすすめていける力を身につけてほしい。

【これだけは覚えておこう】
カウンセリングマインド：カウンセリング的に人とかかわろうとする人がもつべき態度、考え、心構え。
ラポール（信頼関係）：カウンセラーとクライエントの間に生じる相互に信頼しあい安心して自由に振る舞ったり、感情の交流が行える関係。
無条件の肯定的（積極的）関心（受容）：子ども一人ひとりの気持ち、感情、考え方を積極的に尊重すること。
共感的理解：子どもの気持ち、感情、ことば、態度などをありのままに共感的に理解しようとする態度。
自己一致：子どもに対し、表裏のない態度、偽りのない態度で接すること。

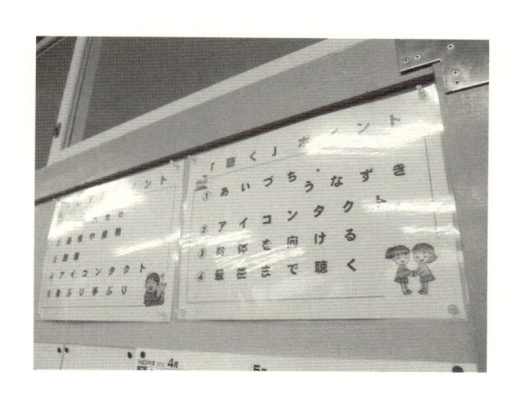

コラム13　カウンセリングマインドをもちいて「上手に叱る」

　子どもとすごす学校生活の中では，状況に応じてときには叱らなくてはならない場面が生じる。たとえば，授業中のエスケープ，授業妨害，対教師暴力，生徒への暴行，服装違反，遅刻，喫煙などである。その中には，すぐに対応しなければならない問題行動等の指導も含まれる。学校が「集団生活」をする場である以上，学校のきまりを順守し，自分勝手な行動をすることは許されない。
　そこで陥りやすい教師の対応が「悪いことは悪い」とする罰を与える指導である。その罰を強調してしまうことにより「叱ることと怒ることの混同」「一方的な叱り方（怒り方）」という状況が生じやすい。
　ある高校の事例である。男子生徒が校内のトイレで煙草を吸ったため生徒指導の対象となった。すると，生徒指導主任の先生が「ふざけるな！」「どこで煙草を買ったんだ！」「いつも吸っていたのか？」「他に吸っていた奴はいないのか？」など頭ごなしに怒鳴りつけ，そのまま別室へと移動して指導は続き，その日はそのまま教室へ戻らず帰宅となった。そして停学となって一週間後，別室登校で反省文を書き配布されたプリントをするといった一日を3日間すごし，ようやく通常の学校生活に戻った。
　この事例で考えてみよう。確かに法律上，未成年は煙草を吸うことが禁じられている。そのため，教育的配慮・指導があってしかるべきであろう。しかし，このような指導で，本当にその生徒は改心したと言えたのであろうか。もしかしたら何かイライラむしゃくしゃしたことがあって吸ってしまったのかもしれない。わざと悪いことをすることで注目を浴びたかったのかもしれない。校内で煙草を吸えば停学になるとわかっていながら吸っているのであれば，その行為を突き動かした背景には何があったのだろうか。その行為の背景や状況を確認せず，煙草を吸った理由も聴かず，煙草を吸ったという行為を行った生徒だけを一方的に教師が責め立てていることで指導・教育的な対応であったと本当に言えるのであろうか。
　「悪いことは悪い」だけに焦点をあてた指導をしようとすると，つい感情が高ぶって感情的な対応になりかねない。そうすると「叱る」のではなく「怒る」ことを生徒にしてしまうのである。「怒る」とは，自分が腹を立てたことを一方的に相手にぶつける一方通行の感情表現である。そして，相手がどのように感じたのかは一切気にせず，怒ることで自分の目的を果たせればよいとする動作をいう。その「怒る」ことは，ただ感情的になるだけであるため，相手の反発を招く結果になることが非常に多い。一方，「叱る」とは，相手をよりよくしようとするアドバイスや注意を伝える動作である。これは，相手のことを考え，相手に非や責を理解させるために働きかける双方向

のコミュニケーションとも言える。「叱る」ことにおいては感情が抑えられているため，相手も言われたことについて受け入れる気持ちをもつことができるとされている。

　そこで，生徒に対応するとき，一方的に教師自身の感情をぶつけて「怒る」のではなく「叱る」ために，ロジャース（Rogers, 1942）の三条件である「無条件の肯定的関心」「共感的理解」「自己一致」を援用するのである。

　それでは，先ほどの事例で考えてみよう。「男子生徒が煙草を吸ったため生徒指導の対象となった」ことに対して，いきなり叱るのではなく，なぜそのような行為を行ったのか，その理由を聴く。このときには，「聴くスキル」を発揮して生徒としっかりと向き合う。そこで生徒が語る内容をまずはありのままに受け止め，行動を振り返って客観的に見つめ直すことを促しつつ，沸き起こった感情に気づかせ，さらにまたことばで表出させる。この言語化（書く・話す）は，自分自身の考えや知識を再構成化することができる（原田・渡辺，2011）。このときに教師が配慮することは，生徒の感情を落ち着かせ，状況を冷静に語ることができる雰囲気を作ることである。つまり，生徒が安心でき，守られている空間（場）を設定するのである。

　すると，教師は「ふざけるな」など怒鳴りつけず，行為の裏側にある事情や生徒の気持ちを否定せずに，安全な環境の別室で，いきなり叱るのではなく，カウンセリングマインドの態度で「なぜそのような行為を行ったのか」と丁寧に受け止めることができ，生徒自身も行為を振り返ることができるようになる。ここでいう「受け止め」は，その行為を納得して認める「受け入れ」ではない。ここが援助のプロセスで重要な核となる部分である。その上で，悪い行為については曖昧な表現，言い方はせず「いけないものはいけない」と人間としての教師の思いを真剣に伝え，「謝り方」や繰り返さないための「感情のコントロール」といったやり方（ソーシャルスキル）を具体的に教え，学ばせる。

　そうすると，停学中の自宅での時間の過ごし方や別室登校における反省文も，自己を振り返った内省と洞察の時間となり，自立を促す機会につながり，これらの体験が「自己成長」のための重要な時間となるであろう。

14 保護者をとりまく心理社会的状況

1. はじめに

　本章で扱う保護者世代とは小学校から中学・高校までの子どもをもつ親世代を指す。発達区分で示すと成人期，中年期などと呼ばれる時期に相当する。2節では保護者世代を取り巻く心理社会的状況を踏まえ，この時期の心理的特徴と発達課題，また陥りやすい臨床的な問題と症状について述べる。3節では親になっていく発達のプロセスとして家族の発達，子育てを通して父親および母親になっていく様相を，4節では児童期および思春期の子どもと親の関係を見ていく。5節ではよくある保護者のタイプを取り上げ，教師とのかかわりについて述べる。さらに保護者と教師が協力し合って子どもの健やかな成長を促進させていくために留意すべき態度について述べる。最後6節では，保護者だけでは解決しきれない子どもの問題が生じた場合の相談機関を紹介する。

2. 保護者世代とは

(1) 保護者世代の心理的特徴と発達課題

　この時期は，対外的には仕事に就き配偶者を選び新しい家庭を築く，子育てや後輩の育成を通して社会の発展に寄与する，内面的には青年期から取り組んでいるアイデンティティの形成をさらに進め，精神的な充足感や自我の成熟を図っていくことが求められる。エリクソン（Erikson, 1950）は人間の心理・社会的視点を取り入れた独自の発達理論を提唱したが，人の生涯発達を乳幼児期から老年期までの8つの発達段階で捉えた（第9章表9-1参照）。エリクソンによれば30歳から65歳ごろは成人期にあたり家庭人としても社会人として

も一人前になり，家庭においては子ども，職場においては後輩といった次世代を育て世話をする課題（世代性もしくは生殖性）に取り組み，この課題が達成できないと停滞状態に陥ると考えられている。ハヴィガースト（Havighurst, 1972）は，エリクソンの発達理論に影響を受けつつも，人の生涯発達を幼児期から老年期までの6つの発達段階に分け，それぞれ生物学的，心理学的，文化的な観点から捉えた。ハヴィガーストは30歳から60歳までを中年期とし，①10代の子どもが責任を果たせる幸せな大人になるように援助する，②大人の社会的な責任，市民としての責任を果たす，③職業生活で満足のいく地歩を築き，それを維持する，④大人の余暇活動をつくりあげる，⑤自分をひとりの人間としての配偶者に関係づける，⑥中年期の生理学的変化の受容とそれへの適応，⑦老いてゆく親への適応，の7つを課題としてあげている。これらの課題は，身体の変化と環境の圧力から生じ，この時期社会に対する影響力は最大となるが，同時に社会からは責任・義務などのさまざまな要請があるとしている。

エリクソンの理論もハヴィガーストの理論も提唱されてから半世紀近くたち，当時の文化・社会の影響を強く受けており，現代にそのまま通用するか疑問視する声もある。しかし，筆者としては子ども世代と親世代に挟まれた成人期の人々が自らのあり方を見つめ（個人としての確立），家庭人としてまた社会人としてどのように振る舞い生活すべきか（社会への適応）を決定していくにあたり，彼らの理論は現代を生きる私たちに多くの有用な示唆を与えてくれていると考える。

(2) 保護者世代に起こりやすい問題と症状

保護者世代は家庭と社会それぞれの領域において適応することが求められ，前出のエリクソン（Erikson, 1950）やハヴィガースト（Havighurst, 1972）もこれらの視点から，人が良好な発達をとげるために取り組まなくてはならない課題を設定した。しかしこの時期は自己の内面に変化を抱える一方，外界からは要請が多く，内外の調整に多くのエネルギーを費やし，ともすれば心身の調子を崩しやすい時期とも言える。まず身体面では，体力や運動能力の低下を迎え，自己の限界に直面し，心理的なストレスを感じることが多い。青年期までと違い，自分に無理がきかない年齢となってくる。また疾病としては高脂血

症・高血圧，心筋梗塞・動脈硬化・脳梗塞・癌（悪性腫瘍）などの生活習慣病や，胃潰瘍や糖尿病などの心身症，更年期障害が出現しやすい。さらに心理面では，この時期は人生の折り返し地点として，今一度，青年期までに作ってきた自分を見つめ直し，これから自分がどのように生きていくかを再考する必要が出てくる。岡本（1985）によると，中年期は転換期として意識されることが多く，そこには体力や時間的展望，生産性などにおける限界感を認識する否定的な側面と安定感・充実感・幸福感を感じる肯定的な側面の両面が見いだされるという。アイデンティティ展開のプロセスとしては，①身体感覚の変化の認識にともなう危機期，②自分の再吟味と再方向づけへの模索期，③軌道修正・軌道転換期，④自我同一性再確定期，の4段階があり，この過程において心理的に否定的な変化を感じると改めて自分の人生を振り返り，その意味の問い直しが行われ，その際，「中年期のアイデンティティ危機」と呼ばれる状態に陥るとされている。そしてアイデンティティの再吟味を経て，自分自身の生き方を安定させていくことがさらなるアイデンティティの成熟につながっていくという。先に成人期は子ども世代と親世代に挟まれたと述べたが，子育てをめぐって子ども世代との関係から生じるストレス，介護や世話をめぐって親世代との関係から生じるストレス，仕事や社会生活上の対人関係から生じるストレスなどに遭遇しやすく，これらのストレスは神経症や抑うつなどの精神症状，職場不適応や家族問題などを引き起こしやすい。極端な場合，自殺を招く危険性もある。

　心身ともにストレスの多いこの時期を上手に過ごすためには，個人としてどう生きるか，家族の一員として，社会の一員としてどう生きるか，個人と社会，内面と外面，それぞれのバランスを自分なりにとって人生を歩んでいくことが求められる。

3．親になること

(1) 家族の発達

　家族のライフサイクルとして，結婚を起点として①新婚期（結婚から第1子の誕生まで），②出産，育児期（幼い子どものいる家族），③青年期の子どもの

いる時期，④子どもの自立と離脱の時期，⑤老年期の夫婦，という5段階があげられている（森川，2009）。結婚を期に夫婦が成立し，出産により子どもが生まれることで家族の規模が拡大していき，子どもの発達にともない，家族として必要な機能を果たすことが求められるようになる。育児期では安定した親子関係を基盤に，子どもが集団社会に出ていくことが可能となり，子どもの社会性が発達していく。子どもを主として養育するのは母親であることが多いが，その母親をサポートする父親の存在は大きい。第1子であれば慣れない育児を手伝う，第2子以降が誕生すれば子どもの世話を率先して手伝うなど，母親の体力的負担を軽減することはもちろんのこと，精神的なサポート，育児上の悩みがあれば相談に乗り，母親とは別の立場から客観的な見方を伝えるなど，夫婦が協力して育児にあたることが不可欠である。また子どもが思春期，青年期を迎えると，精神的な自立を促すために親子関係の見直しが必要になり，家族関係に変化が起こる。いずれの時期においても子どもが育つ背景には，家族が健全に機能すること，そのためには夫婦間の信頼関係が前提条件となろう。尾形（2006）は，夫婦関係のあり方が家族機能の特性を形成し，その家族機能が家族成員個々の発達的変化に影響をもたらし，さらに家族成員の発達的変化が家族成員個々の変化および家族機能形成にも影響をあたえると考え，家族の循環的な変化と家族関係の中で人が発達し続けていくと述べている。

　各家庭によって家族の特色はあろうが，子どもの成長・発達や社会への適応を促進するのは家庭であり，それゆえ家族を構成する成員間の親子関係，夫婦関係が愛情と信頼に満ちたものとなり，家族として安定した発達を遂げていくことが必要である。

(2) 親になること

　妊娠，出産は女性にとってライフサイクル上の大きな出来事の一つであり，人生観，価値観の転換のきっかけにもなる。周囲は子どもができると，その両親に父親役割や母親役割を期待することが多いが，子どもができたからと言って，すぐに父親が父親になるのではなく，また母親が母親になるのではない。柏木・若松（1994）は，親となることによって柔軟性，自己抑制，視野の広がり，自己の強さ，生き甲斐について変化を実感し，人格的な成長がもたらされ

るとしている。子どもの成長に合わせて，父親は父親らしく，母親は母親らしくなっていくのである。また小野寺（2003）は，親になることにともなう役割意識の変化を3つの自分（社会にかかわる自分，夫/妻としての自分，父親/母親としての自分）の視点から検討した結果，女性は母親になった自分をかなり強く認識するが，男性は父親になった自分よりも社会にかかわる自分を強く認識する傾向があったことを報告している。女性は出産により今までのライフスタイルを子どもに合わせて変えるよう求められ，一日の大半を育児に費やすようになり，母になった自分，母親役割を意識せざるをえない。一方，現代社会で一日の大半を職場ですごさざるをえない男性は，自らを父親としてではなく社会の一員として認識しやすいのは当然のことと考えられる。

　岡本（1994）は，女性のアイデンティティ発達の特質として，一つには直線的・連続的にアイデンティティを形成・発達させにくい，つまり結婚や出産，夫の転勤，親の介護など，自分の周囲の重要な他者によって作り上げてきた自らのアイデンティティが分断されやすいことをあげている。もう一つには個の確立によってアイデンティティを成熟・深化させていくと同時に，他者との関係性によってアイデンティティを確認し，成熟させていくとしている。女性は子どもとの関係，夫との関係を生きる中で，母親として，妻としてのアイデンティティを自らの中に取り込みながら，自分らしさを身につけていくと考えられ，結婚，出産，育児といったライフイベントが自己形成の契機になると言えよう。男性についてであるが，前述の尾形（2006）は，父親が家事・育児，家族とのコミュニケーションを中心とした子育てにかかわることにより人格的な成長発達をとげていると述べ，成人期の男性の発達・適応と家族との関連性の強さを指摘している。また森下（2006）は，家族の中で配偶者や子どもからの影響を受けて，育児に関与し，また発達していく父親の姿を明らかにするために研究を行い，子どもをもち，子どもを育てることを通して，配偶者への愛情という個人を対象とした愛情から家族という集団への愛情が深まり，同時に父親自身の生活基盤を確立することになると結論づけている。

　子どもが誕生すると，今まで夫婦だけのときに享受していた時間の使い方や価値観，生き方などが一変し，子育ての中で，新たに父親として，母親として，家族として新しいライフスタイルに適応していく必要に迫られる。そして

その変化に適応していく中で，父親が父親らしく，母親が母親らしくなって，人として成長していくと言えよう。

4. 親と子の関係

(1) 子どもが児童期の場合

　児童期は小学生にあたる時期である。第一次反抗期のある幼児期と第二次反抗期を迎える思春期とに挟まれ，両時期と比較すれば平穏な心身ともに安定した時期である。小学校低学年では，自分の興味関心をひくものに夢中になり，遊びに熱中するという幼児期の特性をもちつつ，学校集団の中で人間関係が今までの親子・家族を中心としたものから友達や先生との関係へと広がっていく。いつまでも自己中心的に好きなこと・やりたいことだけを主張していては，課題や規則のある学校生活への適応は難しく，自分とは違う考え方をもつ友達との関係を円滑に保つことができない。親はこの時期，子どもが積極的な関心や意欲を損なわないように，子どもの行動に対し不必要な制限や過干渉は控え，日々の友達関係や学校生活での体験を積む中で，自らの行動や思考，感情を発達させるようサポートしていく必要がある。小学校高学年になると知的発達が進み，自己中心性が抜け他者の気持ちを考える力がついてくる。仲間関係においてはギャング・グループと呼ばれるような同性同年齢の子ども集団を形成し，同世代の仲間との結びつきが何よりも大切になり，親の保護下から抜け出す準備を始める。仲間関係からは役割，責任，協力，交渉，思いやりなどを学び，社会性を養っていく。親や教師など大人とは距離を置き，仲間どうしで大人に言えない秘密を共有するが，仲間との連帯感を求めるあまり，ときに非行など反社会的行動を取ったり，仲間の誰かを排除するかたちでいじめなどの問題が出現する場合もある。身体的には，そろそろ第二次性徴の発現を迎える時期である。

　児童期の親子関係では，育児をめぐる問題が取り上げられることが多いが，女の子から少女へ，男の子から少年へと身体的にも精神的にも大きく変化していく中で，親はその都度どのように子どもとかかわっていくかを考える必要に迫られる。子どもの個性を認めた上で，その子がどのように育っていくことが

子どもの幸せにつながるかを見通す視点をもった親子のつき合いが大切になってくるのである。

(2) 子どもが思春期の場合

　思春期は中学・高校時代にあたり，親からの心理的離乳期とも言われる。親離れ子離れを課題に子どもが自立していく時期である。子どもは親に依存したい気持ちと親から自立したい気持ちとの間で葛藤し，不安定になりやすい。身体的には第二次性徴を機に子どもから大人の仲間入りをするが，精神的にはまだ大人になりきれない成熟に向けた過渡期にいる。この心身のアンバランスゆえ，ときに自分でも収拾がつかなくなり感情の起伏が激しくなることがある。自分の気持ちをことばよりも行動で表現することが少なくない。思うようにならない苛立ちや葛藤を抱え，処理しきれずに行動化や身体化のかたちをとって，前述の非行やいじめのほか，不登校，摂食障害や抑うつ状態などの症状が出現することがある。親は表面に現れた行動や症状を困ったもの・問題と考えてなくそうとするのではなく，行動や症状の裏にある意味，子どもの本当の気持ちを汲み理解しようとする態度をもち，子どもが自分なりにバランスを取ろうとするのを受け止め見守ることが大切である。また，今まで外の世界に向いていた興味関心が自己の内面に向けられ，自分についての意識が高まり，自分はどういう人間で何ができるかなどアイデンティティの模索が始まる。同時期に親の方は，子どもが自立していく過程で自分の親としての役割を再検討し，子どもとの関係の見直しを迫られるようになる。子育てが生きがいであった母親は「空の巣症候群」と呼ばれる状態に陥ることもある。野末（2009）はこの時期の親には，子どもの依存を受け止めつつ自立を促進するような，子どもが安心して家族から離れることができ，なおかつサポートされているという安心感を抱けるような，柔軟な家族境界を築くことが求められると指摘している。

　児童期から思春期にかけて，子どもは各々個性豊かな成長をとげていくのだが，その際，親は，①子どもの話（言うこと）を頭ごなしに否定せずに，まずは聴くこと・受け止めること，②子ども自身と子どもの自己成長を信じること・見守ること，その上で，③親と子がほど良い心の距離を取ること，④子どもの食事と健康を管理することなどを心がけたい。そのためには，ときには腹

をくくって子どもと向き合う覚悟も必要となってくる。親と子の関係では，子どもが成長すると同時に親も成長する，まさに育児が育自になっていく相互成長の営みがなされていくのである。

5. 保護者と教師の関係

(1) よくある保護者のタイプ
1) 不安の強い保護者の場合

　性格的に真面目で神経質，物事や人間関係の一つひとつに敏感であり，周囲への適応に時間がかかるタイプの保護者である。わが子が小学校に上がったときに，友達はできるだろうか，勉強についていけるだろうか，給食は残さずに食べられるだろうか，無事に学校の行き帰りができるだろうか，担任教師はわが子をしっかり見てくれるだろうかなど心配が尽きない。まして第1子の入学であれば，親子ともども小学校生活は初体験であり，なおさら心配が募ることになる。また保護者自身も行事をはじめ学校とかかわることが多く，担任教師や他児の親達との関係がうまくいくかどうかでも不安が強くなる。性格上，真面目さゆえ悩みがあってもなかなか周囲に相談せず，自分で何とかしなくてはならないと考えやすい。教師はこのような保護者に対して，一人で問題を抱え込み悩むことがないよう，意識的に保護者が相談する機会を設け，問題について一緒に考えていく姿勢を示すことが大切である。こうした教師の支えが保護者の不安を軽減し，精神的安定をもたらすと考えられる。

2) 攻撃性の高い保護者の場合

　一頃，「モンスターペアレント」ということばが流行ったことがあった。担任教師や学校に対してさまざまな苦情を言い，怒りや不満といった攻撃性を強く表現するタイプの保護者である。中には教師の側が対応しきれない理不尽と思われる要望を次々と出してくる場合もあり，対応する教師は振り回され負担が募り，心身の調子を崩してしまうことがある。この場合，①教師一人に対応を任せるのではなく学校全体で情報を共有し，保護者への対応を行うこと，②困った保護者あるいは問題の保護者といった見方をするのではなく，保護者の

苦情や怒りの裏に隠された思いを考える必要がある．しばしば怒りの裏には失望の感情があることが多い．つまり「～してほしい」という願いが叶わなかった時点で失望感が強くなり，怒りへと発展していくのである．願う気持ちが強ければ強いほど，叶わなかったときの失望と怒りは大きくなる．教師は，保護者の願いは子どもを思う気持ちから発せられているという視点をもち，教師も保護者も子どもを思う気持ちは同じであるという立場に立って，誠意をもって現実的な対応は何かを探っていく姿勢が必要である．

(2) 子どもの健やかな成長のため信頼関係を構築する

保護者が子どもの相談を教師にする場合，話したいことをあらかじめ考えていても，いざ教師を目の前にすると，感情が先に立ちことばに詰まってしまって適切な説明ができなくなってしまうことがある．面談が終わってから，あのときこう言えばよかったと後悔しないためにも，子どものこと親自身のことを理解してもらうためにも，次のことを準備して相談に臨みたい．子どもの問題行動が気になって相談したい場合，①子どものどんな状態に困っているか，②問題行動はいつから何をきっかけに起こったと思われるか，③問題が生じてから親を含め周囲はどのような対応をしてきたのか，④その対応によってどのような結果がもたらされたのか，⑤子どもにどうなってほしいかなどを整理しておくと，要点を押さえた話し合いができ，教師との協力関係も作りやすくなるであろう．もちろん相談に限らず定期的な保護者面談においても，上記の視点に立って日頃から子どもの言動に目を向け，親自身が子どもをどう理解しているかを伝えられるようにしておくとよい．保護者からの話を受けて，教師も学校における子どもの言動とそれに対する教師の理解を伝えていくことになるが，この相互のコミュニケーションは保護者にとって子どもを見る目を広げ，子ども理解が進むのに役立つと考えられる．

また教師の側であるが，保護者の話を聞く姿勢として春日井（2011）は，①保護者が自ら学校に対して働きかけをしていることに対して，労い受け止めていく，②保護者からの苦情にはどんなSOSが含まれているのか，丁寧に聴き取り共有していく，③保護者の悩みや要望には，自身にかかわることと子どもにかかわることが含まれていることを踏まえ，一緒に考え励ます，④学校と家

庭でできることとできないことを一緒に考え，作戦会議の場にする，⑤無理難題については，管理職，学年主任なども交えて，保護者に返していく，⑥課題への焦点化ではなく，子どもの成長を信じてポジティブな評価を伝えていく，⑦取り組みを学校内や親子関係だけに矮小化しないで，学校外や保護者周辺の人的資源を生かしたネットワーク支援を工夫する，の7点をあげている。

　保護者の理解と協力なしには子どもの支援はできないのであるから，教師は保護者の立場を尊重し，良好な関係を作っていくことが必要である。繰り返しになるが，子どもの健やかな成長のためには，上記の留意点をもって保護者と教師が話し合っていくことが，互いの理解を深め連携をもたらし，その結果，当該の子どもの正しい理解と適切な発達支援に役立つことは言うまでもない。

6. 保護者の子育てをサポートする

　家庭で学校で保護者を支えることは大切であるが，それでも子育てには不安や悩みはつきものである。表14-1に，保護者の子育てをサポートするための社会的資源を紹介する。

表14-1　子育てをサポートするための社会的資源

①こども相談室	東京臨床心理士会が運営。会に所属している臨床心理士が，友人関係，悩みごと，不登校，いじめなど，子どもに関する相談全般を扱う。
②子ども家庭支援センター	育児不安や子育て，児童虐待や子ども自身の悩みの相談，地域の子育て支援活動の推進など，子どもと家庭に関する総合的な支援を行う。
③教育相談所	都道府県・市区町村の教育委員会が所管し，心理職や教職経験者が子どもの教育相談や発達相談などを行う。
④児童相談所	児童の福祉に関するあらゆる相談を受け，必要に応じて児童の家庭，地域状況，生活歴や発達，性格，行動等について専門的な角度から総合的に調査，診断，判定し，それにもとづいて処遇方針を定め，自らまたは関係機関などを活用し一貫した児童の処遇を行う。相談機能のほか，一時保護機能，措置機能がある。
⑤精神保健福祉センター	心の問題や病気で困っている人や家族および関係者からの相談を行う。アルコールや薬物依存の問題，思春期・青年期における精神医学的問題についても専門の職員が相談に応じている。

その他の相談機関については，居住地を管轄する行政への問い合わせ，あるいは参考文献にあげた相談機関利用ガイド（小林・嶋崎，2012）を参照されるとよい。

> 【これだけは覚えておこう】
> **更年期障害**：閉経をはさみ前後5年ずつ，大体45歳～55歳の女性によく見られるが，卵巣機能の低下に心理的・環境的要因が加わり，さまざまな不調が現れる。症状は次の3つに分類される。血のめぐりが悪い症状：冷えやのぼせ。水はけが悪い症状：むくみや発汗。気のめぐりが悪い症状：不眠やうつ。症状をいくつも併せもっている女性も多い。
> **中年期のアイデンティティ危機**：人生の半ば過ぎに今までの仕事や家庭などを振り返り，自分の生き方を見直し人生の意味を再検討する必要に迫られるが，その際に生きる目的や意義を見いだせなくなる状態を指す。
> **空の巣症候群**：40代～50代の女性によく見られるが，子どもが自立し子育てが終わると，母親役割の喪失感を味わい，抑うつや空虚感，孤独感を感じること。

コラム14　子どもの相談から見えてくる親の姿
　　　　　　─親面接の事例から

　次に示す事例は，不登校になった小学3年生男児Aの母親面接の過程である。

事例の概要
＜家族構成＞祖父母，父母，叔父，A，弟，住み込みの従業員4人。
祖父：持病があり，自営業から引退した今は，一日中家でテレビを見ている。
祖母：家庭内の中心的人物であり，自営業を取り仕切っている。Aと弟に対して，母親のように接して過干渉。何でも知っていないと気が済まない。
父親：短気で子どもたちにとっては怖い存在。祖母の前では小さくなって何も言えない人。
母親：色白で小柄。祖母には理不尽なことを言われても言い返さず，じっと耐えてきた。大家族の世話を優先に，外出もままならずにすごしてきた。最近，自営業の手伝いを始め，Aに目が届かなくなり，不登校になったのではないかと思っている。
叔父：父のきょうだい。自営業の手伝いをしている。
A：多少神経質なところがあるが，祖母中心の家庭の中では母親の味方をしてくれる心優しい子。
弟：甘えっ子。家族のマスコット的存在。
＜生育歴と来談経緯＞妊娠・出産およびAの乳幼児期ともに問題なし。幼稚園は楽しそうに通っていた。小学校入学後は元気に登校していた。3年生になり友達に意地悪をされたことを機に，登校を渋るようになった。

［考えてみよう！］ここまでを読んで，相談に来られたお母さんを取り巻く状況やAについて，どのように考えますか？　下の枠内にメモをしてから，次を読み進めて下さい。

[ヒント：たとえば……] 祖母が家庭内の権力者として君臨しており，その下に他の家族がいる。父親は祖母の言いなり。母親は父方の家族の強い結びつきの中，お嫁に来てしまったかたちで，祖母の権威の前で，自分を押し殺して生きてきた。母親の家庭内の立場は不安定で，内的葛藤を起こしやすい。今回の不登校は自分のせいではないかと悩み，傷ついている。Aは家庭内で弱い立場にある母親を気遣う役割を取っている。母親の支えであり，大家族のぎくしゃくした関係を一身に背負い，不登校というかたちで問題が浮上したのではないか。

面接初期
＜Aの様子＞現在，学校に行かなくなって3か月たつ。登校時間になると頭が痛い，気持ちが悪いと言い，お昼頃まで布団から出てこない。父親は力ずくでも学校に行かせようと布団をはがしてAを叩き，祖母にはAを叱ってやってくれと頼む。
＜母親の様子＞結婚当初から祖父母と同居していたが，折り合いが悪く，本気で別居を考えた時期もあった。今は自営の手伝いに組み込まれてしまい，抜けるに抜けられない状態。家庭ではAだけが，「僕が側にいないと，お母さんかわいそうだ」と自分の気持ちを察してくれていると思う。面接担当者である筆者は，大家族の中で嫁として妻として母として頑張ってきた母親の話を共感的に聴き，それまで抱えてきた孤独感や不安感，子育てへの罪悪感を受け止め，労うようにした。

父親の来談
　母親が父親と共に来談する。面接の中期には自分の気持ちを語ることができるようになってきていた母親は，筆者同席の面接場面で，「今日はどうしても話を聞いて欲しくて無理やり連れてきた」と言い，初めて父親に対し自分の気持ちをぶつけた。父親は驚きながらも，母親の家族への気持ちを知り，祖母のことでストレスを抱え込んでいること，子どもを支える母親を支えるのが自分の役目であることに気づいた。また父親は自らを振り返り，「自分は厳しく育てられたので，子どもを甘やかさずに育てようとしたが，子どもは皆同じではないことがわかった」と語った。そして，「母親がまいっては困る。これからは僕が支えるから頑張って」と，初めて母親の味方と受け取れる発言をした。帰り際には，「今日，来てよかったよ，話ができてさあ」と筆者に挨拶をして帰っていった。この回，筆者は，両親が互いの気持ちを自由に言い合えるよう，中立的な立場で話し合いのファシリテーター役をした。

その後の展開

　父親の来談後，家庭での父親の様子が変わったと報告がある。時間を見つけてはAにかかわるようになったこと，祖母に学校に行かないことでAが怒鳴られたときも，母親と一緒にAを庇うようになったこと，今は祖母の息子ではなくAの父親として見られるようになった。一方，Aは家庭内でも落ち着いた様子を見せるようになり，近所の友達の家に遊びにいき，宿題を一緒にするようになった。久しぶりに登校したところ，友達に声をかけられ，一瞬すくんでしまったが，今は少しずつ登校できる日が増えてきている。夏休みには家族旅行に行き，父親と楽しそうに遊び，泳げるようにもなった。母親もその様子を見て，Aの心を掴んだような気持ちになれた。もうこれで大丈夫かなと思うようになったと語り，やがて面接は終結となった。

　[考えてみよう！] この事例を読んで，お母さんは，家庭は，Aはどのように変わったでしょうか？　どういう変化が不登校の解消に役立ったと思いますか？　下の枠内にメモをしてから，次を読んで下さい。

　[事例をふりかえって……] 友達の意地悪を機に不登校が始まったが，Aはもともと大家族の中で育ち，複雑な人間関係と力関係に巻き込まれていたと考えられる。祖母中心の家庭では，父親，母親，Aと落ち着く場所がなかったのであろう。内面の不安定さは，外からのストレスをもちこたえることができずに，不登校という症状を起こしてしまった。父親の来談を機に両親が本音で語り合い，Aを支える母親，その母親を支える父親というようにそれぞれの役割を明確にし，自覚して家庭生活を行うようになった結果，Aの内面でも不安がとれ，再登校につながったと言えるのではないだろうか。

15　教師の発達

　ここまで本書を読み進めてくれた読者の皆さんは，教職という軸からみた心理学の世界を一通り理解してくれたと思います。
　それでは，最後になりましたが，皆さんよりも少し早く教師になった2人の先輩に，教師の発達を語ってもらいたいと思います。

　　　　　　　＊　　　　＊　　　　＊

1. 自らの成長が，子どもたちの模範に──小学校教員の事例

(1) はじめに──中堅にさしかかって
　小学校教員になって10年目を迎え，授業や学級経営，校務についても自分なりの自信をもって取り組めるようになってきた。まだまだ未熟であるが，これまでの教職のあゆみを本書のテーマに照らして，一部紹介したい。現場では実際どのように教育活動を行っているのか，具体的に伝えられれば幸いである。

(2) 教師をめざしたきっかけ──それぞれの個性を大切に
　小さな頃から教職を志していたわけではなく，大学卒業が視界に入ってきた大学3年生あたりに，教職を意識したように記憶している。その理由も「子どもが好きだから」「日本の教育のために」といった立派なものではなかった。しいて言うなら，父が教員で，いつか父に「自分が教師になったらうれしいか」と問いかけ，「それはうれしいだろう」と答えをもらったことが直接の理由である。何とも他律的な動機であるが，今思うと父の背中を見て育ち，働きぶりを幼心に感じていたからこそ，その一言が自分の背中を押したのだと考えている。自分ではなかなか気に入っている理由である。

同僚の先生方にもアンケートをして聞いてみると，A教諭（ベテラン女性）は小学校時代の担任の先生が好きだったから，と教えてくれた。母のように温かく接し，しかるべきことはしっかりと叱ってくれる先生。大変厳しいが，教室環境が整えられていたり，何事もきちんと進めていったりと，日々の生活が整然としていて，過ごしやすい毎日をつくってくれる先生。そうしたすばらしい先生方に出会い，教職を志したとのことである。

　B教諭（ベテラン女性）は夏休みがあるなどの楽しい生活をつくっていくことを考えて，教職を意識したとのことである。

　いつも明るいC教諭（中堅男性）は，小学校時代は消極的で，挙手などしたこともなかったのだが，それを変えてくれたのが中学校の恩師であるそうだ。C教諭が高校生時代にその恩師が亡くなってしまい，教育の力の大きさを感じ，部活の指導もしたいので中学校の教師を志した。北海道での教員時代に肢体不自由の生徒に英語を教えた際，障害が理由で小学校でいじめられていたことを知り，小学校での教育の重要性を感じて，小学校志望に変更したそうだ。

　D校長はバレーボールが大好きで，「春高バレーの監督になりたい」という明確な意思をもって教職をめざし，紆余曲折があって小学校の教員になった。高校の教師から小学校の教師まで，めざす教職は少しずつ変わっていったが，「バレーの指導者に」という思いは終始変わっていない。現在もよく「バレー，バレー」と言っていて，ママさんバレーの監督も引き受けている。

　自分を含めて5名の教師の教職志望理由をあげてみたが，5人5色，全く異なっている。私自身もアンケートをとってみて先輩の先生方に話を聞いてみると，それぞれのドラマがあって大変面白かった。志望の理由は多様にあるし，教師の個性も同様に多様にある。それぞれの教師の個性を生かして，めざす教師像を作り上げていくことが大切であると感じた。

(3) 教師をめざした，学生時代の過ごし方――今しかできないことをする

　では，教職を志す上で，学生時代はどのように過ごしていくべきなのだろうか。これはアンケートとってみると，先生方の答えはだいたい一致していた。「学生時代にしかできないことをして，自分の幅を広げていく」ことである。

　私自身は前述のように，教職を志すのがかなり遅かったため，勉強らしい勉

強は教員採用試験までせずに，サークル活動や仲間と遊ぶ毎日だった。そのときの仲間は，今でもつき合いがあったり，初任時代に情報交換をし合って支え合ったりするなど，すばらしい仲間であった。そんな人間関係をつくったり，家族から離れてそのありがたみを感じたりと，今の自分の人としての温かみの土台を築いた大学四年間だったと感じている。

ただ，痛切に反省しているのは，もっとしっかり勉強しておくべきだった，ということである。社会に出てから，大学の学びの重要性を感じ，「あのときもっとしっかり勉強しておけば……」と感じている。教師の知識や経験は，子どもたちの信頼を得る大事な要素である。そういう面での学習や，自己学習能力を高めることを，丁寧にしていくべきだった。

先ほどのA教諭はソフトボール部に没頭した毎日だったそうだ。スポーツの中で耐えることや人間関係など，集団の中で自分を磨いていったことが，今の支えとなっている。また，卒業制作で，ウェディングドレスを作り上げるなど，自分の力で大きな仕事を成し遂げたことも自信になったそうである。

B教諭もバスケットボール部に所属し，部活動や仲間との交友をおおいに楽しんだそうだ。大学生時代のその時期にしかできない体験が，教職を何十年と続けていく中での土台となっているとのことだった。

C教諭は教員になるという目的意識を強くもっていたので，学校ボランティアや学童保育のアルバイトなど，子どもと接する機会を多くもつようにしていた。学生時代に子どもと接して，コミュニケーションを重ねることが，教員になってすぐに生きていくことは説明の必要がないであろう。教員を教員として成長させてくれるのは子どもたちとのふれあいであり，教師の一番の先生は，実は目の前の子どもたちなのである。

D校長は教員，教育行政での華々しいキャリアをもち，校長になった現在も教員に慕われて学校運営をしているすばらしい校長であるが，大学時代は受験や卒業などで多くの挫折を味わってきた。遊びすぎが挫折につながったようだが，「その遊びが大事だった」と言っている。たとえば，スキーツアーを企画して，自分はアフターファイブのお世話をしたり，遊び過ぎていろいろ怖い目に遭って来たりと，とにかく遊んだらしい。そういう遊びが社会に出てからの自分の幅となり，大きく生きたそうだ。また，「子どもの目線に合わせるこ

とが大切」とも言っていた。TVゲームには全く興味がなかったが，「子どもがするTVゲームといふものヲ」という感覚でゲームを一式そろえ，見事にはまったそうである。そういう校長なので子どもが大好きで，今でも「子どもがいる学校は楽しい」と教職を楽しんでいる様子である。私が担任する5年生の女子児童も「校長先生は私の友達なの」と嬉しそうに語っていた。なかなかない光景である。学生時代の挫折は，長い目で見るとプラスになることを，D校長を見ていると強く感じる。

　学生時代にしかできないことをしながら，特に人とのかかわりを重視した生活が，今の教職の土台となっていることが理解できると思う。コミュニケーション力は多くの職業で必要とされるものであるが，多くの子どもや保護者，地域の人々，職員などとかかわりながら使命を果たしていく教職員にとっては，特に重要な力と言えよう。

(4) 教職の実際―まずは授業，そして主体的に働きかける

　「しっかり勉強を教えることよ。それをすれば，特別なことをしなくても子どもはついてくるから」。

　これは小学校教員である私の妻が，初任時に指導教官から初めに言われた一言である。当時の私は妻伝えにこのことばを聞いても「でも，楽しいことを学級で企画していくことも大事なんじゃないかなあ」とあまり受け入れられなかったが，教職を重ねると，このことばが真実であることを，少しずつ，実感としてわかってきた。このことばの意味をここで細かく説明することはしないが，授業力を向上させることが，教師にとって非常に重要なことはまぎれもない事実である。しかし教師の仕事はそれだけではない。いくつかの仕事を分担し，並行して進めていくのだ。

　では，具体的にどんな仕事が教師にあるのか，実際の私の仕事は，以下のようになる（表15-1）。

1）学級の仕事

　まずは学級の仕事である。学級の児童が確かな学力と豊かな心，体力などをしっかりとつけていくために，責任をもって丁寧に取り組んでいく必要がある

1. 自らの成長が，子どもたちの模範に—小学校教員の事例

表 15-1　教師の仕事（その一例）

学級	・授業づくり（教材研究・教材の用意） ・学級事務（掲示など教室の環境づくり，テストなどの評価・記録） ・保護者対応（学級通信作成，けがなどの報告，休んでいる児童への連絡など）
学年	・学年会計のとりまとめ ・理科，道徳の授業計画 ・学年児童のまとめ
学校	・教務部（担当：学校ホームページ，校内清掃） ・研究推進部（研究の推進） ・道徳主任

（授業については前述し，教育実習などでも詳しく学ぶので割愛）。

　次に，学級事務である。児童の活動の記録や作文やテスト，作品の評価など，児童を一人ひとり見とり，丁寧に対応していく必要がある。特にノートや作文などは評価するだけでなく，前向きに励ますコメントを書くなど，教師からの反応も大切にしたい。いわゆる「朱書き」というものであるが，保護者も教師の児童への働きかけを見ている。児童のよりよい成長と，保護者の信頼を得るためにも，手間を惜しまずに取り組んでいくとよい。

　児童の作品をため込んでしまうと，後からの負担が大変なものになる。作文やノート，テストなどの見とりは，集めたらできるだけすぐに行っていくのが効率的な学級経営のポイントである。

　教室の環境づくりも重要である。きれいで整理された教室づくりを常に心がけることで，児童の落ち着きに大きくかかわっていく。乱れている学級を見ると，教室の環境が不安定であることが多い。児童が登校する前などに教師が軽くほうきをかけるなど，教師が率先して教室をきれいにする習慣をつけるとよい。その姿勢が児童にも伝わり，自分たちで教室をきれいに使っていくだろう。作品の掲示も「見合い，学び合う場」として，こまめに更新していくとよい。

　また，保護者への丁寧な対応も日頃心がけていく必要がある。今は週に1～3回の学級通信を発行し，保護者に学校での様子を伝えている。保護者には大変好評である。学年で足並みをそろえて取り組んでいくとよい。ほかにも休んでいる児童の家に電話をしたり，けがをしたときの連絡をしたりと，日常的に連絡を取り合い，保護者との連携を密にし，信頼関係を築いていくことが大切

である。

2) 学年の仕事

　学級がよければそれでよい，ではなく，学年全体で足並みをそろえていくことも必要である。それぞれのクラスで個性を出すところは出すが，学年でそろえるべきところをそろえることで，子どもや保護者が無用な不平等感を感じずに済む。学年の方針やそろえる事柄について，よく話し合っておく必要がある。

　学年では，たとえば運動会，学芸的行事の指導などそれぞれに仕事を分担している。若手が全体指導をする機会でもあるので，任されたときは責任をもって取り組み，結果を出したいものである。子どもの表現の場でもあるが，保護者に学校での教育をアピールするチャンスでもある。経過はもちろん，結果も見せたいところだ。

　毎日の授業も担任一人ではなく，学年全体で見ていく。前任校でも今の学校でも，学年で中心的に推進する教科を割り当て，授業計画を立ててきた。昨年度は，私は理科と道徳についてどのように学習を進めるか研究をして，学年全体に提案していった。その代わり，国語や社会，算数などは他の学年の担任が割り当てられて提案していくのだ。

　その他にも学年の会計として集金を取りまとめ，報告書をつくったりした。また，子どもを全体でまとめるときは私が中心となってまとめ，話を聞く体勢をつくったりしていた。学年で役割分担をしっかりし，教育活動にあたっていくことで，学級だけでなく，学年としてのまとまりが出てくる。

　若手のうちは，汗をかいて積極的に動くことが多いと考えられる。自分から仕事を見つけて，学年に貢献できるよう，努力をしていきたいものである。

3) 学校の仕事

　学校全体での仕事も分担されてくる。前述の表で整理してみると，仕事の数

学級通信

自体はそれほど多くない。自分に与えられた仕事は何なのか，落ち着いて把握して，丁寧に取り組んでいきたい。学校全体の仕事を確実に遂行し，まわりの教員からの信頼を得ていくこと，それが仕事全体の質を向上させることにつながる。「他の教員に『この先生に任せておけば安心だ』と思われるような仕事をしなさい」とはよく言われたことばである。たとえば誤字・脱字をなくしたり，先輩の先生に相談しながら行ったりと，自分にできることを一つずつ，丁寧に行っていきたい。

(5) おわりに―素直に，学び続ける

　教職は私にとってやりがいのあるすばらしい仕事である。毎日子どもたちと接してすごす生活はみずみずしく，生き生きしている。明日の子らの幸いのために，自分ができることを精一杯していきたいと願っている。

　私自身の実践やまわりの先生方を見ていて，大切なことは二つあると思っている。それは，素直な気持ちと，自らの成長を求めて，積極的に働きかけていくことである。

　さまざまなかかわりの中で，学べることは素直に学び，吸収していく柔軟性があると，教師は伸びていく。そういう謙虚な姿勢がある教師は子どもにとっても魅力的であるだろう。また，自己のよりよい成長のために，積極的に自己を磨いていく姿勢，学び続けていく姿勢は，学びの主体である児童へも，よい模範となるものであろう。

2. 地域で育てる，出会いが育てる―中学校教員の事例

(1) 1人の教師が学校を変えた―I先生との出会い

　私が中学生だった当時，荒れている中学校が多く，私の母校もその一つであった。退職する先生，異動してしまう先生が多く，教師不信の風土が生徒の中にあった。生活指導に追われる先生方を見て，報われないと感じ，中学校教師にだけはなりたくないと思っていた。

　中学校3年生のとき，異動してきた国語のI先生が担任となってから，教師への見方が変わった。I先生は「自分の昔の夢は新聞記者だったんだ」と言っ

ていて，新聞のようにほぼ毎日，学級通信を出し，国語の授業もとても楽しかった。初めて班ノートを体験し，文章を書くことが好きな私は何ページも書いた。先生は私が得意とすることを見つけ，ほめ，伸ばしてくれた。それは私だけではなく，クラス全員が認められ，のびていった。教師不信の土壌がまん延していた中学校の中で，我がクラスは教師と生徒との信頼関係ができ，どんどんと学級がまとまっていくのを目の当たりにした。教師にだけはなりたくないという気持ちから，自分にはなりたくてもなれないほど尊くやりがいのある仕事であるのではないかと卒業時には感じることができた。その先生は今でも私の理想としている教師像である。生徒を理解しようと教師が働きかけることがどれだけ大切なことなのか，I先生に教えられた。

(2) 地域とともに育った子ども時代から大学時代―教師をめざしたきっかけ

　生まれたときから現在まで多摩で暮らしている。現在，自分の母校である中学校で働いている。多摩が大好きで，教師になったときに「母校で働くのが夢」と言っていたことが現実となり，幸せな気持ちでいっぱいである。

　祖母が地域の保護司や福祉関係の役員をしていたことと，実家が店を経営していたこともあり，小さい頃から地域行事には祖母や親と一緒に参加していた。物心ついた頃からお祭り，あいさつ運動，どんど焼き等に参加していた。まだボランティアということばが定着していない時代であったが，子どもの頃からボランティア活動のようなことをしていた。

　小・中学生の頃は，自分の意志ではなく，祖母に手伝いにいくように言われたから地域行事のお手伝いに参加していた。参加すればお菓子やジュースがもらえるからという理由もあった。自分ではすごくがんばって役に立っていたように勘違いしていたが，今思えば，そんなに役には立っていない。おそらく，まわりの大人が私を育てようと，「偉いね」「助かったよ」「まりちゃんがきてくれると，喜ぶ人が大勢いるんだよ」と声かけしてくれていたのだ。

　高校時代からは，自分の意志で行くようになった。地域の人に認められたり，親にほめられたりするのが嬉しかったからだ。また，純粋に人と交流することの楽しさを実感することができていたからだと思う。また，高校時代は中学校時代に通っていた学習塾でアルバイトをしていた。小テストの○つけやテ

スト問題の印刷等を行っていた。これも，今思えば，学習塾の好意で雇ってくれていたのだとわかる。仕事をしながら，塾の先生方の情熱ややりがいを感じ，教えるということを身近に感じることができた。

　大学時代は祖母のすすめでBBS [(1)] 活動に打ち込み，非行少年の立ち直りを助けるボランティア活動をしていた。勉強を教えたり，一緒にボーリング等をしたりして遊ぶことも活動の一環だった。また，大学時代，アルバイトとして近所の塾での講師や近所の子どもの家庭教師などをしていた。今振り返ると，大学時代に行っていた活動は，教師の仕事につながることが多かった。

(3) 2人目のロールモデルとなる教師との出会い

　教師になるつもりは全くなかったのだが，母からのアドバイスで教職課程をとっていた。市内の中学校に教育実習に行ってすごした2週間が私の気持ちを変えた。今までの人生の中で一番充実した日々をすごすことができ，初めて「教師になりたい」という気持ちになった。

　教育実習で私を担当してくれた英語科のS先生。事前訪問で，生徒の集合写真，名前・部活動・委員会・係名が書かれた名簿を渡され，「教育実習が始まる前までに全員の顔と名前を暗記してくるように」と言われた。もちろん英語の課題も渡されたが，私にとって衝撃的な出来事だった。生徒の限られた情報から，イメージを膨らませ，実習が始まる前にすべて頭に入れてのぞんだ。生徒理解が大切であるということを教師になる前にわかり，私はとても幸運だった。

　教育実習が始まり，担当クラスで生徒の名前を呼ぶと生徒は驚き，「先生，なんで名前を知っているの？」と喜んでいた。たった2週間という期間だったが，教育実習の最終日の前日，私は徹夜をして1人ひとりにそれぞれ違う内容の手紙を書いた。生徒たちと涙のお別れをして，こちらが生徒のことを思って頑張ったことは通じるのだと実感できた最初の体験だった。教員採用試験前に，S先生がクラスの生徒全員が書いた応援メッセージを送ってくれた。「絶

---

(1) BBS（Big Brothers and Sisters Movementの略）は，さまざまな問題を抱える少年と，兄や姉のような身近な存在として接しながら，少年が自分自身で問題を解決し，健全に成長していくのを支援するとともに，犯罪や非行のない地域社会の実現を目指す青年ボランティア団体のこと（法務省ホームページより）。

対合格して〇〇中の先生になってください！」そのことばが嬉しくて，合格するまで教師になる夢をあきらめない，そんな気持ちになった。教育実習後は企業への就職活動は行わず，教師になることだけ考えるようになった。

(4) 教師になってから現在まで
1) JRC（青少年赤十字）[2]部の顧問に

　教師になってからも地域でのあいさつ運動やお祭りの手伝い等のボランティア活動や，BBS活動を続けていた。自分の経験から，地域でのボランティア活動をしてきたことが地域を愛する気持ちにつながっていったので，生徒にも同じ体験をさせてあげたいと思い，JRC部の顧問になった。運がいいことに教師1年目から現在まで，継続してJRC部の顧問をすることができている。今まで勤めた3校で，それぞれの地域の特徴があるので，活動内容は若干異なるが，基本的に地域行事へのお手伝いに行ったり，地域の赤十字奉仕団と協力したりして活動を行っている。1校目では老人ホーム訪問を積極的に行っていたので，部員の中には卒業後，「JRC部での活動がきっかけとなって看護師になりました」とか「老人ホームで働いています」という報告を何人かから受けた。生徒にとって，中学校時代に体験したことが人生に大きな影響をおよぼすことがある。私は地域行事においては，JRC部員だけでなく，朝礼等でひろく全校生徒に参加を呼び掛けている。ボランティア活動を体験する機会を多くあたえたいと考えているからだ。また，自分の中学時代を振り返って，ボランティア活動は楽しかったが，クラスの友達と一緒に参加できたら，もっと楽しかっただろうという思いがあったからである。

2) 道徳教育の研究を始めてクラス経営がもっと楽しくなった

　平成12年度，教師になって9年目に道徳主任になったことがきっかけとなって，道徳教育の研究を始めた。東京都では，平成11年度から区市町村教

---

[2] JRCとは「Junior Red Cross：青少年赤十字」の略。青少年赤十字は，児童・生徒が赤十字の精神にもとづき，世界の平和と人類の福祉に貢献できるよう，日常生活の中での実践活動を通じて，いのちと健康を大切に，地域社会や世界のために奉仕し，世界の人々との友好親善の精神を育成することを目的として，さまざまな活動を学校教育の中で展開している。（日本赤十字社ホームページより）。

育委員会と連携して,「道徳授業地区公開講座」がスタートし,各学校で道徳教育に対する研究が盛んになり始めた頃であった。この公開講座の趣旨は,①意見交換を通して,家庭・学校・地域社会が一体となった道徳教育を推進する,②道徳の授業の質を高め,道徳の時間の活性化を図る,③道徳の授業を公開することにより,開かれた学校教育を推進する,である。この公開講座は,平成14年度からは都内すべての公立小・中学校で実施され,平成17年度からは都内すべての都立中高一貫教育校や特別支援学校においても実施されている。

　道徳の研究を始めてわかったことは,生徒理解が大事であるということだった。教師を目指したきっかけとなった生徒理解が道徳の授業でも大事であるということは,私にとって大変興味深いことであった。

　道徳の時間を行うためにはクラスの生徒を理解していなければうまくいかない。クラス経営がうまくいっていると,道徳の時間はうまくいく。道徳の授業を進めていけばいくほど,クラスの雰囲気がよくなり,さらに道徳の時間も楽しくなっていった。

　また,中学校時代の恩師,I先生が行っていた班ノートを担任クラスで実施したことも道徳の時間の役に立った。教師と生徒がともに考えつくりあげる道徳の時間は,教師と生徒,生徒どうしの人間関係がとても重要であり,それはよりよい学級経営にもつながる。お互いを尊重し,認め合う雰囲気をつくる土台として班ノートは効果絶大なのである。他のクラスの生徒から男女問わず,「三浦先生(筆者)のクラスは班ノートがあっていいなぁ～」と言われ,驚いている。生徒は仲の良い友人だけでなく,みんなのことをより知りたい,仲良くなりたいという気持ちがあるのだ。中学1年生を担任したときに行ったアンケートによると,クラスの男子82%,女子の86%が「班ノートが道徳に役に立った」と回答していた。班ノートの効果を,私は図15-1のように考える。

　道徳教育の面白さを実感し,平成21年度22年度,東京都の教職員大学院派遣制度を利用して,東京学芸大学大学院で道徳教育の研究を行った。研究テーマは「話し合い活動をいかした道徳の時間　～中学校の道徳の時間を活性化するために～」(三浦,2009)である。

　道徳教育を研究するにあたって,現状を表す資料として参考にしたのは「文部科学省道徳教育推進状況調査」(文部科学省,2004)である。その結果を見

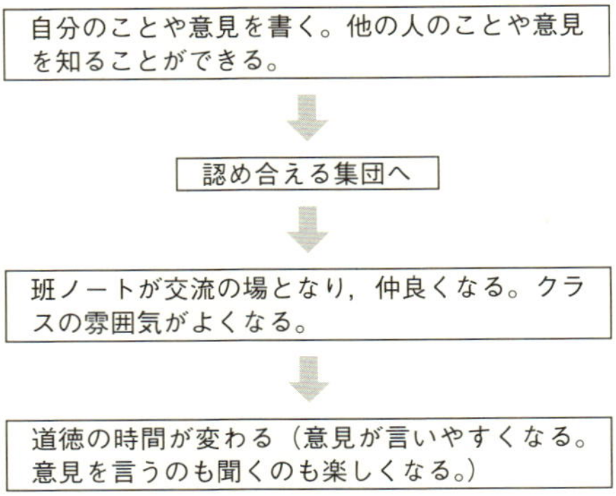

```
┌─────────────────────────────────┐
│ 自分のことや意見を書く。他の人のことや意見 │
│ を知ることができる。                      │
└─────────────────────────────────┘
              ↓
      ┌─────────────┐
      │ 認め合える集団へ │
      └─────────────┘
              ↓
┌─────────────────────────────────┐
│ 班ノートが交流の場となり，仲良くなる。クラ │
│ スの雰囲気がよくなる。                    │
└─────────────────────────────────┘
              ↓
┌─────────────────────────────────┐
│ 道徳の時間が変わる（意見が言いやすくなる。 │
│ 意見を言うのも聞くのも楽しくなる。）       │
└─────────────────────────────────┘
```

図15-1　班ノートの効果

ると，小学生から中学生にかけて道徳の時間の受け止めがどんどん悪くなっている様子がわかる。以下，その結果を図15-2に示す。道徳の時間を「楽しい」あるいは「ためになる」と感じている児童生徒が「ほぼ全員」または「3分の2くらい」と考えられる学校の割合は，図15-2によると，小学校の低学年では87.9%，中学年では76.8%，高学年では60.7%となっており，中学校の第1学年では49.8%，第2学年では40.8%，第3学年では39.7%となっている。

　小学校においても低学年，中学年，高学年と学年があがるにつれて，道徳の時間の時間を「楽しい」あるいは「ためになる」と感じている児童数の割合が低下している。その傾向は中学校になっても続き，中学校第1学年，第2学年，第3学年と学年があがるにつれて，道徳の時間の時間を「楽しい」あるいは「ためになる」と感じている生徒数の割合が低下している。

　また，文部科学省が36,000人を対象に平成17年に実施した「義務教育に関する意識調査」（文部科学省，2005）によると，道徳の好き嫌い（「とても好き」「まあ好き」の合計）を見ると，小学校4年生から中学校3年生にかけて，「とても好き」「まあ好き」と答えた児童生徒の割合が下降し続けている。

　「小学校では道徳の時間が活発で，児童が楽しく授業を受けているが，中学校になると生徒は発言しなくなり，授業はつまらないものになる」という意見を聞くが，そのイメージ通りの結果が表れていた。なんとかそのようなイメージから脱却し，中学校における道徳の授業でも，中学生が楽しいと思えるような授業を行い，道徳の授業で悩んでいる中学校現場の教師に，参考となるような実践事例を示したいと考えた。そこで，研究の副題を「～中学校の道徳の時間を活性化するために～」とした。「話し合い活動」に着目したのは，道徳の時間において「話し合い活動」を取り入れることによって，生徒が自分とは異なる考えに接することができ，自分の考えを深め，自らの成長を実感できると

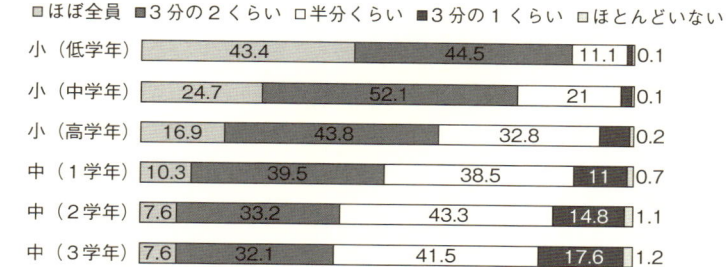

	ほぼ全員	3分の2くらい	半分くらい	3分の1くらい	ほとんどいない
小（低学年）		43.4	44.5	11.1	0.1
小（中学年）	24.7	52.1		21	0.1
小（高学年）	16.9	43.8	32.8		0.2
中（1学年）	10.3	39.5	38.5	11	0.7
中（2学年）	7.6	33.2	43.3	14.8	1.1
中（3学年）	7.6	32.1	41.5	17.6	1.2

図 15-2　道徳の時間について「楽しい」あるいは「ためになる」と感じている児童生徒の割合
（平成15年度）（文部科学省，2004より）

考えたからである。

　中学1年生を担任した際に，所属学年，担任クラスで道徳の時間に徹底的に話し合い活動を実践し，その後アンケートを実施した。すると，文部科学省の意識調査とは違う結果になった。「小学校の時，道徳の時間が好きだった」のは38％で，中学校の「道徳の時間が好き」は49％に上昇していたのだ。担任クラスにおいては，82％という高評価だった。道徳の時間に熱心に取り組むほど，担任と生徒の関係，さらにクラスの雰囲気がよくなることが実証できた。道徳の時間が好きな理由（自由記述）では，「みんなで意見を言い合える」「みんなの意見が聞ける」が多くあった。「話し合い活動」を活かすことが「好き」につながるという，研究の方向性が間違っていなかったことを確信した。

　また，中学生版社会的視点取得能力検査「アルメニア課題」（荒木，1993；荒木・松尾，1992）を中学1年生の入学直後の4月と，11月に自分のクラスを含めた学年全体で2回実施し，生徒の道徳性の発達段階を検査した。すると，徹底的に話し合い活動を取り入れた道徳の時間を実施した自分のクラスの生徒の道徳性の発達が顕著に表れていたことで，道徳教育の大切さを実感することができた。

　現在，自分の経験から得たことで生徒に伝えていきたいことを中心に，道徳の教材

開発をしている。「花火大会」(東京都道徳教育郷土資料集第3集)では,中学生が初めて体験するボランティア活動についての内容で,ボランティア活動の意義をテーマとして書いた。

「あめ細工職人 吉原孝洋」(『キラリ☆道徳①』正進社)では,中学生にとって将来の仕事を考える上で参考になるよう,あめ細工職人吉原さんの生き方を通して,勤労の尊さや意義,充実した生き方をテーマにして書いた。

また,大学院で研究した成果を多くの学校に広めるためにも,自分の地域の中学校だけでなく,世田谷区,八王子市,稲城市等の道徳の研修会において講師を担当したり,模範授業を行ったりしている。また,日本道徳教育学会の会員として,全国の先生方と交流しながら,道徳の研究を進めている。

3) 地域と連携して生徒を育てる

本年度より自分の勤務校では学校支援地域本部が発足した。今までは生徒を連れて地域行事に参加するだけだったが,地域の大人が学校教育に協力してくれる体制ができた。総合的な学習の時間に外部講師を招くときに講師を紹介してくれたり,当日接待を担当してくれたりしている。夏には流しそうめんを企画してくれて,生徒や地域の大人300名近くが参加した。教師だけではできないことを,地域の人が協力してくれることによって,さまざまな活動ができ,生徒にとって活動の機会が増えている。

自分も地域の大人に育てられ,地域が好きになり,今の自分があると感じている。生徒にも同じように育ってほしい気持ちがある。自分も教師としてまた,地域の一員として,地域を愛する人たちと一緒に生徒を育てる幸せを感じている。多くの人が愛情をもって自分を育ててくれたように,自分も生徒を育てていきたい。

引用文献

第1章

秋田喜代美・市川伸一（2001）．教育・発達における実践研究　南風原朝和・市川伸一・下山晴彦（編）　心理学研究法入門—調査・実験から実践まで　東京大学出版会　pp.153-190．

Anthony, L. G., Anthony, B. J., Glanville, D. N., Naiman, D., Q., Waanders, C., & Shaffer, S. (2005). The relationships between parenting stress, parenting behaviour and preschoolers' social competence and behaviour problems in the classroom. *Infant and Child Development*, **2**, 133-154.

Baron-Cohen, S., Leslie, A. M., & Frith, U. (1985). Does the autistic child have a "theory of mind"? *Cognition*, **21**, 37-46.

Butterworth, G., & Harris, M. (1994). *Principles of developmental psychology*. Hillsdale: Lawrence Erlbaum Associates. （村井潤一（監訳）小山　正・神土陽子・松下　淑（共訳）（1997）．発達心理学の基本を学ぶ：人間発達の生物学的・文化的基盤　ミネルヴァ書房）

Dodge, K. A., Pettit, G. S., & Bates, J. E. (1994). Socialization mediators of the relation between socioeconomic status and child conduct problems. *Child Development*, **65**, 649-665.

Dunn, J. (1993). *Young children's close relationships: Beyond attachment, Vol.4 (1st ed.)* Newbury Park, CA: Sage.

小松孝至（2009）．幼児期②：自己の育ちと他者との関係　藤村宣之（編）　発達心理学：周りの世界とかかわりながら人はいかに育つか　ミネルヴァ書房　pp.68-86．

子安増生（2011）．幼児期の心の発達　子安増生（編）　新訂　発達心理学特論　放送大学教育振興会　pp.162-179．

子安増生・齋木　潤・友永雅己・大山泰宏（2011）．心理学の方法　京都大学心理学連合（編）心理学概論　ナカニシヤ出版　pp.10-22．

Lorenz, K. (1971). *Studies in animal and human behaviour*. (Trs. by Martin, R.) Cambridge, Mass.: Harvard University Press. (*Über tierisches und menschliches Verhalten*. 1965 München: Piper.)

McHale, S. M., & Crouter, A. C. (1996). The family contexts of children's sibling relationships. In G. H. Brody (Ed.), *Sibling relationships: Their causes and consequences*. Norwood: Ablex. pp.173-196.

Meltzoff, A. N., & Moore, M. K. (1977). Imitation of facial and manual gestures by human neonates. *Science*, **198**, 75-78.

中澤　潤（1997）．人間行動の理解と観察法　中澤　潤・大野木裕明・南　博文（編）　心理学マニュアル観察法　北大路書房　pp.1-12．

Portmann, A. (1951). *Biologische Fragmente zu einer Lehre vom Menschen*. Basel: Schwabe. （高木正孝（訳）（1961）．人間はどこまで動物か：新しい人間像のために　岩波書店）

Ruffman, T., Perner J., Naito, M., Parkin, L., & Clements, W. A. (1998). Older (but not younger) siblings facilitate false belief understanding. *Developmental Psychology*, **34**, 161-174.

新保真紀子（2001）．「小1プロブレム」に挑戦する—子どもたちにラブレターを書こう明治図書出版

Tomasello, M. (1999). *The cultural origins of human cognition*. Cambridge, MA: Harvard University Press. （大堀壽夫・中澤恒子・西村義樹・本多　啓（訳）（2006）．文化と認知—心とことばの起源をさぐる　勁草書房）

Volling, B. L., & Belsky, J. (1992). Infant, father, and marital antecedents of infant father attachment security in dual-earner and single-earner families. *International Journal of Behavioral Development*, **15**, 83-100.

Wimmer, H., & Perner, J. (1983). Beliefs about beliefs: Representation and constraining function of wrong beliefs in young children's understanding of deception. *Cognition*, **13**, 103-128.

コラム1

Goodman, R. (1997). The strengths and difficulties questionnaire: A research note. *Journal of Child Psychology and Psychiatry and Allied Disciplines*, **5**, 581-586.

今泉洋子 (2005). 多胎妊娠の疫学——日本の現状と世界の現状 周産期医学, **35**, 887-890.

Nozaki, M., Fujisawa, K. K., Ando, J., & Hasegawa, T. (2012). The effects of sibling relationships on social adjustment among Japanese twins compared with singletons. *Twin Research and Human Genetics*, **15**, 727-736.

Segal, N. L., Connelly, S. L., & Topoloski, T. D. (1996). Twin children with unfamiliar partners: Genotypic and gender influences on cooperation. *Journal of Child Psychology and Psychiatry*, **37**, 731-735.

白佐俊憲 (2006). きょうだい研究の動向と課題 日本児童研究所（編） 児童心理学の進歩 2006年版 金子書房 pp.57-84.

Stocker, C., Dunn, J., & Plomin, R. (1989). Sibling relationships: Links with child temperament, maternal behavior, and family structure. *Child Development*, **60**, 715-727.

Thorpe, K., & Danby, S. (2006). Compromised or competent: Analyzing twin children's social worlds. *Twin Research and Human Genetics*, **9**, 90-94.

第2章

小林春美 (2008). 語彙の獲得 小林春美・佐々木正人（編） 新・子どもたちの言語獲得 大修館書店 pp.90-117.

Condon, W. S., & Sander, L. W. (1974). Synchrony demonstrated between movements of the neonate and adult speech. *Child Development*, **45**, 456-462.

Decasper, A. J., & Fifer, W. P. (1980). Of human bonding: Newborns prefer their mother's voices. *Science*, **208**, 1174-1176.

針生悦子 (2010). 言語力の発達 市川伸一（編） 現代の認知心理学5 発達と学習 北大路書房

林 安紀子 (1999). 声の知覚の発達 桐谷 滋（編） ことばの獲得 ミネルヴァ書房 pp.37-70.

Kuhl, P. K., Stevens, E., Hayashi, A., Deguchi, T., Kiritani, S., & Iverson, P. (2006). Infants show a facilitation effect for native language perception between 6 and 12 months. *Developmental Science*, **9**, F13-F21.

Moon, C., Cooper, R. P., & Fifer, W. (1993). Two-day-olds prefer their native language. *Infant Behavior and Development*, **16**, 495-500.

岡本夏木 (1982). 子どもとことば 岩波書店

岡本夏木 (1985). ことばと発達 岩波書店

Piaget, J., & Inhelder, B. (1966). *La psychologie l'enfant*. Puf.（波多野完治・須賀哲夫・周郷 博（訳）（1969）. 新しい児童心理学 白水社）

Piaget, J., & Szeminska, A. (1941). *La genèse du nombre chez l'enfaut*. Delachaux & Niestlé（遠山 啓・銀林 浩・滝沢武久（訳）（1962）. 数の発達心理学 国土社）

Siegler, R. S. (1987). The perils of averaging date over strategies: An example from children's addition. *Journal of Experimental Psychology: General*, **116**, 250-264.

清水由紀・内田伸子 (2007). 学校文化のコミュニケーション——一次的ことばから二次的ことばへ 内田伸子・坂元 章（編） リスク社会を生き抜くコミュニケーション力 金子書房 pp.65-89.

鈴木宏明 (1996). 類似と思考 共立出版

高橋 登 (1997). 幼児のことば遊びの発達：しりとりを可能にする条件の分析 発達心理学研究, **8**, 42-52.

内田伸子 (1989). 物語ることから文字作文へ 読書科学, **33**, 10-24.

内田伸子・大宮明子 (2002). 幼児の説明の発達：理由づけシステムにおける領域知識と推論形式の関係 発達心理学研究, **13**, 232-243.

山 祐嗣 (2010). 推論能力の発達 市川伸一（編） 発達と学習 北大路書房 pp.80-103.

コラム2

Baldwin, D. A. (1993). Infants' ability to consult the speaker for clues to word reference. *Journal of Child Language*, **20**, 395-418.

今井むつみ・針生悦子 (2007). レキシコンの構築：子どもはどのように語と概念を学んでいくのか 岩波書店

Landau, B., Smith, L. B., & Jones, S. S. (1988). The importance of shape in early lexical learning. *Cognitive Development*, **3**, 299-321
Markman, E. (1989). *Categorization and naming in children: Problems of induction*. MIT Press.
Quine, W. V. (1960). *Word and object*. MIT Press.
Tomasselo, M. (2001). Perceiving intentions and learning words in the second year of life. In M. Bowerman & S. C. Levinson (Eds.), *Language acquisition and conceptual development*. Cambridge University Press.
Tomasello, M., & Barton, M. (1994). Learning words in non-ostensive contexts. *Developmental Psychology*, **30**, 639-650.

第3章

Atkinson, R. C., & Shiffrin, R. M. (1971). The control of short-term memory. *Scientific American*, **225**, 82-90.
Baddeley, A. D. (2007). *Working memory, thought and action*. Oxford: Oxford University Press.
Baddeley, A., Eysenck, M. W., & Anderson, M. C. (2009). *Memory*. Psychology Press.
Bahrick, H. P. (1984). Semantic memory content in permastore: Fifty years of memory for Spanish learned in school. *Journal of Experimental Psychology: General*, **113**, 1-29.
Bartlett, F. C. (1932). *Remembering: A study in experimental and social psychology*. Cambridge University Press.（宇津木 保・辻 正三（訳）(1983). 想起の心理学—実験的社会心理学における一研究　誠信書房）
Conway, A. R. A., Cowan, N., Bunting, M. F., Therriault, D. J., & Minkoff, S. R. B. (2002). A latent variable analysis of working memory capacity, short-term memory capacity, processing speed, and general fluid intelligence. *Intelligence*, **30**, 163-183.
Corkin, S. (1984). Lasting consequences of bilateral medial temporal lobectomy: Clinical course and experimental findings. *H. M. Seminars in Neurology*, **4**, 249-259.
Gazzaniga, M. S., Davies, G., Ivry, R. B., & Mangun, G. R. (2008). *Cognitive neuroscience*. W. W. Norton.
Glanzer, M. (1972). Storage mechanisms in recall. In G. H. Bower (Ed.), *The psychology of learning and motivation: Advances in research and theory*. Vol.5. San Diego, CA: Academic Press. pp.129-193.
Hinson, J. M., Jameson, T. L., & Whitney, P. (2003). Impulsive decision making and working memory. *Journal of Experimental Psychology, Learning, Memory and Cognition*, **29**, 298-306.
Kail, R. (1990). *The development of memory in children*. 3rd ed. W. H. Freeman.（高橋雅延・清水寛之（訳）(1993). 子どもの記憶—おぼえること・わすれること　サイエンス社）
Loftus, E. F., & Ketcham, K. (1994). *The myth of repressed memory: False memories and allegations of sexual abuse*. Griffith.
Nairne, J. S. (2002). Remembering over the short-term: The case against the standard model. *Annual Review of Psychology*, **53**, 53-81.
Schneider, W. (1999). The development of metamemory in children. *Attention and Performance*, **17**, 487-514.
Squire, L. R. (1992). Declarative and nondeclarative memory: Multiple brain systems supporting learning and memory. *Journal of Cognitive Neuroscience*, **4**, 212-243.
高野陽太郎（編）(2001). 認知心理学2　記憶　東京大学出版会
Tulving, E. (2002). Episodic memory: From mind to brain. *Annual Review of Psychology*, **53**, 1-25.
苧阪満里子・苧阪直行（1994）. 読みとワーキングメモリ容量—日本語版リーディングスパンテストによる測定—　心理学研究, **65**, 339-345.

コラム3

Ebbinghaus, H. (1885). *Über das Gedächtnis*. Leipzig: Duncker and Humbolt.（宇津木 保（訳）(1978). 記憶について　誠信書房）
Glanzer, M. (1972). Storage mechanisms in recall. In G. H. Bower (Ed.), *The psychology of learning and motivation: Advances in research and theory*. Vol.5. San Diego, CA: Academic Press. pp.129-193.

第4章

Abramson, L. Y., Seligman, M. E. P., & Teasdale, J. D. (1978). Learned helplessness in humans: Critique and reformulation. *Journal of Abnormal Psychology*, **87**, 49-74.
Bandura, A. (1965). Influence of a models' reinforcement contingencies on the acquisition of imitative

responses. *Journal of Personality and Social Psychology*, **1**(6), 589-595.
Bandura, A. (1971). *Psychological modeling: Conflicting theories*. Aldine・Atherton.（原野広太郎・福島脩美（訳）（1975）．モデリングの心理学：観察学習の理論と方法　金子書房）
Bandura, A., Ross, D., & Ross, S. (1963). Imitation of film-mediated aggressive models. *Journal of Abnormal and Social Psychology*, **66**(1), 3-11.
Deci, E. L. (1971). Effects of externally mediated rewards on intrinsic motivation. *Journal of Personality and Social Psychology*, **18**, 105-115.
Dweck, C. S. (1975). The role of expectations and attributions in the alleviation of learned helplessness. *Journal of Personality and Social Psychology*, **31**(4), 674-685.
Dweck, C. S., & Reppucci, N. D. (1973). Learned helplessness and reinforcement responsibility in children. *Journal of Personality and Social Psychology*, **25**(1), 109-116.
Weiner, B. (1972). *Theories of motivation: From mechanism to cognition*. Chicago: Markham.

コラム4

Abramson, L. Y., Seligman, M. E. P., & Teasdale, J. D. (1978). Learned helplessness in humans: Critique and reformulation. *Journal of Abnormal Psychology*, **87**, 49-74.
Dweck, C. S. (1975). The role of expectations and attributions in the alleviation of learned helplessness. *Journal of Personality and Social Psychology*, **31**(4), 674-685.
Dweck, C. S., & Reppucci, N. D. (1973). Learned helplessness and reinforcement responsibility in children. *Journal of Personality and Social Psychology*, **25**(1), 109-116.

第5章

秋田喜代美（2012）．学びの心理学　左右社
『教育実習ハンドブック』共同研究会（2012）．教育実習ハンドブック　文教大学
佐伯　胖（1995）．『学ぶ』ということの意味　岩波書店
田中智志（2003）．教育学がわかる事典　日本実業出版社
田中智志（2009）．学ぶと教える　田中智志・今井康雄（編）キーワード現代の教育学　東京大学出版会　p.142.
渡辺弥生（2001）．思いやりの心を育てるには　渡辺弥生（編）VLFによる思いやり育成プログラム　図書文化　p.38-40.

コラム5

Collins, A., Brown, J. S., & Newman, S. E. (1989). Cognitive apprenticeship: Teaching the craft of reading, writing, and mathematics. In L. B. Resnick (Ed.), *Knowing, learning, and instruction: Essays in honor of Robert Glaser*. Hillsdale, NJ: Lawrence Erlbaum Associates. pp.453-494.
市川伸一・鏑木良夫（2007）．教えて考えさせる授業　小学校―学力向上と理解深化をめざす指導プラン　図書文化社
Palincsar, A. S., & Brown, A. L. (1984). Reciprocal teaching of comprehension-fostering and comprehension monitoring activities. *Cognition and Instruction*, **1**, 117-175.
上野直輝・ソーヤーりえこ（編著）（2006）．文化と状況的学習－実践，言語，人工物へのアクセスのデザイン　凡人社

第6章

鹿毛雅治（1997）．指導と評価の一体化という考え方　藤岡完治・北　俊夫（編）新学力観のための評価と指導　第2巻評価で授業を変える　ぎょうせい
田中耕治（2010）．新しい「評価のあり方」を択く　日本標準
志水宏吉（2005）．学力を育てる　岩波書店
広岡亮蔵（1968）．教育学著作集1　学力論　明治図書
文部省（1951）．初等教育の原理
斎藤喜博（1969）．教育学のすすめ　筑摩書房

第7章

Allport, G. W. (1961). *Pattern and growth in personality*. New York：Holt, Rinehart & Winston. (今田　恵 (監訳) (1968). 人格心理学上・下　誠信書房)
安藤寿康 (2000). 心はどのように遺伝するか—双生児が語る新しい遺伝観　講談社
安藤寿康 (2011). 遺伝マインド—遺伝子が織り成す行動と文化　有斐閣
Cattell, R. B. (1950). *Personality: A systematic, theoretical, and factual study*. New York: McGraw-Hill.
Eysenck, H. J.(1967). *The biological basis of personality*. Springfield, IL: Charles C. Thomas.(梅津耕作・祐宗省三・山内光哉・井上　厚・羽生義正・森　正純・篁　一誠・伊藤春生・平出彦仁 (訳) (1973). 人格の構造　岩崎学術出版社)
藤村邦博 (2006). 知能　山内弘継・橋本　宰 (監修)　岡市廣成・鈴木直人 (編)　心理学概論　ナカニシヤ出版社 pp.261-266.
Guilford, J. P., & Hoepfner, R. (1971). *The analysis of intelligence*. New York: McGraw-Hill.
Jung, C. G. (1964). *Man and symbols*. New York: Dell.
Jung, C. G. (1968). *Analytical psychology: Its theory and practice*. New York: Pantheon.
Sheldon, W. H., & Stevens, S. S. (1942). *The varieties of temperament*. New York: Harper.
Shikishima, C., Ando, J., Ono, Y., Toda, T., & Yoshimura, K. (2006). Resistry of adolescent and young adult twins in the Tokyo area. *Twin Research and Human Genetics*, **9**, 811-816.
Spearman, C. E. (1904). 'General intelligence', objectively determined and measured. *American Journal of Psychology*, **15**, 201-293.
Spearman, C. E. (1927). *The abilities of man: Their nature and measurement*. New York: Macmillan.
菅原ますみ (1996). 気質　青柳　肇・杉山憲司 (編著)　パーソナリティ形成の心理学　福村出版　pp. 22-34.
菅原ますみ (2003). 個性はどう育つか　大修館書店
Thurstone, L. L. (1938). *Primary mental abilities*. Chicago, IL: University of Chicago Press.
Wechsler, D. (1991). *Manual for the Wechsler Intelligence Scale for Children*. 3rd ed. San Antonio, TE: The Psychological Corporation. (日本版WISC-Ⅲ刊行委員会 (訳編) (1998). 日本版WISC-Ⅲ知能検査法)

コラム7

Bogg, T., & Roberts, B. W. (2004). Conscientiousness and health behaviors: A meta-analysis. *Psychological Bulletin*, **130**, 887-919.
Costa, P. T. Jr, & McCrae, R. R. (1992). *Revised NEO Personality Inventory (NEO-PI-R) and NEO Five-Factor Inventory (NEO-FFI) professional manual*. Odessa, FL: Psychological Assessment Resources.
Kern, M. L., & Friedman, H. S. (2008). Do conscientious individual live longer? A quantitative review. *Health psychology*, **27**, 505-512.
Takahashi, Y., Roberts, B. W., & Hoshino, T. (2012). Conscientiousness mediates the relation between perceived parental socialization and self-rated health. *Psychology and Health*, **27**, 1048-1061.

第8章

Arsenio, W., & Lemerise, E. (2004). Aggression and moral development: Integrating social information processing and moral domain models. *Child Development*, **75**, 987-1002.
Blatt, M., & Kohlberg, L. (1975). The effect of classroom moral discussion upon children's level of moral judgment. *Journal of Moral Education*, **4**, 129-161.
Crick, N., & Dodge, K. A. (1986). A review and reformulation of social information-processing mechanisms in children's social adjustment. *Psychological Bulletin*, **115**, 74-101.
Derry, S. J. (1996). Cognitive schema theory in the constructivist debate. *Educational Psychologist*, **31**, 163-174.
藤枝静暁・相川　充 (2001). 小学校における学級単位の社会的スキル訓練の効果に関する実験的検討　教育心理学研究, **49**, 107-117.
藤澤　文 (2008). モラルの心理　永房典之 (編著)　なぜ人は他者が気になるのか？　人間関係の心理　金子書房　pp.45.
藤永芳純 (2000). 大学の教員養成における「道徳の指導法」の現状と課題　道徳教育学論集, **10**, 61-76.

長谷川真里（2008）．大人の拘束と道徳的実在論　渡辺弥生・伊藤順子・杉村伸一郎（編）原著で学ぶ社会性の発達　ナカニシヤ出版　pp.58-59.
永田繁雄・藤澤　文（2010）．「全国の大学・短大における教職科目「道徳の指導法」に関する調査」結果報告書　東京学芸大学
永田繁雄・藤澤　文（2012）．道徳教育に関する小・中学校の教員を対象とした調査　─道徳の時間への取組を中心として─　結果報告書　東京学芸大学
永野重史（編）（1985）．道徳性の発達と教育─コールバーグ理論の展開　新曜社
内藤俊史（1987）．道徳性と相互行為の発達　─コールバーグとハーバーマス─　藤原保信・三島憲一・木前利秋編著　ハーバーマスと現代　新評論　pp.182-195.
Narvaez, D., & Bock, T.（2002）．Moral schemas and tacit judgement or how the defining issues test is supported by cognitive science. *Journal of moral education*, **31**, 297-314.
Narvaez, D., & Lapsley, D. K.（2008）．Teaching moral character: Two alternatives for teacher education. *The Teacher Educator*, **43**, 156-172.
Piaget, J.(1932). The moral judgment of the child.(translated by M.Garbain). New York：Simon & Schuster.（大伴　茂（訳）（1954）．児童道徳判断の発達　同文書院）
Power, C., & Higgins-D'Alessandro, A.（2008）．The just community approach moral education and the moral atmosphere of the school. In L. Nucci. & D. Narvaez.（Eds）*Handbook of moral and character education*. New York & London：Routledge. pp.230-247.
Selman, R.（1971）．The relation of role taking to the development of moral judgment in children. *Child Development*, **42**, 79-91.
Selman, R.（2003）．*The promotion of social awareness: Powerful lessons from the partnership of developmental theory and classroom practice*. New York：Russell Sage Foundation.
首藤敏元（1992）．領域特殊理論─チュリエル　日本道徳性心理学研究会（編）道徳性心理学　─道徳教育のための心理学─　北大路書房　pp.133-144.
Turiel, E.（1998）．The development of morality. In N. Eisenberg（Ed.），W. Damon.（Series Ed.），*Handbook of child psychology*. 5th ed. Vol.3. *Social, emotional, and personality development*. New York：Wiley. pp. 863-932.
渡辺弥生・山本弘一（2003）．中学生における社会的スキルおよび自尊心に及ぼすソーシャルスキルトレーニングの効果─中学生および適応指導教室での実践─　カウンセリング研究．**36**, 195-205.

コラム 8

Berkowitz, M. W., & Gibbs, J. C.（1983）．Measuring the developmental features of moral discussion. *Merrill-Palmer Quarterly*, **29**(4)．191-211.
藤澤　文（2010）．モラルジレンマ課題を用いた討議経験と対人交渉方略：教職課程の女子学生を対象として　道徳教育方法研究．**16**．32-44.
藤澤　文（2013）青年の規範の理解における討議の役割　ナカニシヤ出版
Habermas, J.（1983）．*Moralbewusstsein und kommunikatives Handeln*. Frankfurt am Main：Suhrkamp Verlag.（三島憲一・中野敏男・木前利秋（訳）（2000）．道徳意識とコミュニケーション的行為．岩波書店　pp.183-221.）
Habermas, J.（1992）．*Faktizität und Geltung: Beiträge zur Diskurstheorie des Rechts und des demokratischen Rechtsstaats*. Frankfurt am Main：Suhrkamp Verlag.（河上倫逸・耳野健二（訳）事実性と妥当性（上）法と民主的法治国家の討議理論にかんする研究　未來社
山岸明子（1998）．小・中学生における対人交渉方略の発達および適応感との関連　─性差を中心に　教育心理学研究, **46**, 163-172.

第 9 章

有光興記（2010）．ポジティブな自己意識的感情の発達　心理学評論．**53**, 124-139.
Barrett, K. C., Zahn-Waxler, C., & Cole, P. M.（1993）．Avoiders vs. amenders: Implications for the investigation of guilt and shame during toddlerhood? *Cognition & Emotion*, **7**, 481-505.
Bowlby, J.（1973）．*Attachment and loss*. Vol.2. *Separation*. New York: Basic Books.（黒田実郎・岡田洋子・吉田恒子（訳）（1977）．母子関係の理論Ⅱ　分離不安 岩崎学術出版社）

Erikson, E. H. (1982). *The life cycle completed: A review*. New York: W.W. Norton. (村瀬孝雄・近藤邦夫（訳）(1989). ライフサイクル，その完結　みすず書房)
Festinger, L. (1954). A theory of social comparison process. *Human Relations*, **7**, 117-140.
Frankel, S., & Sherick, I. (1977). Observations on the development of normal envy. *The Psychoanalytic study of the child*, **32**, 257-281.
Harter, S. (1985). Competence as a dimension of self-evaluation: Toward a comprehensive model of self-worth. In R. L. Leahy (Ed.), *The development of self*. Academic Press. pp.55-121.
James, W.(1890). *The principles of psychology*. Vol.I and II New York: Henry Holt.(今田　寛（1992）. 心理学（上，下）　岩波書店)
Kuhn, M. H., & McPartland, T. S. (1954). An empirical investigation of self-attitudes. *American Sociological Review*, **19**, 68-76.
Leary, M. R., & Baumeister, R. F. (2000). The nature and function of self-esteem: Sociometer theory. In M. P. Zanna(Ed.), *Advances in experimental social psychology*. Vol.32. San Diego: Academic Press. pp.1-62.
Lewis, M., & Brooks-Gunn, J. (1979). *Social cognition and the acquisition of self*. New York: Plenum.
Lewis, M., Sullivan, M. W., Stanger, C., & Weiss, M. (1989). Self-development and self-conscious emotions. *Child Development*, **60**, 146-156.
Meltzoff, A. N., & Borton, R. W. (1979). Intermodal matching by human neonates. *Nature*, **282**, 403-404
Schachter, S., & Singer, J. E. (1962). Cognitive, social, and physiological determinants of emotional state. *Psychological Review*, **69**, 379-399.
澤田匡人（2005）. 児童・生徒における妬み感情の構造と発達的変化―領域との関連および学年差・性差の検討―　教育心理学研究，**53**, 185-195.
嶋田洋徳（1998）. 小中学生の心理的ストレスと学校不適応感に関する研究　風間書房
Stipek, D. (1995). The development of pride and shame in toddlers. In J. P. Tangney & K. W. Fischer(Eds.), *Self-conscious emotions: The psychology of shame, guilt, embarrassment, and pride*. New York: Guilford Press. pp.237-252.
田村綾菜（2009）. 児童の謝罪認知に及ぼす加害者の言葉と表情の影響　教育心理学研究，**57**, 13-23.

コラム9

Camras, L. A., & Allison, K. (1985). Children's understanding of emotional facial expressions and verbal labels. *Journal of Nonverbal Behavior*, **9**, 84-94.
Tracy, J. L., Robins, R. W., & Lagattuta, K. H. (2005). Can children recognize the pride expression? *Emotion*, **5**, 251-257.

第10章

石隈利紀（1999）. 学校心理学―教師・スクールカウンセラー・保護者のチームによる心理教育的援助サービス　誠信書房
加藤弘通（2007）. 問題行動と学校の荒れ　ナカニシヤ出版
北村晴朗（1965）. 適応の心理　誠信書房
文部科学省（1999）. 学習障害児に対する指導について（報告）
文部科学省（2003）. 今後の特別支援教育の在り方について（最終報告）
文部科学省（2012）. 平成23年度「児童生徒の問題行動等生徒指導上の諸問題に関する調査」について
森田洋司（2003）. 不登校―その後―　不登校経験者が語る心理と行動の軌跡　教育開発研究所
森田洋司（2010）. いじめとは何か―教室の問題，社会の問題　中央公論新社

コラム10

岡田有司（2007）. 通常学級に在籍する軽度知的障害の生徒における相談室の役割―2つの事例の検討から　大学院研究年報（中央大学）文学研究科篇，**37**, 143-151.
岡田有司（2009）. 部活動への参加が中学生の学校への心理社会的適応に与える影響―部活動のタイプ・積極性に注目して　教育心理学研究，**57**(4), 419-431.
岡田有司（2012a）. 中学校への適応に対する生徒関係的側面・教育指導的側面からのアプローチ　教育心理学研究，**60**(2), 153-166.

岡田有司（2012b）．学校生活の諸領域に対する適応と重要度認知の因果関係—交差遅延効果モデルによる検討　パーソナリティ研究，**21**(2)，186-189．

第11章

American Psychiatric Association (2000). *Diagnostic and statistical manual of mental disorders.* 4th ed. Text Revision (DSM-Ⅳ-TR). Washington, D.C.: American Psychiatric Association. (高橋三郎・大野　裕・染矢俊幸（訳）（2002）．DSM-Ⅳ-TR精神疾患の診断・統計マニュアル　医学書院）
藤川洋子（2008）．発達障害と少年非行—司法面接の実際　金剛出版
Glueck, S., & Glueck, E. (1950). *Unraveling juvenile delinquency.* Harvard University Press. (中央青少年問題協議会（訳）（1953）．非行少年の解明　大蔵省印刷局）
Gottfredson, M. R., & Hirschi, T. (1990). *A general theory of crime.* Stanford University Press. (松本忠久（訳）（1996）．犯罪の基礎理論　文憲堂）
Hirschi, T. (1969). *Cause of delinquency.* California University Press. (森田洋司（訳）（1995）．非行の原因—家庭・学校・社会へのつながりを求めて　文化書房博文社）
法務省法務総合研究所（2012）．平成24年版犯罪白書　日経印刷
小林　真（1999）．問題行動　中島義明・安藤清志・子安増生・坂野雄二・繁桝算男・立花政夫・箱田裕司（編）心理学辞典　有斐閣　p.848．
永房典之・菅原健介・佐々木　淳・藤澤　文・薊　理律子（2012）．厚生施設入所児の公衆場面における行動基準に関する研究　心理学研究，**83**，470-478．
大渕憲一（2006）．犯罪心理学—犯罪の原因をどこに求めるのか　培風館
田川二照（1999）．非行　中島義明・安藤清志・子安増生・坂野雄二・繁桝算男・立花政夫・箱田裕司（編）心理学辞典　有斐閣　pp.716-717．

コラム11

永房典之（2008）．なぜ人は心にブレーキをかけるのか？　永房典之（編著）なぜ人は他者が気になるのか？—人間関係の心理　金子書房　pp.16-29．
永房典之（2011）．恥と犯罪　小俣謙二・島田貴仁（編）犯罪と市民の心理—犯罪リスクに社会はどうかかわるか　北大路書房　pp.76-79．
永房典之・菅原健介・佐々木　淳・藤澤　文・薊　理律子（2012）．厚生施設入所児の公衆場面における行動基準に関する研究　心理学研究，**83**，470-478．
菅原健介・永房典之・佐々木　淳・藤澤　文・薊　理律子（2006）．青少年の迷惑行為と羞恥心—公共場面における5つの行動基準との関連性—　聖心女子大学論叢第107集，160-178．
Tangney, J. P. (1991). Moral affect: The good, the bad, and the ugly. *Journal of Personality and Social Psychology*, **61**, 598-607.

第12章

Beck, J. S. (1995). *Cognitive therapy: Basics and beyond.* The Guilford Press. (伊藤絵美・神村栄一・藤澤大介（訳）（2004）．認知療法実践ガイド　基礎から応用まで：ジュディス・ベックの認知療法テキスト　星和書店）
Barrett, P. M., & Turner, C. M. (2004). Prevention of childhood anxiety and depression. In P. M. Barrett & T. H. Ollendick (Eds.), *Handbook of interventions that work with children and adolescents: Prevention and treatment.* Chichester, England: John Wiley & Sons. pp.429-474.
Engel, G. (1977). The need for a new medical model: A challenge for Biomedicine. *Science*, **196**, 129-136.
House, A. E. (2002). *DSM-IV diagnosis in the schools: Update 2002.* New York: Guilford. (上地安昭（監訳）（2003）．学校で役立つDSM-IV：DSM-IV-TR対応最新版　誠信書房）
市川宏伸（2002）．子どもにみられる精神症状：その意味と成り立ちを理解する　佐藤泰三・市川宏伸（編）臨床家が知っておきたい「子どもの精神科」　心の問題と精神症状の理解のために　医学書院　pp.72-82．
伊藤絵美（2011a）．ケアする人も楽になる認知行動療法入門　BOOK1　医学書院
伊藤絵美（2011b）．ケアする人も楽になる認知行動療法入門　BOOK2　医学書院
伊藤美奈子（2003）．スクールカウンセリング　下山晴彦（編）よくわかる臨床心理学　ミネルヴァ書房　pp.186-189．

石川信一・戸ヶ崎泰子・佐藤正二・佐藤容子（2006）．児童青年に対する抑うつ予防プログラム：現状と課題　教育心理学研究．**54**, 572-584.
Kessler, R. C., & Walters, E. E. (1998). Epidemiology of DSM-III-R major depression and minor depression among adolescents and young adults in the National Comorbidity Survey. *Depression and Anxiety*, **7**, 3-14.
Lazarus, R. S. & Folkman, S. (1984). *Stress, appraisal, and coping*. Springer. (本明　寛・春木　豊・織田正美（監訳）（1991）．ストレスの心理学　実務教育出版）
大倉勇史（2002）．気分障害　佐藤泰三・市川宏伸（編）　臨床家が知っておきたい「子どもの精神科」：心の問題と精神症状の理解のために　医学書院　pp.188-191.
Pine, D. S., Cohen, E., Cohen, P., & Brook, J. (1999). Adolescent depressive symptoms as predictors of adult depression: Moodiness or mood disorder? *American Journal of Psychiatry*, **156**, 133-135.
佐藤　寛・今城智子・戸ヶ崎泰子・石川信一・佐藤容子・佐藤正二（2009）．児童の抑うつ症状に対する学級規模の認知行動療法プログラムの有効性　教育心理学研究，**57**, 111-123.
佐藤　寛・下津咲絵・石川信一（2008）．一般中学生におけるうつ病の有病率：半構造化面接法を用いた実態調査　精神医学．**50**, 439-448.
佐藤泰三（2002）．治療の考え方　佐藤泰三・市川宏伸（編）　臨床家が知っておきたい「子どもの精神科」：心の問題と精神症状の理解のために　医学書院　pp.26-34.
佐藤泰三・市川宏伸（編）（2002）．臨床家が知っておきたい「子どもの精神科」：心の問題と精神症状の理解のために　医学書院
松丸未来・下山晴彦・ポール・ストラード（2010）．子どもと若者のための認知行動療法実践セミナー：上手に考え　気分はスッキリ　金剛出版
内山登紀夫・桑原繭子（2002）．集団行動がとれない　佐藤泰三・市川宏伸（編）　臨床家が知っておきたい「子どもの精神科」：心の問題と精神症状の理解のために　医学書院　pp. 101-105.

コラム 12

Birleson, P. (1981). The validity of depressive disorder in childhood and the development of a self-rating scale: A research report. *Journal of child psychology and psychiatry, and allied disciplines*, **22**, 73-88.
傳田健三・賀古勇輝・佐々木幸哉・伊藤耕一・北川信樹・小山　司（2004）．小・中学生の抑うつ状態に関する調査：Birleson 自己記入式抑うつ評価尺度（DSRS-C）を用いて　児童青年精神医学とその近接領域，**45**, 424-436.
村田豊久・清水亜紀・森陽二郎・大島祥子（1996）．学校における子どものうつ病：Birlson の小児期うつ病スケールからの検討　最新精神医学　**1**, 131-138.
永井　智（2008）．中学生における児童用抑うつ自己評価尺度（DSRS）の因子モデルおよび標準データの検討　感情心理学研究，**16**, 133-140.
並川　努・谷　伊織・脇田貴文・熊谷龍一・中根　愛・野口裕之・辻井正次（2011）．Birleson 自己記入式抑うつ評価尺度（DSRS-C）短縮版の作成　精神医学，**53**, 489-496.
岡田倫代・鈴江　毅・田村裕子・片山はるみ・實成文彦（2009）．高校生における抑うつ状態に関する調査：Birleson 自己記入式抑うつ評価尺度（DSRS-C）を用いて　児童青年精神医学とその近接領域，**50**, 57-68.

第13章

金山健一（2011）．どんな子どもに対してもカウンセリングマインドは必要なのか？　カウンセリングマインドと教師　児童心理．**936**, 44-49.
小泉英二（編）（1990）．学校教育相談・初級講座　学事出版
國分康孝（1990）．カウンセリング・マインド　國分康孝（編）　カウンセリング辞典　誠信書房　p.79.
中央教育審議会（2012）．教職生活の全体を通じた教員の資質能力の総合的な向上方策について（答申）　文部科学省
中原美惠（2011）．カウンセリングマインドと教師の成長　児童心理臨時増刊．**936**, 1-12.
中島一憲（2003）．先生が壊れていく－精神科医のみた教育の危機　弘文堂
松村茂治・浦野祐司（2001）．「学級フィールドワーク（Ⅲ）子どもと教師の間に「良い関係」を生み出す要因は何か？」東京学芸大学紀要第一部門（教育科学），52，97-109.
文部科学省（2010）．中学校学習指導要領　特別活動編

文部科学省（2011）．生徒指導提要　教育図書
文部科学省（2012a）．教職員に係る懲戒処分等の状況について（平成22年度）
文部科学省（2012b）．公立学校教職員の人事行政の状況調査について（平成22年度）
Rogers, C. R.(1942). *Counseling and psychotherapy: Newer concepts in practice*. Boston, MA: Houghton Mifflin.（末武康弘・諸富祥彦・保坂　亨（訳）（2005）．カウンセリングと心理療法—実践のための新しい概念　ロジャース主要著作集1　岩崎学術出版社）
渡辺弥生・丹羽洋子・篠田晴男・堀内ゆかり（2009）．学校だからできる生徒指導・教育相談　北樹出版

コラム13
原田恵理子・渡辺弥生（2011）．高校生を対象とする感情の認知に焦点をあてたソーシャルスキルトレーニングの効果　カウンセリング研究，**44**，81-91．
Rogers, C. R.(1942). *Counseling and psychotherapy: Newer concepts in practice*. Boston, MA: Houghton Mifflin.（末武康弘・諸富祥彦・保坂　亨（訳）（2005）．カウンセリングと心理療法—実践のための新しい概念　ロジャース主要著作集1　岩崎学術出版社）

第14章
Erikson, E. H.（1950）．*Childhood and society*. W. W. Norton.（仁科弥生（訳）（1977）．幼児期と社会Ⅰ　みすず書房）
Havighurst, R. J.（1972）．*Developmental task and education*. David McKay.（児玉憲典・飯塚裕子（訳）（1997）．ハヴィガーストの発達課題と教育　川島書店）
柏木惠子・若松素子（1994）．「親になる」ことによる人格発達—生涯発達視点から親を研究する試み　発達心理学研究，**5**，72-83．
春日井敏夫（2011）．よくわかる教育相談　春日井敏夫・伊藤美奈子（編著）　ミネルヴァ書房　p.123.
小林正幸・嶋崎政男（編）（2012）．三訂版　もうひとりで悩まないで！　教師・親のための　子ども相談機関利用ガイド　ぎょうせい
森川美子（2009）．中年期の心理と課題　永井　撤（監修）　田中信市・下川昭夫（編）　中年期・老年期の臨床心理学　培風館　p.13.
森下葉子（2006）．父親になることによる発達とそれに関わる要因　発達心理学研究，**17**，182-192．
野末武義（2009）．家族の心理臨床からみた親のメンタルヘルス　青木紀久代（編）　親のメンタルヘルス—新たな子育て時代を生き抜く—　至文堂　pp.96-105.
尾形和男（2006）．家族の関わりから考える生涯発達心理学　北大路書房
岡本祐子（1985）．中年期の自我同一性に関する研究　教育心理学研究，**33**，295-306．
岡本祐子（1994）．女性のためのライフサイクル心理学　福村出版
小野寺敦子（2003）．親になることによる自己概念の変化　発達心理学研究，**14**，180-190．

第15章
荒木紀幸（1993）．道徳性の測定と評価を生かした新道徳教育　明治図書
荒木紀幸・松尾廣文（1992）．中学生版社会取得検査の開発　兵庫教育大学研究紀要，**12**，63-86．
三浦摩利（2009）．話し合い活動をいかした道徳の時間〜中学校の道徳の時間を活性化するために〜　東京学芸大学大学院修士課題研究
三浦摩利（2009）．花火大会　東京都教育委員会　小・中学校東京都道徳教育郷土資料集　pp.88-92.
三浦摩利（2012）．あめ細工職人　吉原孝洋　［中学生］キラリ☆道徳①　正進社　pp.110-115.
文部科学省（2004）．道徳教育推進状況調査（平成15年10月〜12月調査）
文部科学省（2005）．義務教育に関する意識調査（平成17年3月〜4月調査）

事項索引

あ

アイコニックメモリ　30
愛着（アタッチメント）　5, 12
　──行動　115
アイデンティティ　165
　──の形成　185
　──の再吟味　187
　──の成熟　187
アクションリサーチ　10
アクティブ・レスト　49
アルゴリズム　19
アンダーマイニング現象　51
怒り　117
育自　192
いじめ　121, 125, 128
一次的援助サービス　134
一次的ことば　23
一卵性双生児　95
一般因子　85
遺伝　95
　──説　6
　──と環境　6, 12
VLWプログラム　64
内田クレペリン検査　95
エクスポージャー　167
エコイックメモリ　30-31
演繹推論　18
援助交際　150
延滞模倣　16
横断的研究　10, 12
大人への一方的尊敬　102
親からの心理的離乳期　191
親子関係の見直し　188
音韻意識　23

か

外発的動機づけ　50, 51
カウンセリングマインド　171
学習　43
　──指導要領　78
　──性無力感　51, 55
　観察──　44, 47, 54
　技能──　48
　グループ──　69
　社会的──　47
　　──理論　48
　状況論的──　70
　体験──　110
　洞察──　43, 47
　発見──　68
　　──法　51
　プログラム──　69
　模倣──　47
　連合──　44
　有意味受容──　68
学力　73
　──モデル　73
過剰正当化効果　51
家族の発達　185
課題設定　167
学級経営　174
学校不適応感　124
家庭人　185
家庭内暴力　165
過度の一般化　166
空の巣症候群　191, 195
感覚
　──（知覚）運動学習　48
　──運動期　15, 24
　──登録器　30

環境
　──説　6
　──調整　168
　共有──　96
　非共有──　96
観察法　7
癇癪　119
間主観性　115
感情　117
　──の発達　118
　基本的──　117, 124
記憶
　感覚──　29
　──方略　34
　作動──　29, 32, 39
　短期──　29, 31, 38
　長期──　29, 32, 39
　陳述──　39
　非陳述──　39
　メタ──　35
「聴く」スキル　180
気質　90
基準喃語　20, 24
吃音　164
帰納推論　18
規範意識　101
基本的信頼感　124
記銘　27, 38
逆向抑制　34
キャノン・バード説　118
9か月革命　3, 12
教育
　キャリア──　110
　──支援センター（適応指導教室）　130
　──センター　162
　──相談　176

――評価　74, 75
　子どものための――
　　57
　心理――　167, 168
教員の資質　178
強化　45
強化子　46, 50
共感　122, 125
　――的理解　173, 181
教師との協力関係　193
矯正　154
共通特性　91
共同注意　21, 24
具体的操作期　15, 18, 24
グループ学習　69
警察　162
形式的操作期　15, 18, 24
系列位置効果　30, 39, 41
結果の知識　49
原因帰属　52, 55
言語　20
言語化　183
　攻撃性の――　161
検索　27
原始反射　1
健忘症　37
語彙爆発　22, 24
効果の法則　45
構成的グループエンカウン
　　ター（SGE）　180
肯定的関心　173
　無条件の――　181
行動実験　167
行動主義　70
校内暴力　129
更年期障害　187, 195
交絡変数　8
ゴールプランニング　167
心のはたらき　77
心の理論　3, 12
個人差　90
個人としての確立　186
誤信念課題　3, 12
個性の伸長　177

子育てのサポート　194
ごっこ遊び　16
子ども
　――が求める教師　60
　――の健やかな成長
　　194
　――のための授業　58,
　　66
　――の構成　62
コミュニケーション　180
　非言語的――　163
根源特性　92
コンサルテーション　161
コンピテンス　116, 124,
　　131

さ
罪悪感　117
再構成　28
再生　28
再認　28
サポート資源　179
三項関係　3, 21, 24
三項随伴性　45
三次の援助サービス　135
三大原則　173
シェイピング　46, 54
ジェームズ・ランゲ説
　　118
シェマ　15
自我同一性　116, 124,
　　165
自己　113, 124
　――意識　120
　　公的――　125
　　――的感情　117, 124
　　私的――　125
　――一致　174, 181
　――実現　177
　――主張　119
　――制御　6
　――の限界　186
思考　15
自殺念慮　170

自尊心　113
実験法　7
嫉妬　117
質問紙法　8, 93
視点取得　120
自動思考　166
児童相談所　162
指導要録　78
自閉症（自閉性障害）　134
　高機能――　134
　――スペクトラム　163
社会学的要因　164
社会人　185
社会的
　――絆　155
　――情報処理モデル
　　105
　――スキルの獲得　168
　――比較　114, 124
　――微笑　2
尺度　8
ジャストコミュニティ
　　108
従属変数　8
縦断的研究　10, 12
集中練習　49
授業をつくる　66
馴化　44
循環反応　16
順向抑制　34
順応（adaptation）　127
小1プロブレム　11, 12
障害
　愛着――　164
　アスペルガー――　134
　学習――（LD）　132
　強迫性――　164
　行為――　154
　広汎性発達――　134,
　　155, 163
　社会性の――　164
　知的――　163
　注意欠陥多動性――
　　（ADHD）　133, 164

発達―― 132, 136
　反抗挑戦性―― 164
　不安―― 162
　分離不安―― 164
条件づけ
　オペラント―― 45
　古典的―― 44
　代理的―― 47
消去 44
象徴機能 16, 24
情報処理論 70
処遇 156
初語 20, 21, 24
初頭効果 41
新近効果 41
心身症 187
新生児微笑 2
新生児模倣 2
信頼性 7, 12
心理学的要因 164
心理検査 9
親和動機 50
スキナー 54
スクールカウンセラー(SC) 135, 161
スクールソーシャルワーカー(SSW) 135
ストレス 178
　心理的な―― 186
　――反応 124
ストレッサー 166
スモールステップ 46, 69
性格 90
生活習慣病 187
生殖性 186
成人期 185
精神遅滞 163
精神病理 161, 162
生徒指導 176
生物学的要因 164
生理的早産 1
世代性 186
セルフヘルプ 167
全か無か思考 166

全習法 49
前操作期 15, 24
選択性緘黙 164
想起 27, 39
相互教授法 69
相互作用説 6
双生児法 95
ソーシャルスキルトレーニング(SST) 109, 124, 134, 168, 180
ソシオメーター理論 124

た
体系的な推論の誤り 166
対人交渉方略 104
体制化 35
第二次性徴 165
第二次反抗期 165
代理強化 48
達成動機 50, 51
妥当性 7, 12
チェリエル 104
父親らしく 189
知能 85
　一般―― 85
　感覚運動的―― 15, 16
　結晶性―― 88
　――検査 87
　――指数 87, 98
　流動性―― 88
チャンク 31
中央教育審議会 178
中年期 185
　――のアイデンティティ危機 187, 195
調節 15
貯蔵 27
低自己統制 154, 158
停滞状態 186
適応(adjustment) 127
　学校―― 127
　社会的―― 127
　社会への―― 186
　心理的―― 127

適性処遇交互作用 53, 69
照れ 120
投影法 93, 98
同化 15
同期行動 21
動機づけ 49
統合失調症 164
道徳
　――教育推進教師 110, 111
　――性 101
　――の指導法 109
　――の授業 109
独自特性 91
特殊因子 85
特性論 91, 98
特別支援教育 132, 136
独立変数 7

な
内発的動機づけ 51, 54
内面の葛藤 161
2か月革命 2, 12
二項関係 3, 21
二次の援助サービス 134
二次的ことば 23, 24
二重貯蔵モデル 29
二卵性双生児 95
人間行動遺伝学 95
認知
　――再構成法 168
　――的徒弟制 70
　――的評価説 118, 124
　――への介入 168
　ベックの――理論 166, 169
妬み 117

は
パーソナリティ 89
バールソン児童用抑うつ性尺度 169
biopsychosocialモデル 164, 169

恥　117
発見学習　68
発達
　——支援　194
　——段階　116, 124, 165
　——の最近接領域　68
母親らしく　189
ピアサポート　129
ひきこもり　165
非行　148, 158
ヒューリスティックス　19
病院　162
評価
　形成的——　83
　個人内——　80
　真正の——　82
　診断的——　83
　絶対——　82
　総括的——　83
　相対——　78, 82
　パフォーマンス——　83
　ポートフォリオ——　83
　目標に準拠した——　81
標準化検査　9
表象　16
　——能力　24
表面特性　92

不安　123, 165
夫婦関係のあり方　188
符号化　27
不適応（maladjustment）　127
不登校　130, 136
ふり遊び　16
フリースクール　130
分散練習　49
分習法　49
弁別刺激　45
防衛機制　127, 136
忘却　28
　——曲線　39, 40
保護者　161, 179
　——世代　185
誇り　116
保持　27, 39
保存　17

ま
学びのデザイン　63
万引き　148, 158
見える力　77
面接法　9
メンタルヘルス　178
盲検法　7
モデリング　47
モラトリアム　116
モラルジレンマディスカッション　108, 111
モラルスキーマ　106

モンスターペアレント　192
問題解決能力の向上　168
問題行動　147, 158
　反社会的——　128, 136
　非社会的——　128, 136

や
薬物事犯　150, 158
役割取得能力　103
有意味受容学習　68
幼児図式　1, 12
抑うつ　123, 165
　——スキーマ　166

ら
楽観性　55
ラポール　172, 181
リーダーシップ　174
リハーサル（復唱）　30, 39
領域固有性　18
領域特殊理論　104
療法
　心理——　164
　認知行動——　167-169
　薬物——　164
臨床心理士　164, 167
類型論　90, 98
類推　19, 20
ルーブリック　84
レディネス　53

人名索引

A
Abramson, L. Y.　　55, 56
相川　充　　109
秋田喜代美　　9, 58
Allison, K.　　126
Alllport, G. W.　　89, 91, 92
安藤寿康　　95, 96
Anthony, L. G.　　5
荒木紀幸　　211
有光興記　　123
Arsenio, W.　　105, 106
Atkinson, J. W.　　51
Atkinson, R. C.　　29, 30

B
Baddeley, A. D.　　29, 33
Bahrick, H. P.　　40
Baldwin, D. A.　　26
Bandura, A.　　47, 48
Baron-Cohen, S.　　4
Barrett, K. C.　　120
Barrett, P. M.　　168
Bartlett, F. C.　　37
Barton, M.　　26
Baumeister, R. F.　　114
Beck, J. S.　　165-167
Belsky, J.　　5
Berkolwitz, M. W.　　111
Binet, A.　　87
Birleson, P.　　169
Blatt, M.　　108
Bloom, B. S.　　83
Bock, T.　　107, 108
Bogg, T.　　99
Borton, R. W.　　115
Bowlby, J.　　115, 124
Brooks-Gunn, J.　　115

C
Brown, A. L.　　69
Bruner, J. S.　　51
Butterworth, G.　　10

C
Camras, L. A.　　126
Cattell, R. B.　　92
Collins, A.　　70
Condon, W. S.　　21
Conway, A. R. A.　　32
Corkin, S.　　37
Costa, P. T.　　100
Crick, N.　　105
Crouter, A. C.　　5

D
Danby, S.　　13
Decasper, A. J.　　20
Deci, E. L.　　51
傳田健三　　169
Derry, S. J.　　106
Dodge, K. A.　　5, 105
Dunn, J.　　6
Dweck, C. S.　　52, 55, 56

E
Ebbinghaus, H.　　39, 40
Engel, G.　　164
Erikson, E. H.　　116, 117, 124, 185, 186
Eysenck, H. J.　　92

F
Festinger, L.　　114, 124
Fifer, W. P.　　20
Frankel, S.　　119
Freud, S.　　116

Friedman, H. S.　　99
藤枝静暁　　109
藤川洋子　　155
藤村邦博　　86
藤永芳純　　109
藤澤　文　　106, 109-112

G
Gazzaniga, M. S.　　29
Gesell, A.　　6
Gibbs, J. C.　　111
Glanzer, M　　41
Glueck, E.　　153
Glueck, S.　　153
Goodman, R.　　13
Gottfredson, M. R.　　154
Guilford, J. P.　　86

H
原田恵理子　　183
Habermas, J.　　111
Harris, M.　　10
Harter, S.　　116
針生悦子　　22, 25, 26
長谷川真理　　102
Havighurst, R. J.　　186
林　安紀子　　20
Higgins-D'Alessandro, A.　　108
Hinson, I. M.　　32
広岡亮蔵　　73, 74
Hirschi, T.　　154, 155
Hoepfiner, R.　　86
House, A. E.　　161, 162

I
市川宏伸　　163, 165

市川伸一　9, 70
今井むつみ　25, 26
今泉洋子　12
Inhelder, B.　15
石川信一　168
石隈利紀　134
伊藤絵美　168
伊藤美奈子　161

J
James, W.　113
Jung, C. G.　91

K
鏑木良夫　70
鹿毛雅治　77
Kali, R.　35
金山健一　174, 175
柏木惠子　188
春日井敏夫　193
加藤弘通　129, 130
Kern, M. L.　99
Kessler, R. C.　165
Ketcham, K.　38
北村晴朗　127
小林春美　22
小林　真　147
小林正幸　195
Kohlberg, L.　102-104, 108, 111
Köhler, W.　46
小泉英二　171
國分康孝　172
小松孝至　6
子安増生　4, 8
Kretschmer, E.　90, 91
Kuhl, P. K.　20
Kuhn, M. H.　113
桑原繭子　163

L
Landau, B.　25
Lapsley, D. K.　110
Leary, M. R.　114

Lemerise, E.　105, 106
Lewis, M.　115, 118-121
Loftus, E. F.　38
Lorenz, K.　1

M
Markman, E.　25
Maslow, A. H.　50
松丸未来　166, 167
松村茂治　177
松尾廣文　211
McCrae, R. R.　100
McHale, S. M.　5
McPartland, T. S.　113
Meltzoff, A. N.　1, 3, 115
三浦摩利　209
Moon, C.　20
Moore, M. K.　1, 3
モーツァルト　i
森川美子　188
森下葉子　189
森田洋司　128, 129, 131
村田豊久　169

N
永房典之　149, 159, 160
永井　智　170
永野重史　102, 103, 108
永田繁雄　109, 110
内藤俊史　103, 104
中原美恵　171, 172
中島一憲　178
中澤　潤　7
並川　努　170
Narine, J. S.　29
Narvaez, D.　107, 108, 110
野末武義　191
Nozaki, M.　13

O
大渕憲一　154
尾形和男　188, 189
岡田倫代　169

岡田有司　137, 138
岡本夏木　22, 23
岡本祐子　187, 189
大倉勇史　165
大宮明子　19
小野寺敦子　189
苧阪満里子　32
苧阪直行　32

P
Palincsar, A. S.　69
Pavlov, I.　44, 54
Perner, J.　3
Piaget, J.　15, 17, 18, 24, 101, 102
ピカソ　i
Pine, D. S.　165
Portmann, A.　1
Power, C.　108

Q
Quine, W. V.　25

R
Repucci, N. D.　55
Roberts, B. W.　99
Robins, R. W.　126
Rogers, C. R.　172, 173, 183
Ruffman, T.　6

S
佐伯　胖　64
斎藤喜博　77
Sander, L. W.　21
佐藤　寛　165, 168
佐藤泰三　161, 163
澤田匡人　121
ソーヤーりえこ　70
Schacter, S.　118
Schneider, W.　36
Segal, N. L.　14
Seligman, M. E. P.　52
Selman, R.　64, 103, 104

Sheldon, W. H.　90
Sherick, I.　119
Shiffrin, R. M.　29, 30
嶋田洋徳　123
嶋崎政男　195
志水宏吉　73, 79
清水由紀　24
新保真紀子　11
白佐俊憲　13
Siegler, R. S.　19
Simon, T.　87
Singer, J. E.　118
Skinner, B. F.　45, 54
Spearman, C. E.　85, 86, 98
Squire, L. R.　32
Stevens, S. S.　90
Stipek, D.　115, 120
Stocker, C.　13
菅原健介　159, 160
菅原ますみ　90, 96
鈴木宏明　19
首藤敏元　105
Szeminska, A.　15

T
田川二照　148
Tagney, J. P.　159
高橋　登　23
Takahashi, Y.　99
高野陽太郎　37
田村綾菜　122
田中耕治　79
田中智志　58
Terman, L. M.　87
Thorndike, E. L.　45, 46
Thrope, K.　13
Thurstone, L. L.　85, 86, 98
Tolman, E. C.　47
Tomasello, M.　3, 26
Tracy, J. L.　126
Tulving, E.　33
Turiel, E.　104, 105
Turner, C M.　168

U
内田伸子　19, 23, 24
内山登紀夫　163

上野直輝　70
梅津耕作　92
浦野祐司　177

V
Volling, B. L.　5
Vygotsky, L. S.　68

W
若松素子　188
Walters, E. E.　165
渡辺弥生　64, 109, 172, 173, 183
Watson, J. B.　6
Wechsler, D.　32, 88
Weiner, B.　52, 53, 55
Wimmer, H.　3

Y
山　祐嗣　18
山岸明子　111
山本弘一　109
吉原孝洋　212

【執筆者一覧】（五十音順，＊は編者）

青木万里（あおき・まり）
国際医療福祉大学大学院教授
担当：第14章，コラム14

有光興記（ありみつ・こうき）
関西学院大学文学部教授
担当：第9章，コラム9

石田有理（いしだ・ゆうり）
十文字学園女子大学人間生活学部講師
担当：第2章，コラム2

岡田有司（おかだ・ゆうじ）
東北大学高度教養教育・学生支援機構准教授
担当：第10章，コラム10

栗加　均（くりが・ひとし）
文教大学教育学部元准教授
担当：第5章，第6章，コラム6

佐々木　淳（ささき・じゅん）
大阪大学大学院人間科学研究科准教授
担当：第12章，コラム12

園田明人（そのだ・あきひと）
静岡県立大学国際関係学部教授
担当：第4章，コラム4

田中麻未（たなか・まみ）
千葉大学社会精神保健教育研究センター特任助教
担当：第7章，コラム7

柄本健太郎（つかもと・けんたろう）
東京学芸大学次世代教育研究推進機構講師
担当：コラム5

時田みどり（ときた・みどり）
目白大学保健医療学部教授
担当：第3章，コラム3

永房典之（ながふさ・のりゆき）
淑徳大学短期大学部教授
担当：第11章，コラム11

野嵜茉莉（のざき・まり）
弘前大学教育学部講師
担当：第1章，コラム1

野村宏行（のむら・ひろゆき）
東大和市立第八小学校教諭
担当：第15章第1節，Appendix1

原田恵理子（はらだ・えりこ）
東京情報大学総合情報学部准教授
担当：第13章，コラム13

藤澤　文（ふじさわ・あや）＊
鎌倉女子大学児童学部准教授
担当：第8章，コラム8

三浦摩利（みうら・まり）
多摩市立多摩中学校指導教諭
担当：第15章第2節，Appendix2

教職のための心理学

| 2013 年 4 月 20 日 | 初版第 1 刷発行 | 定価はカバーに |
| 2019 年 4 月 20 日 | 初版第 3 刷発行 | 表示してあります。 |

編 者　藤　澤　　　文
発行者　中　西　　　良
発行所　株式会社ナカニシヤ出版

〒 606-8161　京都市左京区一乗寺木ノ本町 15 番地
Telephone　075 − 723 − 0111
Facsimile　075 − 723 − 0095
Website　http://www.nakanishiya.co.jp/
Email　iihon-ippai@nakanishiya.co.jp
振替口座　01030 − 0 − 13128

装幀＝白沢　正／印刷・製本＝ファインワークス
落丁・乱丁本はお取り替えします。
Printed in Japan. Copyright © 2013 by A. Fujisawa　ISBN978-4-7795-0716-8

◎本書のコピー，スキャン，デジタル化等の無断複製は著作権法上での例外を除き禁じられています。本書を代行業者等の第三者に依頼してスキャンやデジタル化することはたとえ個人や家庭内の利用であっても著作権法上認められておりません。

学校で役立つ社会心理学

吉田俊和・三島浩路・元吉忠寛 編

学校現場で生じる問題に効果的に活用できる社会心理学の理論とは？ 各章まず事例を挙げ，その事例を対人葛藤，同調行動，リーダーシップなど社会心理学ならではの視点から解説し，学校現場の理解を促進する。

A5判 176頁 2000円

児童生徒理解のための教育心理学

古屋喜美代・関口昌秀・荻野佳代子 編

各章冒頭で事例や問いを提示し考えさせ，関連する教育心理学の内容の解説に入り，章末で冒頭の例題をふりかえるという構成で，実践力の育成もねらう。キーワード・キーパーソンをまとめてあり，教採にも活用できるテキスト。

A5判 204頁 2000円

事例から学ぶ児童・生徒への指導と援助〔第2版〕

庄司一子 監修
杉本希映・五十嵐哲也 編

子どもの抱える問題の理解・解決の方法，保護者との対応，専門機関との連携など，指導・援助の基礎を前半部分で解説し，後半部分で支援の実際の様子を事例から学ぶ。統計資料を一新し，法改正や障害名の変更に対応した第2版

A5判 224頁 2200円

保育の心理学［第2版］
子どもたちの輝く未来のために

相良順子・村田カズ・大熊光穂・小泉左江子 著

「保育の心理学Ⅰ，Ⅱ」の内容を1冊にまとめた保育士や幼稚園教諭の養成課程のテキストの改訂版。豊富な写真と事例や章末課題で楽しく学べる内容に，「学びと発達」の章が加わり，さらに充実！

A5判 184頁 1800円

発達と臨床の心理学

渡辺弥生・榎本淳子 編

発達段階ごとに特徴的なケースをまず事例として配置し，自分ならどう対応するか考えさせ，発達的課題と臨床的かかわりをからめながら，心理的な問題を抱えている人たちを支援するために必要な知識を実践的に解説する。

A5判 194頁 2000円

子ども理解のメソドロジー
実践者のための「質的実践研究」アイディアブック

中坪史典 編

子ども観察「何をどう見たらいいのかわからない」という方，必携！ 目のつけどころがわかればいつも見ていた子どもたちの行動がまったく違って見えてくる！ むきだしの子どもをとらえる，楽しい実践のためのアイディアブック。

B5判 152頁 2000円

表示の価格は本体価格です。